谨以此书献给奉献、关心和支持哈尔滨商业大学
法律援助学生工作部发展的人们，并纪念工作部成立二十周年！

黑龙江省哲学社会科学研究规划项目（课题号：18FXB012）、
黑龙江省哲学社会科学研究规划项目（课题号：18FXD284）和
黑龙江省高等教育教学改革重点委托项目（课题号：SJGZ20190027）成果

Research on the Moral Cultivation Mechanism of
College Students Legal Aid

大学生法律援助
立德树人培养机制研究

石贤平　著

法律出版社
LAW PRESS·CHINA

序一　落实立德树人根本任务，为党和国家培养更多的德法兼修法治人才

石贤平同志的专著——《大学生法律援助立德树人培养机制研究》即将付梓出版，这是对法律援助工作研究与思考的又一次丰富和深化，为该书作序，也是法律援助工作的一部分，很高兴为之作序。

法律援助制度，又称法律救助、法律扶助制度，是为世界各国普遍采用的国家对因经济困难无力支付法律服务费用的当事人或者特殊案件的当事人减、免收费，提供法律帮助的一项司法救济制度。法律援助是一个国家法治建设水平和文明程度的标志。1994 年，为贯彻落实“法律面前人人平等”的宪法原则，保障全体公民平等地享受司法保护，维护社会公平正义，我国确立了法律援助制度。1997 年 5 月，司法部法律援助中心和中国法律援助基金会举行了揭牌仪式，我国最早贯彻法律援助制度、推动法律援助事业发展的机构应运而生，标志着我国法律援助事业完成了从制度设计到制度落实的草创阶段。1999 年，“八二宪法”进行了第三次修订，增加了“中华人民共和国实行依法治国，建设社会主义法治国家”的重要内容，依法治国正式写入宪法，成为治国理政的基本方略。2002 年，党的十六大首次提出“积极开展法律援助”；2003 年，国务院出台了《法律援助条例》，这是我国第一部

为保障经济困难公民获得必要的法律服务、促进和规范法律援助工作的行政法规，法律援助事业驶上了有法可依、依法发展的快车道；2004年，《宪法》增加了“国家尊重和保障人权”的重要内容。至此，人权成为中国特色社会主义法治国家备受瞩目的底色，赋予了法律援助保障人权的基本内涵。

随着依法治国方略的不断深化，法律援助在维护司法公正、保障司法人权方面发挥着越来越重要的作用，特别是党的十八大以来，以习近平同志为核心的党中央高度重视法律援助。中共中央办公厅、国务院办公厅先后印发了《关于完善法律援助制度的意见》和《关于加快推进公共法律服务体系建设的意见》。法律援助事业发展处于重要的历史机遇期，未来充满希望！

法律援助作为一项利国利民的公益事业，需要全社会的参与和支持。中国法律援助基金会是推动法律援助事业发展、维护困难群众合法权益的一支重要的社会力量，成立20多年来，基金会共投入资金11.36亿元，通过组织开展“1+1”中国法律志愿者行动和中央专项彩票公益金法律援助项目等公益活动，向中西部地区19个省(区、市)433个县(区)派出法律援助志愿者1800多人次，协调组织律师事务所、法律援助组织、民办非企业单位和政府法律援助部门700多个项目实施单位、1万多名执业律师，为贫困人口及缺乏能力的诉讼当事人办理法律援助案件61.4万余件，开展普法宣传和法治讲座22,100余场，化解群体性矛盾纠纷上万起，为困难群众挽回经济损失360多亿元，1720余万人直接受益(以上数字截至2019年12月)。参与法律援助志愿服务的执业律师中，走出了“全国道德模范”“全国三八红旗手”“全国自强模范”“中华慈善奖——慈善楷模”“全国妇女创先争优先进个人”“全国司法行政系统劳动模范”等一批先进典型。

大学生法律援助是我国法律援助事业的组成部分。在参与办理法律援助案件过程中，大学生对专业知识的学习成果可以得到实践检验，法律实务能力可以得到锻炼提高，服务群众的公益意识得到进一步增强，人生境界得到进一步升华，必将不断激发大学生建设社会主义法治国家、推动社会治理体系和治理能力现代化的责任感和使命感,为建设社会主义现代化强国贡献力量。

鼓励和支持大学生积极参与法律援助实践,成为推进实施全面依法治国战略的新生力量,是践行习近平新时代中国特色社会主义思想的具体举措,是培养中国特色社会主义法治工作力量的有效途径。

石贤平同志撰写的《大学生法律援助立德树人培养机制研究》一书,通过大量扎实的基层调研,对部分高校大学生法律援助机构的设立、人员结构、经费来源、监督管理、援助方式、案件代理、案件办理满意度等方面的情况,进行了细致梳理,形成了数据概况;同时,从思想引领、机构设置和人员选任、经费、课程建设、监督管理等方面进行了有益的理论探索。特别是石贤平同志在为撰写该书进行的调研工作中,以实施"中彩金"项目的 24 家高校作为调研对象和研究数据来源,体现了石贤平同志严谨的学术态度和敏锐的学术眼光。"中彩金"项目是经国务院批准,由中央财政安排中央专项彩票公益金专门支持法律援助的项目,为充分体现项目的公益价值和综合社会效应,优先选择高校法律援助机构为项目实施单位目的在于结合高校法律援助机构的特点,发挥其既促进法学教育又服务困难群众法律援助需求的作用。本书恰好契合了"中彩金"项目将高校法律援助机构作为实施单位的考虑。截至 2019 年 12 月,"中彩金"项目经过十多年的深化实施,累计投入项目资金 9.36 亿元,办理法律援助案件 54 万多件,为 83 万多名困难群众挽回损失或取得经济利益 319 亿元。"中彩金"项目还将在进一步加强调研、密切衔接政策的基础上,不断加大对高校法律援助机构的支持力度。

石贤平同志坚守高校法律援助阵地 20 年,办理或指导学生办理法律援助案件 600 余起,为推动法学教育与实践、促进法律援助事业发展作出了积极努力。石贤平同志的社会实践和学术努力,对引导鼓励大学生参与法律援助、推动建设德法兼修的法治人才培养机制具有积极的意义,本书的出版是对大学生德育教育、法律服务人才培养以及高校法律援助机构建设与发展的一大贡献，值得肯定。希望广大读者能够从本书里，读出一位法学学者关于不断完善法律援助制度、推动公共法律服务体系建设的学术关切和理论探索，读出加强高校法律援助机构建设与发展的经验之谈和实践总结，为不断推进实施全面依法治国战略、建设社会主义现代化强国培养出更多品学兼优、德才兼备的法治人才。

是为序。

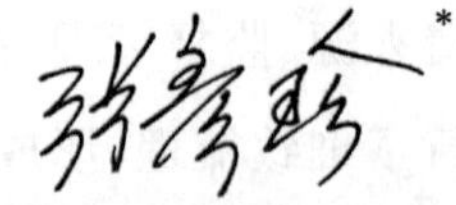*

二〇二〇年五月六日

---

* 原司法部党组成员、副部长，中国法律援助基金会理事长。

序二　求真至善，修德允能，培养德法兼修法治人才

很高兴能够为本书作序。这是一本以大学生法律援助为载体，系统研究高等法学教育如何培养德法兼修法治人才，形成立德树人培养机制的著作。这本书凝聚了我校一个有着20年高校法律援助志愿服务经验的教师对法治人才培养、社会公平正义维护的思考，也记录着我校一群有理想、有担当、有社会责任感的青年大学生们为法律援助事业奋斗的感人故事，他们用实际行动生动阐释了母校的校训：求真至善，修德允能。

2001年，以本书作者为首的我校一群年轻的大学生怀揣着以专业回报社会的理想，经过重重考验，创建了我省第一家高校大学生法律援助机构——黑龙江省法律援助中心哈尔滨商业大学学生工作部。在接下来的近20年里，他们始终不忘初心，砥砺前行，为高校法律援助事业执着探索和实践，贡献着青春和力量。大学生法律援助是以高等院校法学专业学生和教师为主体，依托高校资源，面向社会弱势群体，提供法律咨询、开展法治宣传、代写法律文书、代理诉讼案件的公益组织。近20年时间里，本书作者带领一代代“商大法援人”为弱势群体无偿代理案件、开展社区、乡村和中小学普法、进行法治调研等法律援助活动，用自己的实际行动履行了法援人的誓言：“伸援助之手，献诚挚爱心，捍法律之盾。”他们维护了社会弱势群体的合

法权益,将法治观念送进社区居民、乡村群众和中小学学生的心中。他们追求“法律面前人人平等”的理念,在追求公平正义中“求真”;他们帮助社会弱势群体解困,在无私奉献的大爱中诠释“至善”。虽然他们身处校园,略显稚嫩,但他们却用实际行动讲述着“商大”人的故事,阐释着“求真至善”的含义。

在专业教师的指导下,大学生通过办理真实案件和参与法治宣传,可以有效提升自身的法学专业能力,牢固树立以专业奉献社会的理念;通过办理案件,可以接触困难群众,培养对社会弱势群体的关爱之心;通过参加庭审活动,可以了解法律的运行状态,补法学教育的短板;通过维护社会弱势群体合法权益,体现社会公平正义,补社会教育的短板。从一定意义上来说大学生参与法律援助也是立德树人的生动体现。我校大学生在实施法律援助过程中既培育了社会责任感和正义感,做到“修德”;又可以在法律援助实践中提高自己的专业水平,做到“允能”,他们用实际行动很好地阐释了“修德允能”的含义。

习近平总书记在中国政法大学考察时指出:要德法兼修抓好法治人才的培养。法学教育要坚持立德树人,不仅要提高学生的法学知识水平,而且要培养学生的思想道德素养。那么怎样培养出又红又专、德法兼修的法治人才呢?这是摆在全体法学教育工作者面前必须解决的重大问题。本书作者用一个专门章节提出了解决路径,那就是以习近平法治人才培养思想为引领,通过大学生法律援助,培养德法兼修的法治人才,这也是本书的一个写作亮点。

本书以我校大学生法律援助发展实践为基础,针对当下中国大学生法律援助的现实困境,在调研基础上给出了建设性方案,具有一定的理论深度和实践意义。作者系统介绍了大学生法律援助在国内外的发展情况,大学生法律援助的特点和性质等内容。大学生法律援助离不开人、财、物,作者分别系统进行了介绍,分析了目前大学生法律援助在人、财、物方面存在的问题，并提出了解决的方案。作者还围绕大学生法律援助课程和监督管理进行了专章介绍，集中阐述了大学生法律援助课程建设中的问题和对策，监督管理的定位，以及大学生法律援助监督的主体、监督范围和法律责任等。这些内容在国内鲜有人系统研究，是研究大学生法律援助的宝贵文献资料。难能可贵的是，本书还对国内高校大学生法律援助情况进行了调研，形成了较有价值的调研报告，为兄弟院校开展大学生法律援助工作提供了参考。

我校法律援助已经走过近20个年头，20年在历史长河中只是一瞬间，但这20年对我校法律援助发展和法治人才培养来说却是十分宝贵的，它见证了哈尔滨商业大学在法学教育上的有益探索。这本书真实记录了我校一个大学生群体和一群青年教师对法治理想的追求，对公平正义的思考，他们胸怀天下，求真至善，修德允能。

是为序。

*

二〇二〇年三月三十日

---

* 哈尔滨商业大学党委书记。

目　录

Contents

第二编 调研报告

附　　录

导　论

二〇一〇年八月初八，母亲带着对子女的无限眷恋，永远离开了我们！谨以此书，献给母亲陈梅枝！

我自幼丧父，是母亲将我抚养成人。母亲不识字，终身未走出大别山，自然不知何为"法律援助"。然而，母亲一辈子以善良和爱心对待身边每一个人。她没有学过医，却学会用灯芯草为邻居治好肚子疼；她抚养了八个儿女，终身过着清苦的生活，却在炎热的夏天为饥渴难耐的路人准备降暑的茶水。母亲没有教会我读书识字，却教给我一个朴素的道理：与人为善，为人真诚，珍爱生活，同情弱者。

一、我与大学生法律援助

我第一次听到"法律援助"一词，并深入城市社区和乡村开展志愿普法宣传活动已经是 20 年前的事了。2000 年的时候信息不发达，很少人能上网，法律知识和法律条文似乎只掌握在少数人手上，这其中包括律师，也包括大学法学院系的师生。当然，律师"搬运"法律多数情况下是收费的，而大学生志愿者讲解法律是无偿的。当我们讲解一点诉讼时效的法律知识时，很多群众都会十分惊讶，觉得学点法律会让自己受益，每次普法活动，总会看到群众一脸满足的样子。2001 年 3 月，我读大三时，学校在经济法专业的基础上组建法律系，我和班级同学一起热情洋溢地创建了"007 法律学习小组”,当时这个小组是“秘密组织”,我们瞒着老师和其他同学在课堂外自发定期举办辩论赛和模拟法庭,讨论真实案例并定期到社区和乡村开展义务普法活动。随着社区普法活动的开展,陆续有群众请求我们代理案件,为了解决案件代理身份问题,我牵头创建了一个大学生法律援助志愿组织。2001年3月,我骑着一辆破旧的自行车穿梭于哈尔滨的大街小道,四处打听,终于确认黑龙江省司法厅有个法律援助中心,这个中心能够面向高校批准成立大学生法律援助志愿者机构。于是我开始一次次奔波于学校和省司法厅法律援助中心,向领导汇报我的想法,展示我们已经开展普法活动的成果,最终得到校领导和省法律援助中心领导的一致认可。2001年7月,黑龙江省司法厅正式批准设立黑龙江省第一家大学生法律援助志愿者组织——黑龙江省法律援助中心哈尔滨商业大学学生工作部,我任该工作部执行部长,自此,我的大学生法律援助志愿者之旅正式开始了。

二、为什么需要大学生法律援助

早在两千多年前,孔子就提出“学而时习之”的思想,强调理论学习之后,再在实践中加以验证和巩固的重要性。从古至今,有大成就者往往都是历经实践的磨炼,才锻炼出超人的才能。腾讯创始人马化腾上大学时通过参与学校计算机维护解决方案的设计等活动,使自己对于互联网的发展有了更加透彻的认识。网易创始人丁磊在本科毕业前就开始在电脑公司兼职,为将来的创业打下了知识与技术基础。微软公司创始人比尔·盖茨在哈佛大学上学的时候,就开始编写操作程序,这个程序后来成为微软公司的第一款产品。惠普公司前CEO卡莉·菲奥莉娜在商学院学习时,学院的院长指派她设计一个校友联谊项目,这件事情给予她的经验,改变了她一生的命运。英国原首相撒切尔夫人,1974年以全班第二名的成绩从牛津大学毕业,但是她认为自己在大学中最有意义的并不是毕业考试的成绩单,而是她在课堂之外参加的各种政治活动和由此得到的锻炼。

实践是大学生验证所学理论的最佳方式。大学是研究和传播专业学问的地方，这些专业知识和学问假如只停留在书本上，那就是"纸上谈兵"。只接触书本不接触实践，学生难免被教成了"书呆子"。

实践是大学生获取知识的良好途径。很多的知识、能力和品格，书本上可能无法获得，只能够通过真正的实践才能获得。一所大学假如只把学生关在教室和图书馆中，无疑就切断了学生通过实践获取知识、能力和品格的路径。

实践是大学生了解社会的信息通道。大学生只有及早地接触社会、了解社会，才能在今后的工作中更好地融入社会、适应社会、服务社会。

实践是大学生自我发展的起始动力。只有通过实践，大学生才能真正地了解自己，发展自己的兴趣爱好，熟悉自己的特长优势以及缺点和不足，这些都可以帮助大学生及早树立人生的理想与目标，及时确定自己的发展定位，避免在人生的十字路口走偏。

法学院校担负着将法科学生塑造成德法兼修法治人才的神圣使命，在法学院的学习和生活时光应当成为法科学生积累法律基本知识、增强法律意识、树立道德观念和培养社会责任感的关键时段。大学生法律援助能够帮助大学生实现理论知识和司法实践的高度结合，对法科学生的全面自由发展具有重要意义。大学生法律援助课程没有教条式的纯理论讲授，没有"填鸭式"的灌输，而是在自主、开放、灵活、互动的氛围里充分发挥学生主观能动性和参与、创新意识，能很好地克服当前法学教育中普遍存在的僵化、呆板的教学模式的弊端，有利于对法治人才主动思维的启迪，有利于其创造性个性的发展，有利于其良好道德品质的形成。

三、大学生法律援助与立德树人德法兼修法治人才培养

法律援助是国家建立的保障经济困难公民和特殊案件当事人获得必要的法律咨询、代理刑事辩护等无偿法律服务，维护当事人合法权益、维护法

律正确实施、维护社会公平正义的一项重要法律制度。大学生法律援助是在校大学生在教师的指导帮助下,通过运用自己的专业知识和高校资源优势,为社会弱势群体提供代理各类案件,代写法律文书、提供法律咨询等无偿的法律服务。大学生法律援助可以有效促进社会公平正义,增强大学生的社会责任感,促进高校法学教育方式的改革,具有很强的服务性和教育性。此外,大学生法律援助可以突破现有的法律援助法律法规,为不符合法律援助条件的当事人提供法律帮助,开展法治宣传和法律援助专项调研等活动,具有专业服务的多样性。

我国《宪法》第46条规定:“国家培养青年、少年、儿童在品德、智力、体质等方面全面发展。”党的十九大报告要求要把立德树人作为教育的根本任务,培养德智体美全面发展的社会主义建设者和接班人。明确了“落实立德树人根本任务”,将“立德树人”的定位置于“全面发展”之上。

因此,立德树人既是宪法的规定,也是党的明确要求。教育的本质是培养人,将立德树人作为教育的根本任务,表明党对教育如何培养人这一教育本质的新认识。把立德树人作为教育的根本任务,具有鲜明的时代特征。开展大学生法律援助志愿活动,可以实现多种目标,如教育目标、社会目标和司法目标,但大学生法律援助的首先目标是教育目标即培养人。法学教育通过大学生法律援助,可以将德育融入法学实践教学全过程,努力培养德法兼修的法治人才。

在课堂上,教师通过讲授与法律援助相关的课程将社会主义法治理念和法律职业伦理培育其中。在课堂外,在专业教师的指导下,大学生办理真实法律援助案件,可以有效训练学生的法学专业能力,牢固树立以专业奉献社会的理念;办案中,学生可以接触困难群众;在参加庭审活动时,学生可以了解法律的运行状态,补法学教育的短板;在维护社会弱势群体合法权益过程中,实现社会公平正义,补社会的短板。

借助大学生法律援助平台,教师引导学生用爱心关爱弱势群体,用道德滋润民心,用专业奉献社会,着力培育学生的合作精神、团队精神和奋斗精神,在教学中不断提升学生的道德素养、法治信仰和专业水平,从而真正做到培养德法兼修的法治人才。法学教育实现了在课堂内外将思想品德教育贯穿于法律援助实践教学活动全过程,法学教育真正落实了立德树人根本任务。

四、本书的主要内容

本书分为两个部分。第一部分为理论篇,主要包括大学生法律援助概论、大学生法律援助的思想引领,大学生法律援助的机构设置和人员选任,大学生法律援助的经费,大学生法律援助的课程建设,大学生法律援助的监督管理,大学生法律援助的美好愿景,共七章。第二部分为调查报告,是对我国大学生法律援助进行实证调研后形成的实施状况调查报告。

第一编理论篇的主要内容是系统介绍大学生法律援助在人员、经费和管理等方面立德树人法治人才培养的各项机制,并对相关理论进行了全面阐释。在第一章大学生法律援助概论中,介绍法律援助在国内外发展的基本情况后,详细阐述了法律援助的含义和中国法律援助的立法定位,介绍了大学生法律援助在国内外的发展情况。

第二章为大学生法律援助的思想引领,这是立德树人的思想保障。主要阐述了习近平法治人才培养重要论述的主要内容,在习近平法治人才培养重要论述的引领下,大学生法律援助可以采取多种模式,努力实现教育目标、社会目标和司法目标,在法律援助活动中,努力使自己成为德法兼修的法治人才。

第三章为大学生法律援助的机构设置和人员选任,这是立德树人的组织人员保障。主要对大学生法律援助的机构与人员及其职能和案件受理范围进行了界定,具体阐述了大学生法律援助机构的设置依据、设置原则和设置条件,并对中国大学生法律援助机构设置情况进行了介绍。本章还对大学生法律援助的人员选任范围、选任原则、选任条件、选任程序和选任途径进行了详细阐述。

第四章为大学生法律援助的经费来源,这是立德树人的资金保障。本章首先对大学生法律援助经费的概念进行了界定,阐述了经费的意义,介绍了大学生法律援助经费的主要来源。在此基础上,本章详细阐述了大学生法律援助经费的使用原则和使用范围,并为拓展大学生法律援助经费提供了五种路径。

第五章为大学生法律援助的课程建设,这是立德树人的教学保障。本章首先介绍了国外法律诊所课程的起源与发展,然后介绍了中国法律诊所课程从舶来品到本土化进程中遇到的困境与挑战,最后详细介绍了我国大学生法律援助在课程建设中面临的主要问题并提出了解决课程建设教学理论问题和教学实践问题的对策。

第六章为大学生法律援助的监督管理,这是立德树人的监督机制。本章首先从立法定位、司法定位、政府定位、服务定位和教育定位五个方面介绍了对大学生法律援助的监督管理定位,紧接着介绍了大学生法律援助的监督主体和监督范围,最后详细介绍了大学生法律援助的法律责任,包括大学生法律援助法律责任的概念、责任配置原则、责任承担主体和责任承担范围,还对大学生法律援助法律责任类型进行了系统、全面的探讨。

第七章为大学生法律援助的美好愿景,这是对立德树人法治人才培养的展望。在本章中,首先分析了当前我国大学生法律援助面临的现实困境,尽管如此,大学生法律援助在立德树人法治人才培养、全面提升大学生实践能力、实现教学评价标准的科学化、搭建交流互动平台、缓解政府法律援助压力、促进社会公平正义等方面仍发挥了独特作用,我们有理由对其饱含美好期待。本章最后对大学生法律援助进行了展望,认为大学生法律援助的根本任务是立德树人、德法兼修,发展动力是理论联系实践,通过大学生法律援助平台,我们有理由、有信心构建一套立德树人法治人才培养机制。

第二编调查报告是在走访和访谈部分高校师生,并在互联网上向部分高校发放大学生法律援助实施状况调查问卷,通过对采集到的信息进行统计分析,从理论背景、调研结果等角度,用调研获得的数据与信息客观力图真实地反映中国大学生法律援助实施状况。

第一编　理　论　篇

第一章　大学生法律援助概论

第一节　法律援助

一、国外法律援助发展简史

国外法律援助的历史发展大体上经历了萌芽阶段、慈善主义的法律援助、国家责任主义的法律援助、国家责任与公民社会权利相统一的四个阶段。[①] 第一阶段是萌芽阶段。国内外普遍认为，法律援助制度起源于英国，最早可追溯至1215年的英国《大宪章》第40条的规定，虽然该条款没有直接提到法律援助，但该条款却为法律援助的实施提供了法律基础和依据。此后很长一段时间里，法律援助并未受到普遍重视，直到1424年，苏格兰的一项法规规定了穷人登记册制度，有提起诉讼的需要但受财产条件限制的人，有资格免费得到法律顾问和代理人的帮助，这一制度才真正建立并发挥了作用。第二阶段是慈善主义法律援助时期。这一时期法律援助在英国开始普及，但仅限于律师的个人行为，并没有国家的支持。英国议会于1883年通过了《制定法修正案》，形成了新的法律援助立法，但由于该法操作起来有些困难并没有有效执行。19世纪，英格兰的私人律师免费为贫困者提供法

---

① 任永安、卢显洋：《中国特色司法行政制度新论》，中国政法大学出版社2014年版，第257页。

律服务,成为社会普遍现象。第三阶段是国家责任主义的法律援助阶段。在这一时期,法律援助制度从英国扩展到其他国家。19 世纪末至第二次世界大战以前,随着资本主义发展到垄断阶段,国家对经济社会事务的干预不断加强,在世界范围内为所有成员提供公平地诉诸法院的机会被认为是国家的责任。如 1903 年英国颁布《贫困被告人辩护法案》,1913 年美国洛杉矶出现了第一家公设辩护者机构。第四阶段是国家责任与公民社会权利相统一阶段。第二次世界大战以来,第三代人权得到普遍认可,强调公民有权利获得律师帮助,获得法律援助被视为人权之一。在这种思想的影响下,各国法律援助制度得以迅速发展,与法律援助有关的国际条约也陆续生效。①

二、法律援助在中国

古代中国孕育了具有法律援助特征的法律服务。国家制定法的出现和增加只是由于社会生活,特别是经济生活方式变化而引起的制度变迁。中国的法律援助离不开中国的法律文化传统。中国封建社会和民国时期,尽管没有生成法律援助制度的土壤,但在古代零星的诉讼活动中,仍然可以追寻一些自发的法律援助行为。②

(一)古代中国法律援助的雏形

邓析,春秋末期郑国人,法学家、法学教育家、逻辑学家,由于其在法学上的成就,一般被认为是中国讼师的鼻祖。他曾开办私学,通过向人们传授法律知识和诉讼方法,实现帮助穷人打官司的目的。《吕氏春秋》记载,邓析"与民之有讼者约,大狱一衣,小狱襦袴。民之献衣襦袴而学讼者,不可胜数"。从"不可胜数"可以看出邓析一定是"低收费"了。明朝讼师宋士杰曾帮助被害人杨素贞打官司,杨素贞当时正处于流浪状态,当然无力向讼师支

① 王春良、董印河、杨永志等:《完善法律援助制度研究》,法律出版社 2018 年版,第 42 页。

② 同上。

付“律师费”,因此宋士杰的行为也可以看作法律援助的雏形了。

由于中国历朝历代的统治者都把息诉止争作为执政的主要内容,无法形成律师职业群体,法律援助的制度土壤也就无法生成。即使如此,通过考察古代讼师零星的律师活动中,自发的法律援助行为仍然有迹可循。可以说,广义上的法律援助行为在中国古代已经产生。[①]

(二)民国时期对法律援助的积极探索

民国北洋政府时期,中国开始积极探索法律援助。当时出台的“刑事诉讼法”规定了“指定辩护”制度。“南京国民政府”在继承指定辩护制度的基础上,又新设立了公设辩护人制度。“南京国民政府”非刑事案件法律援助的具体形态是平民法律扶助。刑事诉讼中的指定辩护和平民法律扶助都在社会上产生了一定的影响。例如,长沙律师公会从 20 世纪 30 年代中期起到 1948 年止,曾经受理法律援助案件 170 余起,解答法律疑难 2430 余件。不仅如此,无论是担任指定辩护还是承办平民法律扶助,法律援助的成本都是律师本人自己支付。[②]

(三)中华人民共和国成立后对法律援助的尝试

中华人民共和国成立初期,尚没有形成法律援助制度,但出现了零星的法律援助规定和实践。1954 年颁布的《人民法院组织法》在规定被告人的辩护权时,规定了人民法院认为有必要的时候,也可以指定辩护人为被告人辩护。天津于 1955 年成立了第一个法律顾问处,短短两个月的时间,根据法院指定出庭为刑事被告人辩护 20 件。上海市律师协会筹备会法律顾问处办公仅仅 18 天,完成法院指定辩护 56 人。[③] 总体而言,这时期的法律援助没有

① 王春良、董印河、杨永志等:《完善法律援助制度研究》,法律出版社 2018 年版,第 42 页。
② 郭烁、符尔加:《法律援助的故事》,中国法制出版社 2016 年版,第 93 页。
③ 同上书,第 83 页。

完全法律化和制度化,但为保障当事人合法权益发挥了积极作用,特别是1956年对第二次世界大战时期的日本战犯进行的“共和国审判”,特别军事法庭聘任了三十多名律师为被告人进行指定辩护。诉讼过程中,包活法律援助律师在内的辩护律师以自己的工作树立了法律的权威,赢得了法律的公正形象,也为律师和法律援助律师赢得了荣誉。

改革开放以后,我国正式引入法律援助制度。由于我国开展法律援助工作并不缺少文化渊源和社会基础,此后,法律援助制度在我国不断得到发展和完善。

(四)中国法律援助制度的形成与发展

1.1994~1996年:中国法律援助从理论构想到制度生成[①]

在改革开放的时代背景下,中国民主法治的发展进程不断加速,国家各项事务也逐步进入法制轨道。中国律师体制进行了深化改革,律师被推向市场,与此同时,为了满足社会弱势群体的法律服务需求,建立法律援助制度也被提上日程。1994年1月,在讨论《律师法》草稿时,时任司法部部长肖扬提出建立中国法律援助制度的设想。此后,司法部相关部门开始着手对建立有中国特色的法律援助制度进行论证。1995年年底,中国特色的法律援助制度可行性研究报告正式形成。在此期间,司法部律师司和司法研究所还联合编译了20多万字的《国际法律援助概览》。在司法部倡导下,广州、北京、武汉等城市率先行动开展法律援助工作试点工作,并逐步扩大试点范围,将理论构想转变为制度现实。1995年11月9日,中国首家政府法律援助机构——广州市法律援助中心成立,标志着中国开始建立规范的法律援助制度,中国法律援助由律师个人或律师事务所的自发性、慈善性行为上升为规范化的政府行为。1995年10月,司法部党组根据前一阶段的研究

---

① 张耕:《中国法律援助制度诞生的前前后后》,中国方正出版社1998年版,第47~69页。

论证，正式向中央编委办公室呈报了《司法部关于成立国家法律援助中心的请示》。1996年3月，司法部成立国家法律援助中心筹备组，积极推动法律援助机构的成立。1996年12月28日，中央编制办公室批复同意成立司法部法律援助中心，核批事业编制35名，经费实行全额拨款。从此，我国历史上第一个专司法律援助工作的国家级机构正式诞生。1996年3月修改的《刑事诉讼法》第34条对刑事法律援助制度作出原则性规定，第一次以立法形式规定了刑事法律援助制度的基本框架。1996年5月15日颁布的《律师法》第6章对法律援助作出专章规定，对有中国特色的法律援助制度的主要原则和基本框架进行了规定。

2. 1997～2012年：中国特色法律援助制度体系渐具雏形

这一时期，中国制定了大量全国性工作规范及地方立法，极大推动了法律援助制度的建设。为全面规范法律援助工作，司法部先后下发了《关于开展法律援助工作的通知》（1997年5月）、《关于开展公证法律援助工作的通知》（1997年11月）、《关于加快法律援助机构建设步伐的通知》（2000年6月）、《关于法律援助机构下设律师事务所脱钩改制及有关问题的通知》（2000年9月），司法部还与最高人民法院联合下发了《关于开展刑事法律援助工作的联合通知》（1997年4月）、《关于民事法律援助工作若干问题的联合通知》（2000年9月），与最高人民检察院联合下发了《关于在刑事诉讼活动中开展法律援助工作的联合通知》（2000年4月）。2001年3月全国人民代表大会通过的《国民经济和社会发展第十个五年计划纲要》中明确提出了"建立法律援助体系"的目标，这是法律援助制度第一次进入国家经济和社会总体发展规划之中，是我国最高国家权力机关首次将法律援助事业纳入社会发展的范畴，标志着我国法律援助制度的一个新发展阶段的开始。

2003年7月21日，《法律援助条例》正式颁布实施，这是我国第一部关于法律援助的全国性行政法规，确定了我国法律援助制度的基本框架，明确了法律援助是政府责任，经济困难的公民有权获得免费法律服务，司法行政部门负责监督管理法律援助工作,法律援助机构具体负责组织实施法律援助义务,鼓励社会力量参与法律援助工作,规定了法律援助的范围、标准、实施程序以及法律援助各方的权利义务、法律责任等,为促进和规范法律援助工作提供了重要的法律依据。从此,我国法律援助制度在全国范围内正式建立与实施,法律援助工作进一步走上了法制化的轨道。《法律援助条例》颁布实施后,司法部出台了《关于贯彻落实〈法律援助条例〉促进和规范法律援助工作的意见》,在此基础上,展开了具体的落实工作。例如,完善经费保障机制。2004 年 9 月 6 日,司法部、民政部、财政部等九部门发布了《关于贯彻落实〈法律援助条例〉切实解决困难群众打官司难问题的意见》,2005 年 9 月 6 日司法部与财政部发布了《中央补助地方法律援助办案专款管理暂行办法》,要求各级政府应将法律援助所需经费纳入预算,省级财政部门应设立法律援助专项资金,各级司法行政部门要广泛开辟政府财政拨款以外的法律援助经费筹措渠道,充分利用各方面力量解决法律援助办案所需经费问题,中央财政根据财力状况扶持贫困地区的法律援助工作。又如,建立法律援助与司法部门工作的协作机制。2005 年 9 月,司法部与最高人民法院、最高人民检察院、公安部联合签发了民事、刑事诉讼法律援助工作的规定,建立了法律援助与司法部门工作的衔接机制。再如,广泛调动资源,解决法律援助人力不足问题。2004 年 9 月,司法部制定了《律师和基层法律服务工作者开展法律援助服务工作暂行管理办法》,要求各地在执行此办法中制定律师、基层法律服务工作者参与法律援助工作的具体措施。

与此同时,地方法律援助立法工作和规范化建设也有较大进展。广东等省级,青岛、哈尔滨等副省级地方人大纷纷颁布法律援助地方性法规,重庆等政府也颁布了实施法律援助的政府规章。一些地方除与公检法部门及社会团体联合发文外,还出台了一大批法律援助业务工作管理制度,如《法律援助职业道德规范》《法律援助档案管理办法》等。

为规范案件办理程序,2012 年 7 月 1 日,司法部发布的《办理法律援助案件程序规定》开始施行。该规定规范了法律援助案件办理中受理、审查、承办等环节的行为规范和服务标准，明确了相关环节办理时限，针对性和可操作性更强，为规范法律援助实施工作、提高法律援助工作效率提供了有力的制度保障。

2012年《刑事诉讼法》修改，对刑事法律援助制度进行完善，主要集中在四个方面：扩大了刑事法律援助的范围、提前了提供法律援助的诉讼阶段、调整了提供法律援助的方式、正式建立了通过申请获得刑事法律援助的制度。随后，司法部出台了《关于法律援助工作贯彻实施修改后刑事诉讼法的意见》，就加强刑事法律援助工作提出了具体要求。

3.2013～2020年：中国法律援助制度发展的新机遇和新跨越

2013年，党的十八届三中全会通过中共中央《关于全面深化改革若干重大问题的决定》，决定中明确提出推进法治中国建设、创新社会治理体制，明确要求“完善法律援助制度”，为我国法律援助制度的发展和完善提供了新的机遇。2015年6月29日，中共中央办公厅、国务院办公厅印发了《关于完善法律援助制度的意见》。作为落实全面推进依法治国战略部署的一项重要举措，该意见提出了当前和今后一个时期法律援助工作发展的指导思想、基本原则、政策措施和要求。其后，为充分发挥律师在法律援助工作中的作用，更好地满足人民群众法律援助需求，2017年2月17日，司法部、财政部印发了《关于律师开展法律援助工作的意见的通知》。

为推进以审判为中心的刑事诉讼制度改革，加强人权司法保障，促进司法公正，充分发挥律师在刑事案件审判中的辩护作用，开展刑事案件审判阶段律师辩护全覆盖试点工作，2017年10月11日，最高人民法院、司法部发布了《关于开展刑事案件律师辩护全覆盖试点工作的办法》，进一步扩展了刑事案件中的法律援助工作。

为深入贯彻落实中共中央办公厅、国务院办公厅《关于完善法律援助制度的意见》，充分发挥法律援助值班律师在以审判为中心的刑事诉讼制度改革和认罪认罚从宽制度改革试点中的职能作用,依法维护犯罪嫌疑人、刑事被告人诉讼权利,加强人权司法保障,促进司法公正,2017 年 8 月 28 日,最高人民法院、最高人民检察院、公安部、国家安全部、司法部发布了《关于开展法律援助值班律师工作的意见》,要求法律援助机构在人民法院、看守所派驻值班律师,为没有辩护人的犯罪嫌疑人、刑事被告人提供法律帮助,并且进行了具体的规定。

目前,中国法律援助正在进行立法调研阶段,由全国人大监察和司法委员会牵头起草的"法律援助法"拟于 2020 年提请十三届全国人大常委会会议审议,不久,我国将会正式通过自己的"法律援助法"。

三、法律援助的含义

(一)域外关于法律援助的定义

英国《简明不列颠百科全书》对法律援助的定义是:在免费或收费很少的情况下,对需要专业性法律帮助的穷人所给予的帮助。《美国大百科全书》定义,法律援助是由政府的法律组织免费或者少收费为因经济困难而不能聘请律师的人提供法律咨询、法庭代理等帮助的一种法律制度。日本《新法律学辞典》将法律援助定义为,在法律上对诉讼案件伸张正义和维护权利的困难者予以援助的社会制度。

只有日本、加拿大、美国、韩国等少数几个国家从立法上规定了法律援助定义,日本的《法律援助纲要(草案)》,将法律援助定义为就有关法律纠纷、法律事务对被援助者提供法律服务以及费用的援助。① 韩国《法律援助法》将法律援助定义为,为了达到第 1 条规定的宗旨,由律师或《公设律师法案》规定的公设律师提供法律咨询、诉讼代理和所有与法律事务有关的其他形式的支持;《韩国法律援助法》第 1 条规定,为保障因经济困难或因法律知

① 司法部法律援助中心编译:《各国法律援助法规选编》,中国方正出版社 1999 年版,第 27 页。

识缺乏而未能获得法律充分保护者获取法律援助,保护基本人权,增加法律福利而制定本法。① 加拿大安大略省的《法律援助法》对法律援助的定义是本法和有关条例提供的专门职业的服务。② 美国《法律服务公司法》第 1002 条第 5 款规定:“法律援助(Legal Assistance)是指与本条款相符合的任何有关法律服务的规定。”我国台湾地区 2004 年公布的“法律扶助法”规定:“法律扶助,乃是指对于需要专业性法律帮助而又无力负担诉讼费用及律师报酬之人民,予以制度性之援助,以维护其宪法所保障之诉讼权及平等权等基本人权。”③

从上述立法定义来看,对法律援助的定义普遍比较模糊。究其原因是世界范围内法律援助制度仍在不断发展变化,人们对其本质的认识仍然在不断地深化,另外立法上的定义与学理上的定义对内涵外延明确性的标准是不同的。学术性定义可以适当模糊一些。当人们形成和界定法律概念时,他们通常考虑的是那些能够说明某个特定概念的最为典型的情形,而不会严肃考虑那些难以确定的两可的情形。④ 立法上的定义则要求简洁明了,清晰地划定是与非的边界,并要有相对的稳定性。法律援助内涵和外延的认识程度还要依赖于理论和实践的不断完善而发展。

(二)中国关于法律援助的定义

中国“法律援助”一词,源于英文 legal aid 的翻译。法学理论界与实务界对于英文 legal aid 的中文翻译曾经有多种形式,主要有“法律援助”“法律救助”“法律救济”“法律救援”“法律扶助”等。⑤ 1994 年司法部正式明确使

---

① 司法部法律援助中心编译:《各国法律援助法规选编》,中国方正出版社 1999 年版,第 28 页。

② 同上注,第 10 页。

③ 任永安、卢显洋:《中国特色司法行政制度新论》,中国政法大学出版社 2014 年版,第 25 页。

④ [美]E. 博登海默:《法理学:法体哲学与法律方法》,邓正来译,中国政法大学出版社 2004 年版,第 505 页。

⑤ 宫晓冰:《中国法律援助制度研究》,中国方正出版社 2004 年版,第 1 页。

用“中国特色法律援助”这一提法。此后“法律援助”为中国的立法界与学术界所正式采纳和接受。法律援助虽然在中国形成了统一的称谓，但是迄今为止，法律援助只有学术定义，2003 年正式实施的《法律援助条例》没有正面回应法律援助的定义问题，中国法律援助立法定义仍然缺乏。

我们应当从不同角度对法律援助作广义和狭义的理解。一是从责任主体上看，狭义的法律援助仅指政府法律援助机构组织实施、由财政经费保障的无偿法律服务；广义的法律援助除包括狭义的法律援助外，还包括非政府组织负责实施，由社会资金保障的无偿法律服务。二是从法律援助的形式看，狭义的法律援助仅仅指法律咨询、代书、民事行政案件代理、刑事辩护为主要形式的无偿法律服务；广义的法律援助除狭义法律援助外，还包括公证、司法鉴定、调解、信访等为主要形式的无偿法律服务，甚至包括各种公益性法律服务形式构成的公共法律服务。三是从法律援助的案件类型来看，狭义的法律援助仅指诉讼案件中的法律援助；广义的法律援助除狭义的法律援助外，还包括非诉讼案件中的法律援助。四是从服务对象来看，狭义的法律援助指对符合条件的本国公民给予的法律援助；广义的法律援助除对本国公民给予的法律援助外，还包括对外国公民、小微企业和公益组织给予的法律援助。五是从是否免费为标准，狭义的法律援助是指免予收费的法律服务；广义的法律援助除包括狭义的法律援助外，还包括减少收费的法律服务。六是从专业的角度来看，狭义的法律援助是指律师等专业法律服务人员提供的法律援助；广义的法律援助除包括狭义法律援助外，还包括与法律援助工作相配合的物质援助、心理援助、医疗援助、就业援助、教育援助等。最典型最具有代表性的法律援助，专指国家组织和支持法律服务人员为经济上困难的公民和特定的案件当事人免费提供的必要的法律服务。[①]

在宫晓冰主编的《中国法律援助制度研究》一书中，法律援助的定义是

---

① 王春良、董印河、杨永志等：《完善法律援助制度研究》，法律出版社 2018 年版，第 36 ~37 页。

国家(政府)对因经济困难无力支付或不能完全支付法律代理费用的公民给予免收费或者由当事人分担部分费用的法律帮助,以维护法律赋予公民的权益得以平等实现的一项司法保障制度。[①] 中共中央办公厅、国务院办公厅《关于完善法律援助制度的意见》把法律援助定义为:“法律援助是国家建立的保障经济困难公民和特殊案件当事人获得必要的法律咨询、代理、刑事辩护等无偿法律服务,维护当事人合法权益、维护法律正确实施、维护社会公平正义的一项重要法律制度。”

根据我国《法律援助条例》第 1 ~3 条的规定,法律援助可简单地概括为:法律援助是政府的一种责任,是对经济困难的公民提供的法律咨询、代理、刑事辩护等必要的无偿法律服务。

(三)大学生法律援助的定义

大学生法律援助首先不是一个专业术语,之所以要给他进行定义,一方面是因为无论从国外还是国内看,大学生法律援助志愿者已经成为一支法治建设的重要力量,是全面依法治国的必要保障;另一方面大学生法律援助独立性强,组织灵活,明显区分于政府法律援助和其他组织开展的法律援助,有必要进行单独定义。笔者认为,大学生法律援助是指以高校为依托,以法学本科生为主,包括法学硕士生和博士生在内的高校学生志愿者,面向社会,为社会弱势群体无偿提供公益性法律服务的专业志愿行为。一般来说,大学生法律援助是学生的自发组织行为,在学校及其指导教师的指导帮助下开展法律援助业务,很少有政府、社会等外部力量的参与,具有很强的独立性和灵活性;在校大学生在教师的指导帮助下,通过运用自己的专业知识和高校资源优势,为社会弱势群体提供各类案件代理,代写法律文书、提供法律咨询等无偿的法律服务,有效促进了社会公平正义,增强了其社会责

---

① 宫晓冰主编:《中国法律援助制度研究》,中国方正出版社 2004 年版,第 1 ~5 页。

任感,促进了高校法学教育方式的改革,具有很强的服务性和教育性;大学生法律援助可以突破现有的法律援助法律法规,为不符合法律援助条件的当事人提供法律帮助,开展法治宣传和法律援助专项调研等活动,具有专业服务的多样性。

四、中国法律援助的立法定位[①]

法律援助的立法定位,是指法律援助制度在整个国家法律援助制度中应有的地位和作用。单纯从立法角度,那就是法律援助法在国家法律体系中地位和作用。立法定位问题是法律援助立法首先要解决的问题。只有立法定位站得高,看得远,制定出的法律在国家法律制度中的地位、作用才能够得到更好的彰显。

解决法律援助立法定位问题,首先要解决什么是法律援助的概念问题。顾永忠教授在一次法律援助立法研讨会上给法律援助做了如下定义:法律援助是国家为了尊重和保障人权,维护或者促进社会公平正义,无偿为经济困难的公民和司法利益有此需要的特定案件的当事人或者特殊案件的当事人,提供法律服务的基本法律制度。顾永忠教授认为,《法律援助法》应当是为了实现法律援助制度而制定和实施的法律,在这样一个法律援助基本概念之下,顾永忠教授认为法律援助或者《法律援助法》的立法定位应当从以下三个方面来理解。

(一)《法律援助法》应是一部人权保障法

人权保障是对法律援助制度或法律援助法首要的定位。2004 年,《宪法》确立了国家尊重保障人权的原则。2012 年《刑事诉讼法》修正时,也明

---

① 本节关于《法律援助法》的立法定位的观点主要参照顾永忠教授 2019 年 1 月 19 日在司法部公共法律服务管理局和中国政法大学国家法律援助研究院共同举办的法律援助立法研讨会上的讲话录音整理,特此感谢顾永忠教授的思想贡献。

确了国家尊重和保障人权。一个是宪法,另一个是基本法,都规定了国家尊重和保障人权。但是,把尊重和保障人权写到《刑事诉讼法》这样一个部门法中,这在我国法律体系上并不多见,在 2012 年《刑事诉讼法》修正过程中,学界对此曾有各种不同观点。从中国的法律援助制度的起源来看,法律援助法实际上是从刑事诉讼中产生的。中华人民共和国成立初期还没有刑事诉讼法,更谈不上法律援助法。但是中国在当时的一些法律文件包括法院组织条例中就已经明确,在一些刑事案件中对没有律师辩护的被告人,由法院给他们安排律师辩护,于是就有了法律援助的雏形。到 1979 年《刑事诉讼法》,这一精神又进了一步,但还不是很明确。真正在法律上确定法律援助是 1996 年《刑事诉讼法》修改,正式地确立了我国的法律援助制度。可见,那个时候的法律援助制度其实就是刑事法律援助。之所以把《法律援助法》称为人权保障法,就是因为刑事诉讼涉及公民的最基本的也是最主要的人身权利,包括人身自由、生命、财产等基本权利。放眼世界,凡讲到法律援助,刑事诉讼都是最重要的一个领域、最重要的一项工作。除此之外,当然还涉及一些其他方面,比如民生问题。民生是什么?民生也是人权的最基本的问题。中国和其他国家对人权解读的最大的不同在于中国对人权解读首要是生存权。在法律援助领域,无论是刑事诉讼还是非刑事诉讼中,所涉及的大都是人的基本生存问题。所以我们要加深对法律援助制度是人权保障制度,是人权保障法的理解。

另外,《宪法》《刑事诉讼法》确立了法律面前人人平等原则。但法律面前人人平等如何能够获得保障?必须要有法律援助。特别是在法律领域法律活动中,人人能够获得平等,必须要有平等权,而平等权也是人权的一项重要内容。此外,《宪法》还确立了被告人有权获得辩护的原则。

综合这几个方面,法律援助法的核心就是人权保障。2012 年修改《刑事诉讼法》的时候,对于要不要写入人权保障的内容存在争议,否定观点认为每一部法律和人权保障都有关系,是不是每部法律都要写入人权保障的内容？肯定观点认为，和所有其他法律相比较，《刑事诉讼法》在保障人权方面，是其他任何法律都不可比拟的。最终立法机关采纳了这种意见，把尊重和保障人权正式写入《刑事诉讼法》。法律援助法律也是如此，所有的法律都与人权保障有关，如《老年人权益保障法》《妇女权益保障法》《未成年人保护法》，但是集中、专门的保障人权的法律制度是法律援助法的主要特征。

法律援助看似是针对少数人的，不是针对全社会的，但这个少数人是不特定的，全社会中的每个人都可能成为其中的人。说不特定意思是说，它不是针对某些阶层、某些阶级，它是针对在经济社会和法律生活中处于劣势地位或者弱势地位的人，而不仅仅是经济上贫困的人。我们不能把法律援助单纯地理解为扶贫，或者司法上的扶贫。2018 年修正的《刑事诉讼法》建立了刑事缺席审判制度，提出缺席审判的时候，本人或其近亲属可以委托辩护人。如果被告在国外或无法参加审判且没有委托辩护人，被告的近亲属也没有委托辩护人，法律援助机构就要指派律师为其提供法律援助。这是新的一项法律援助的对象。在全国人大常委会讨论审议的时候，有不少人对此提出质疑，质疑的理由是法律援助是帮助穷人的法律，怎么能给侵吞了国家资产的“贪官”提供法律援助？这一说法应该说是有一定的道理，但这种理解是有偏差的。法律援助不仅仅是帮助穷人，在刑事诉讼中穷人、富人都面临着同样的境遇，一旦错判后果是一样的。特别是缺席审判的被告人，他不能亲自参与审判为自己辩护，而由于某种原因，又不能亲自委托律师为自己辩护，这时候就需要国家出面为其提供法律援助。一方面可以保障他的合法权益，另一方面也可以彰显司法公正，包括程序的公正和实体的公正。因此，对于法律援助或法律援助法的定位和理解不能把它看作社会福利法，不能把它放在社会福利法的位置上。

（二）“法律援助法”应是国家义务法

国家义务是“法律援助法”的一个重要特征。法律援助法是建立在国家承担义务这样一个基本定位下的法律。最集中地体现国家义务的法律就是法律援助法。国家要尊重和保障人权入宪后,已经确定人权保障是国家的责任,那么国家怎么保障和尊重人权?其中一个重要方面就是通过法律援助法的制定,通过法律援助制度的实施来完成。否则,保障和尊重人权就是一句空话。而保障主要是体现落实在国家责任、国家义务上,主要表现在两个方面。

第一个方面是立法,目前为止,中国只有《法律援助条例》一部正式的关于法律援助的法律文件。在我国的法律体系中,它只是一部由国务院制定的行政法规,主要是对行政机关发生作用。现阶段要讨论的不是修改完善《法律援助条例》,而是要制定法律援助法。为什么要制定这部法律?为什么没有在2003年制定这部法律?原因是我们对法律援助制度的认识已经大大提高,事实上立法机关是从2016年开始考虑制定“法律援助法”的。20世纪90年代,中国开始探索建立法律援助制度,当时主要是学习、了解国外法律援助制度。到了2003年,中国制定了《法律援助条例》,到现在也不过20多年。所以中国的法律援助制度起步晚发展快,这是一个客观事实。但是通过这段发展经历,中国学术界、立法界、实务界认识到了法律援助制度必须提升到国家法律的层面,不能再由行政法规来调整。所以中国现在准备制定《法律援助法》本身就意味着中国对这部法律在国家法律制度中的地位和作用的认识已经大大提升了。同时也表明国家担负起了法律援助法的立法责任。

第二个方面是政府的义务,这里的政府就是我们讲的狭义的政府,即国务院和各级人民政府。政府的义务或责任是什么?就是从人力、物力、财力方方面面保障法律援助制度的实施。而实施的责任不仅仅是司法行政机关的事,也涉及司法机关,特别是在刑事诉讼中,公安机关、检察机关、法院都会涉及法律援助。《刑事诉讼法》规定,公安侦查阶段、检察机关审查起诉阶段、法院审判阶段,对于法定应当提供法律援助的当事人,办案机关应当通知法律援助机构,法律援助机构应当指派律师为当事人辩护。这表明,法律援助的实施,一方面是司法行政机关的责任,另一方面也是公安和司法机关的责任。但是,现行《刑事诉讼法》从侦查、审查起诉到审判阶段,对法定法律援助对象应当提供法律援助的法律义务实践中仍然还没有落实到位,一个主要原因是我们的公安和司法机关及其办案人员没有认识到实施法律援助也是他们的一项责任或义务。而在西方国家,国家司法机关及其工作人员认为法律援助是他们的责任,法律援助机构是在帮助他们履行完成这个责任。中外这种差异形成的原因就是我们最初对法律援助制度的定位没有到位。所以,我们未来的工作重点仍然是厘清法律援助国家责任问题,要通过法律援助立法,将国家对法律援助的责任明确下来。

(三)法律援助制度应是法律服务法

法律都是调整各种各样各个方面的社会关系。法律援助法则是调整、提供法律援助活动当中各个方面的关系。而法律援助的核心是什么?就是法律服务,并且是无偿的法律服务。这是法律援助法落实到最终要解决的问题。国家义务也好,政府责任也好,最终都要落实到提供符合基本标准(法律援助质量)和要求的法律服务上。

五、法律援助与相关概念的区别与联系①

(一)法律援助与公益法律服务

司法部、财政部《关于律师开展法律援助工作的意见》提出:“推动律师提供公益法律服务。倡导每名律师每年提供不少于24小时的公益服务。对不符合法律援助条件、经济确有困难的群众提供减免收费,发展公益法律服务机构和公益律师队伍,专门对老年人、妇女、未成年人、残疾人、外来务工

① 王春良、董印河、杨永志等:《完善法律援助制度研究》,法律出版社2018年版,第41~42页。

人员、军人军属等提供免费的法律服务。”2019 年 7 月 10 日，中共中央办公厅、国务院办公厅印发《关于加快推进公共法律服务体系建设的意见》，提出培养壮大擅长办理维护特殊群体合法权益及化解相关社会矛盾的专业公益法律服务机构和公益律师队伍。

笔者认为，法律援助与公益法律服务的主要联系：一是两者都属于公共法律服务的范畴；二是广义的公益法律服务包括法律援助，因为公益法律服务可以区分为广义和狭义。狭义的公益法律服务是指律师事务所、律师、基层法律服务机构和法律服务工作者等法律服务机构和人员自愿无偿或者减少收费提供的法律服务。法律援助与公益法律服务的主要区别：一是法律援助是法律法规规定的国家（政府）的责任、律师的义务、公民的权利，是无偿的，而且法律法规限定了援助对象的范围，由政府给法律服务人员支付办案补贴。而公益法律服务是律师协会、法律服务机构和法律专业人员自愿实施的，是慈善行为，不是必须履行的法律责任。虽然公益法律服务一般是不收费的，但在特定情况下受益人可能承担基本的办案花费，而法律援助，当事人是不承担任何费用的。二是法律援助的服务对象有法律法规的明确规定，而公益法律服务的对象范围没有法律法规的限定，但一般也会是普通群众，服务民生。为了调动公益法律服务工作者的积极性，政府还可以建立公益法律服务补偿机制，而法律援助政府只有补贴费用，不能额外对援助人进行补偿。

（二）法律援助与司法救助

2015 年 12 月 7 日，中央政法委等 6 部门印发《关于建立完善国家司法救助制度的意见（试行）》。该意见规定，国家司法救助是对遭受犯罪侵害或民事侵权，无法通过诉讼获得有效赔偿的当事人，采取的辅助性救济措施。国家司法救助以支付救助金为主要形式，与思想疏导、宣传教育相结合，与法律援助、诉讼救济相配套，与其他社会救助相衔接。法律援助不直接向受援人提供资金帮助，提供的专业的法律服务，是一种间接帮助。法律援助的对象还可以是行政诉讼当事人，显然比司法救助的范围更大。

（三）法律援助与社会救助

《宪法》第45条规定，中华人民共和国公民在年老、疾病或者丧失劳动能力的情况下，有从国家和社会获得物质帮助的权利。社会救助是保障公民实现这项基本权利的重要制度。法律援助是否属于社会救助，学界持不同的观点。司法部法律援助中心郭婕博士在《谈法律援助与社会救助的区别》一文中认为，法律援助不应该被纳入社会救助的范畴。王东进先生在《中国社会保障制度的改革与发展》一书中提出，社会救助是现代国家中得到立法保障的公民基本权利之一，是当公民难以维持最低生活水平时，由国家和社会按照法定的程序和标准向其提供保证其最低生活需求的物质援助的社会保障制度。法律援助是社会救助，但不是物质援助。汤黎虹教授在《社会法学》一书中提出所谓社会救助，是指国家和社会对依靠自身努力难以满足其生存发展基本需求的公民给予的物质帮助和服务。书中将法律援助制度列为社会救助制度中的一部分。2015年11月，河北省出台的《河北省社会救助实施办法》规定，本省行政区域内最低生活保障、特困人员供养、受灾人员救助、医疗救助、教育救助、住房救助、就业救助和临时救助以及社会力量参与的其他救助，适用本办法。该办法没有将法律援助列入其中。中共中央办公厅、国务院办公厅《关于完善法律援助制度的意见》提出，完善法律援助与司法救助、社会救助工作衔接机制，这表明，意见认为法律援助与司法救助、社会救助三者是不同的。

笔者认为，社会救助与法律援助是既有区别又有联系的两个概念。社会救助属于公民的基本人权，有明确的宪法依据和特定的内涵。对基本人权不宜任意扩大，因为与基本人权相联系的权利很多，基本人权有其特定的内在规定性。社会救助侧重于通过物质保障解决公民基本生存生活问题；

法律援助侧重于通过法律服务保障解决当事人在纠纷或争议中的法律问题,切实维护自身合法权益、实现法律上公平正义。基本生存生活都不能保障的公民,其法定权利更容易受到侵犯,当自身合法权益受到侵害时,理所应当地受到法律援助。

尽管法律援助的含义十分丰富,我国法律援助法也即将进入提审阶段,笔者认为,对法律援助进行含义界定应当包含以下几个要素:

一是法律援助是国家责任,这是当今全球各国达成的普遍共识;二是法律援助制度是司法制度的组成部分,经过二十多年的发展历程,法律援助制度已经成为中国特色社会主义法治建设的重要组成部分,在维护困难群众合法权益,维护社会最为基础的公平正义,增强政府公信力等方面发挥着不可替代的积极作用;三是法律援助的方式主要包括法律咨询、案件调解、案件代理、刑事辩护等;四是法律援助具有无偿性,对受援人来说,法律援助是无偿的,但并不意味提供法律援助是义务的,无偿的,国家是法律援助的义务承担者,必须通过政府购买服务来承担法律援助的国家责任,给予律师等法律援助提供者案件补助,并且随着社会经济发展不断提高补助标准;五是法律援助案件类型主要包括民事、刑事、行政诉讼,也包括申诉案件的代理,一般不包括非诉案件代理,但包括上述各类案件处理中的调解;六是法律援助具有三个层次的意义,即能够维护当事人的合法权益,维护法律的正确实施,维护社会公平正义;七是法律援助是最低人权保障,且是司法人权保障,是被联合国和世界多数国家普遍确认并采用的司法救助制度,是法律扶贫、扶弱、扶残,实现法律面前人人平等、尊重和保障司法人权的重要举措,是衡量一个国家司法文明进步程度的重要标尺;八是从社会经济发展视角看,法律援助是法律扶贫、法律济困,提升法律援助质量是"精准扶贫"的重要举措。

第二节 大学生法律援助发展概况

一、域外大学生法律援助发展概述[①]

大学生法律援助机构的成员主要来自法律院校的专业教师和法科学生，其中许多教师本身具备兼职律师资格，有着丰富的办案经验，许多硕士或博士研究生志愿者还拥有法律职业资格证书，加上高校本身具有丰富的校友资源，因此，相对于其他法律援助机构而言，大学生法律援助机构在专业性、自律性和志愿者人数上具有较强的优势，在世界范围内，各国高等院校都是法律援助的一支重要力量。

(一)域外大学生法律援助的组织和人员

高校作为法律援助的主体，其参与的组织和人员自然以其法学院的教师与学生为主。从绝大多数国家(地区)的经验来看，大学生法律援助与法律教育相结合已经成为趋势。

1. 美国

美国法学院的法律援助一般采用以学生参加为基础的法律诊所项目的模式。法律诊所教育是20世纪30年代美国法学院兴起的一种法学教育模式，具体而言，是法学院学生在有执业律师资格教师的指导下，在“法律诊所”中为符合援助条件的受援人提供法律咨询，诊断法律问题并提供解决方案。“诊所式”法学教育最大特点是使学生能够通过模拟场录和实践操作，从实践中培养学生的法律执业技能和职业道德，学生参加诊所项目一般可以取得学分，可以向教授请教辩护技巧(应用法学理论及程序)。在某些学

---

① 王丽娟等:《中国高校法律援助制度研究》，南京大学出版社2014年版，第213~220页。

校，提供法律援助性质的公益性服务已经成为学生取得学位的必要条件之一。在人员结构方面，美国大学生法律援助机构的主要工作人员除了教师，法学院的学生是最主要的成员。例如，耶鲁大学的法律机构允许一年级新生参与，哈佛大学的法律援助机构邀请律师作指导，还要求学生之间相互培训。

而在管理机制方面，美国法学院设有专门的法律援助办公机构，通过举办讲座、研讨会等形式来讨论公益法律问题，并负责接待援助对象的非正式访问。例如，哈佛大学法学院的"法律援助局"就非常典型，它是一个由董事会负责管理的机构，而董事会是由 3 名选举出的学生组成。

2. 中国台湾地区

在中国台湾地区，各个高校的法律援助机构基本都是由法学院学生自己兴办的社团组织"法律服务社"，目前通过中国台湾地区法律援助基金会认可并在其网站上推介的"法律服务社"包括：台湾大学法学院法律服务社、政治大学法律服务社辅仁大学法律服务中心，东吴大学法律服务社等。以台湾大学法学院服务社为例，该法律服务社由台大法律学院的在校硕士班学生（硕士生）组成，台湾大学规定其硕士班学生必须在法律服务社服务一定的时间，并且，服务满上述时间才可以取得相应的学分，同样地，台湾政治大学法律服务社解答组以研究生为主辅之以数名大三、大四学生组成，为民众提供法律咨询服务。

（二）域外大学生法律援助的方式

所谓法律援助的方式，是指国家通过哪些形式，给予那些涉有法律问题，自身合法权益遭到侵害或者正在遭受侵害，需要寻求法律救济，但因经济条件困难，无力支付所需费用的公民以经济上的帮助，使其合法权利及时得到保障。

1. 美国

美国以律师为导向的诊所式法律教育模式和相对开放的法律援助制度

决定了即使是法学院学生也可以参与法律援助案件的方方面面,以哈佛大学的法律援助局为例,从与当事人最初的见面,到问题的最后解决,一名学生可从事的工作涵盖案件处理的方方面面,再如耶鲁大学的公益法律助组织,参与项目的学生将在教学人员和律师的指导下会见当事人、写案情摘要、准备证据,参与谈判,甚至参与出庭事宜。对于初涉法律的学生来说,这无疑是极其宝贵的机会。

2. 德国

在德国,除了汉诺威大学、比尔菲尔德大学、洪堡大学等少数几所大学有法律诊所,绝大多数高校的法学院并没有采用美国式的法学诊所教学。直到2008年,法律仍然禁止没有律师资格的人提供法律服务,无论这种服务收费还是免费。这种相当严格的规则可以追溯到20世纪初,目的是保证法律服务的高标准,许多时候,这一规则的保留当然也与律师界的极力游说有关。因此,让学生处理真实案件并把为雇主提法律意见的责任交给没有通过考试的大学生,在德国是不可能的。但这很大程度上只是德国几乎没有法律诊所教育的一个非常正式的理由,“尽管《法律服务法》2008年已经修改,根据新法已经允许学生在律师或者教授的监督下为雇主提供免费法律意见,但大学里的情形并没有戏剧性的改变”。①

3. 中国台湾地区

同属大陆法系的中国台湾地区与德国有所近似,各个高校法学院的在读学生通常并不直接参与法律援助的诉讼代理服务,但不同的是中国台湾地区的高校普遍都会通过法律服务社向社会民众提供免费的法律咨询服务,以台湾中原大学法学院法律中心为例,该中心除寒暑假外,每天下午都会开展法律咨询与法律宣传活动,同时积极参与社区法律服务、边远地区法律服务等活动,咨询数量与服务的人数都非常可观。

---

① 参见[德]阿什特里德·斯达德勒尔:《德国法学院的法律诊所与案例教学》,吴泽勇译,载《法学》2013年第4期。

4. 菲律宾

菲律宾总共有近 10 所法学院。2004 年,阿特尼奥人权中心的一项调查中显示,在受调查的 90 所法学院中,有 28 所法学院制定了法律援助方案,并且,有 23 所法学院开设了诊所法律教育课程,以阿特尼奥法学院为例,他们的法律援助以培养学生的实践技能和社会责任感为核心,采用了诊所式法律教育、实习生项目、司法学徒项目、监狱减压项目以及国家税务局的税收诉讼等形式,来发展法律援助服务,为学生提供实践的机会。

(三)域外大学生法律援助程序

域外高校法律援助的程序由于所提供的法律援助方式的不同,各国民众获得大学生法律援助所必须履行的程序不尽相同。

1. 美国

在美国,就一般程序来讲,获得法律援助必须具备两个方面的条件:一是经济上的贫困,即无力支付法律服务费用或其他诉讼费用;二是案由上的依据,即该事务需要通过法律途径予以解决,并需要寻求法律帮助。若当事人认为自己具备了以上两个条件,就可以到自己所在地的具有法律援助机构的高校申请法律援助,提供申请的形式可以是书面的,也可以是口头的,当事人提出援助申请后,大学生法律援助中心的工作人员首先审查当事人是否符合被援助的经济条件,即必须符合"穷人"的标准。如果经审查申请人符合援助标准,接下来就是要审查当事人申请援助的案由,如果申请人请求援助的法律事项不需要进入诉讼程序,只需要提供一般的咨询便可以解决,那么,法律援助中心的援助者即时便可以予以解答,为其提供必要的服务,如若该援助事务需要进入诉讼程序,那么,法律援助中心就会根据申请者的诉讼性质,为其指定援助者辩护人,由辩护人代理申请人进行诉讼。

2. 中国台湾地区

由于中国台湾地区的高校仅仅只是提供咨询作为法律援助的手段,因此,社会民众获得援助几乎没有任何门槛,无须履行任何手续。以台湾政治大学法律服务社为例,根据其网站公布的信息来看,只要民众“苦于法律上的问题没有咨询对象”就可以于每周三、周五、周六下午携带必要的材料前往政治大学法律服务社办公室进行咨询。网站并未就援助业务范围或者咨询对象作出任何限制,相反非常鼓励社会民众进行法律咨询并承诺每个案件提供咨询的时间平均在30分钟以上。

3. 菲律宾

菲律宾受到英美法的影响比较深刻,因此,非政府组织在菲律宾发展得尤为兴盛。以菲律宾大学法学院为例,1971年开始设立法学院学生实践项目,内容是要求学生担任两个星期的法院助理。1974年,菲律宾大学法学院设立法律援助办公室,1980年,开始大力推广美国式的法律诊所教育。菲律宾大学法学院法律援助中心是学生的一个重要实习基地,一般从每年6月开始,学生在这里进行为期8周,每周8小时的实习。同时,必须满足60小时的值班时间,包括参加出庭、调查取证等环节。菲律宾大学的法律援助中心在案件受理之前,会审查申请者是否符合案件受理标准,即家庭月收入低于800比索,同时案件具有潜在的教育价值。对这些经济条件困难的人,菲律宾大学法律援助中心免收代理费用,但是会要求当事人承担办理案件必要的支出,如打印费、交通费。

(四)域外大学生法律援助的经费来源

目前来看,法律援助主要的经费来都来自政府的经费拨款,例如,中国台湾地区的法律援助基金就是由中国台湾地区“政府”捐助成立的,同时,“政府”还会对法律援助机构的日常运行经费进行货币补贴;在美国,每年联邦和州的各级政府会对法律援助进行专项的经费拨款。尽管绝大多数情况下,政府的财政拨款是法律援助的重要资金来源,但是,各类法律援助机构仍然会通过一些其他的方式,来拓展法律援助的资金来源渠道。高校的法律援助机构也是如此，不同国家、地区的法律援助机构在经费来源上也有所不同。

1. 美国

美国高校的法律援助制度主要体现为高校的法律援助诊所教育，这一制度的经费主要来自学校的拨款，除此之外一些慈善基金会也会对法律诊所的日常运营提供资金上的支持，其他企业、个人的捐款以及法院的经费支持也是法律诊所教育经费的来源。

美国有专门的《法律服务公司法》，其中所指的法律援助服务公司负责民事方面的法律援助工作，法律援助服务公司的资金支持会占据整个联邦所有民事法律援助经费来源的 80% 以上，每年法律服务公司会根据预算获得政府的经费拨款。获得政府拨款后，法律服务公司再给各个地方的法律服务机构分配经费，主要是按照各个州的贫困人数进行分配的，法律服务公司还会有专门的审计机构，对资金的利用进行专业监督。

2. 中国台湾地区

中国台湾地区的法律援助资金由法律援助基金提供，这一基金由台湾地区政府成立。为了避免法律成为富人的专利和穷人的噩梦，地区政府在 2004 年正式公布了《法律扶助法》，对台湾地区法律扶助的机构设置、人员配置、资金来源等事项进行了规定。法律扶助基金会的宗旨是以“为经济上的弱势者支付诉讼费用及律师报酬，提供法律的专业扶助，实现诉讼的平等权”，从性质上来讲，法律扶助基金会是由政府所捐助设立的私法人组织，也是台湾地区第一个公办民营的法律扶助机构。法律扶助基金会负责制定具体的实施办法，总部下设各地分会，职责是实际执行法律扶助工作。另外，政府主管机关“司法院”负责监督及管理基金会的运作和经费的运用。目前台湾地区的法律扶助基金会在各地有 21 个分会，2004 年 7 月 1 日，第一批成立的分会有台北、台中、台南、高雄、花莲等地，2005 年 1 月第二批成立的有桃园、新竹、彰化，宜兰、台东五个县市，2005 年 7 月，又增设了基隆、苗栗、南投、云林、嘉义、屏东、澎湖,金门及马祖九个县市的分会。2006年12月,在板桥成立分会,2009年8月31日成立士林分会。台湾地区法律援助工作的经费"全由台湾地区政府捐助成立法律援助基金及每年补助日常营运经费(每年捐助不动基金新台币5亿元,预计20年后成立100亿元之基金,在这之前则每年编列45,000万元之业务经费补充基金会运作之需)"。[①] 财团法人法律扶助基金会的最高决策机构是董事会,设立董事13人,任期3年,由"司法院"院长聘任,包括"司法院"代表二人,"法务部"、"国防部"及"内政部"代表各1人,台湾地区性律师公会推举热心参与法律扶助的律师4名,具有法律或者其他专业知识的学者专家2名,弱势团体代表1名以及台湾地区少数民族代表1名。由此可以发现,在法律扶助基金会中,官方代表并没有超过半数。

中国台湾地区高校的法律援助资金主要源于政府的拨款、高校的拨款、法律系的拨款以及外界的资金赞助。此外,台湾地区的高校法律系还会采用义卖的方式,开发出许多本高校的周边纪念品。纪念品的义卖所得作为大学生法律援助资金的补充来源,既充分利用了高校的文化商机,又能调动法律系学生参与法律援助的积极性和主动性;并且,能够在义卖的同时,对法律援助进行宣传。

3. 意大利、瑞典等欧洲国家

瑞典、意大利等欧洲国家推行一种预先付款法律服务制度,这一制度又被称为公共或私人保险形式的诉讼保险制度,这成了法律援助经费的一个重要来源。在瑞典,诉讼保险会和住宅保险和商业保险并行发行,诉讼保险负责支付被保险人参加诉讼的费用,而被保险人的个人出庭费用以及误工费并不包含在内。此外,瑞典还实行以公共资金直接支付私人律师费用的模式,对受助者的费用进行补偿。在丹麦等国家,诉讼保险作为其他种类保

---

① 沈丽飞:《我国大陆与台湾地区法律援助制度比较研究》,载《中南林业科技大学学报》(社会科学版)2010年(第四卷)第1期。

险如车险的一个部分，为被保险人的个人诉讼提供保险。并且，规定了由败诉的受援助人来分担诉讼费用。

二、中国大学生法律援助发展概述

（一）大学生法律援助的积极探索阶段

普遍认为，中国第一家大学生法律援助组织是由时任武汉大学法学院研究所副所长的万鄂湘教授于 1992 年 5 月组建的武汉大学社会弱者权利保护中心。该中心是由武汉大学法学教授、社会律师和青年大学生志愿者组成的为社会提供无偿法律服务的社会公益性服务组织。司法部开展法律援助试点工作以后，各高校纷纷建立起各自的法律援助组织。1995 年 2 月，北京大学成立“北京大学法律援助协会”。在全国政法院校中，华东政法学院率先于 1997 年成立了“华东政法学院法律援助中心”，以“为维护公平与正义而努力奋斗”为宗旨，逐渐成为向社会提供法律服务的窗口和理论联系实际的基地。随后，中国政法大学、西南政法大学、中南政法学院、西北政法学院相继设立了自己的法律援助组织。与此同时，复旦大学法学院法律援助中心、上海大学法学院法律援助中心也宣告成立。贵州民族学院还成立了少数民族事务法律援助中心。随后，包括中国人民大学大学生志愿者法律援助中心、中国政法大学青年志愿者协会法律援助中心、中国政法大学准律师协会法律援助中心、南京大学法律援助中心、安徽大学法律援助中心、河海大学法律援助中心等在内的几十家高校相继成立了法律援助组织。

（二）大学生法律援助与域外诊所法律教育相结合阶段

2000 年 9 月，在中国高等教育改革风起云涌之时，起源于美国的诊所法律教育引入中国，这种教育模式与大学生法律援助完美结合，相互借力，诊所法律教育借助大学生法律援助不断本土化，大学生法律援助借助诊所法律教育引入了新的教育理念，获得了加速发展的动力，形成了独具中国特色的法学实践教学改革模式。依托大学生法律援助,各个高校相继开设了法律诊所课程,开始了诊所式法律教育在中国的突飞猛进。2002 年 7 月 28 日,中国法学会正式批准成立中国法学会法学教育研究会诊所法律教育专业委员会(The Committee of China Clinical Legal Education,CCCLE,以下简称专委会),使诊所法律教育在中国有了官方背景,在组织、机构、人员、信息、资金、教师培训和诊所法律教育课程建设等方面极大地促进了诊所法律教育在中国的推广、繁荣和发展,诊所法律教育逐渐在国内法学院变得活跃,各个高校纷纷加入专委会,成为其委员单位,截至 2020 年 3 月 12 日,专委会已经有 205 个会员学校,其中华中地区 24 个,华北地区 62 个,华东地区 45 个,华南地区 24 个,西北地区 18 个,东北地区 21 个,西南地区 11 个。北京市涵盖会员学校最多,为 35 个,广东省名列第二有 19 个会员学校。山西省和青海省分别有 1 个会员学校。西藏自治区、中国香港特别行政区、中国澳门特别行政区、中国台湾地区均无会员学校。① 各高校详细分布情况请参见附录一。

开展诊所法律教育的高校一般同时开展大学生法律援助。因此,我们可以保守地估计,国内现有至少超过 100 多家高校建立了各自的法律援助机构。我们可以将这些大学生法律援助组织大致分为两类:一是一般的公益性学生团体,如北京大学法律援助协会、南京大学法律援助中心;二是准政府组织,如黑龙江省法律援助中心哈尔滨商业大学学生工作部。

(三)中国大学生法律援助组织主要类型简介

1. 北京大学法律援助机构

北京大学法律援助名称为法律援助协会而非法律援助中心,说明北京大学法律援助的机构设置参照协会模式来运作。具体来看,其设立了管理

---

① 载中国诊所法律教育网:http://www.cliniclaw.cn/hylm.asp.,最后访问日期:2020 年 3 月 5 日。

委员会，会长、业务部、研究发展部、社区建设部、秘书部、外联部和文化部。其中管委会是最高机构，负责重大事项的决策和监督执行。会长主要执行管委会的决议，协调各个部门的运作。业务部主要负责开展实施法律援助工作，研究发展部负责从理论上研究拓展中国的法律援助事业，社区服务部主要开展社区法律服务与建设，秘书部是内部的管理机构，主管资料管理、档案整理以及财务管理工作。

2. 南京大学法律援助机构

南京大学法律援助的志愿者全部由大三和大四的学生组成。大四的学生主要是在自己未来发展已经基本确定的情况下来参加法援中心的实践活动。由知识结构更如完善、充实的从业人员构成的南大法律援助中心开展活动的效果和质量比较突出，取得的社会成效显著。

3. 武汉大学法律援助机构

武汉大学社会弱者权利保护中心自 1992 年成立。武汉大学法学院成立近 20 年的武汉大学社会弱者权利保护中心在从事培养学生实践能力和社会责任感方面，卓有成效，取得了良好的社会效益，该中心本身就是由进行临床法学教育的基地中心的指导教师参与，除了传统的课堂讲授之外，注重对学生的临末教学指导，如接待当事人、调查事实、搜集证据、参与谈判、调解、分析案情、写法律文书、代理诉讼、出庭等。总之，武汉大学法律援助机构的设置相当于工科的实验室，学生在为社会弱者提供法律服务的过程中，其所学知识得以灵活运用、实际能力得以提高，学会作为一名合格的法律工作者应该具备的基本实务性业务技能。

4. 哈尔滨商业大学法律援助机构

(1)机构简介

哈尔滨商业大学法律援助机构的全称是黑龙江省法律援助中心哈尔滨商业大学学生工作部(以下简称哈商大法援)，于 2001 年 7 月 21 日经黑龙江省司法厅(黑司函〔2001〕100 号)批准成立，是黑龙江省内高校设立最早、规模最大、组织最严密、运作最规范的学生法律援助机构。哈商大法援接受黑龙江省司法厅、黑龙江省法律援助中心的领导，在司法行政机关的监督和指导下开展各项工作；在校内接受校团委及法学院领导，哈商大法援由法学教师及相关领域专家学者组成顾问团，下设办公室、案件受理组、案件诊断实验组、法律咨询组、社会调查与联络组、法律诊所教育中心、司考与法学理论研究中心、庭审与速录实验实训中心、在线法律资源检索中心和法学会等部门。哈商大法援法学会每年面向全校各专业新生招募志愿者200人左右，经过一年左右的锻炼和培训后，哈商大法援每年从这些志愿者中遴选出30名左右的志愿者，成为注册的法律援助志愿者。

哈商大法援成立19年以来，培养了近2000名法律援助学生志愿者，始终秉承“伸援助之手，献诚挚爱心，悍法律尊严”的宗旨，积极开展校内外普法宣传和案件代理工作。哈商大法援及其志愿者们多次获得国家级、省级、市级、区级和校级等多项荣誉称号。

(2)主要开展的工作

①校外普法宣传

一是社区普法。社会普法主要包括社区普法、中小学校普法、地方政府和人民团体等单位合作举办普法宣传活动。哈商法援在“3·8妇女权益保护日”“3·15消费者权益保护日”“12·4宪法日”等节日里，通过哈商大法援志愿者深入到君安社区、世纪花园小区、建河社区、景江社区等多个小区进行普法，同时与多个社区建立了长期的合作关系。

二是中小学普法。学校普法是针对学生设置的法制宣传，为贯彻落实“七五”普法规划，做好青少年普法宣传教育工作，在“12·4”全国法制宣传日来临之际，哈商大法援成员在哈商大法援部长石贤平副教授的带领下赴群力兆麟小学，与道里区团委携手开展了“法制相伴，健康成长”，“七五”普法进校园活动，此次活动旨在进一步提升学生法律素质，增强广大青少年的自我保护意识，促进青少年身心全面发展。哈商大法援成员悉心准备了有关于宪法基本知识简介、校园暴力方法、未成年人保护法等与小学生学习生活相关的知识内容。

三是校外品牌普法活动。哈商大法援积极开展校外品牌普法活动，联合其他组织多层次为社会民众进行专业普法。积极开展各项普法宣传工作，数次受邀参加由黑龙江省司法厅和黑龙江省电视台联合组织的"法律援助龙江行"义务普法宣传。积极开展以农村留守儿童"大手拉小手"关爱行动，哈商大法援与校团委组织我校"习近平新时代中国特色社会主义思想学习社团""新时代，新征程"实践服务团联合黑龙江广播电视台少儿频道、生活报、北京大学黑龙江校友会、国裕集团天堂鸟爱心联盟、优诺·博士口腔等新闻媒体、爱心企业一行47人赴齐齐哈尔市依安县深入开展农村留守儿童"大手拉小手"关爱行动。通过此次普法和关爱活动，不仅带去我们对依安县儿童的关心和爱心，更以实际行动践行十九大精神，发挥青年学生的使命感、责任感，激发广大青年学子以实际行动助力黑龙江经济社会发展，为"中国梦"贡献青春力量的热情。此外，哈商大法援还在哈尔滨市南马路街道办、哈尔滨共乐街道办、哈尔滨太阳岛街道办等设立法律援助工作站，定期开展普法讲座、法治宣传等普法活动。

②校内普法宣传

哈商大法援的法治宣传自2001年起每年定期在校园内针对在校学生开展，哈商大法援针对新生刚刚入学的情况，结合校园安全问题，印制了千份"校园安全手册"，并设立专门展台接待咨询的学生及家长，在一定程度上提升了同学们的校园安全意识。哈商大法援专门成立校大学生法律咨询中心，通过办公室接待、电话沟通以及微信后台回复等形式，帮助有法律疑难的在校大学生解决困惑，规避生活及就业风险，深受学校师生好评；承办主题为"远离校园贷，增强防范意识"普法宣讲会，提升新生非法校园贷防范意识。宣讲会一般面向全体新生进行，旨在让新生们全面、清楚地了解非法校园贷，从而提高防范意识。

③案件代理

代理案件是哈商大法援本着“伸援助之手,献诚挚爱心、捍法律尊严”的宗旨服务社会的集中体现。哈商大法援代理民事案件和行政案件进行诉讼,须经黑龙江省法律援助中心备案,经哈商大法援推荐,按照《民事诉讼法》和《行政诉讼法》的规定和相关法律程序办理。对当事人受援条件进行审核后,由当事人委托,签订委托协议后,哈商大法援指派注册法律援助志愿者师生进行案件代理。学生代理案件是哈商大法援的重要工作内容。

学生代理的案件以民事纠纷为主,涉及的种类涵盖了债权债务纠纷、离婚纠纷、劳动纠纷、合同纠纷、交通肇事纠纷、人身损害赔偿纠纷等多个领域。目前,哈商大法援学生的代理身份已经得到了包括哈尔滨市中级人民法院、哈尔滨市道外区人民法院、哈尔滨市道里区人民法院、哈尔滨市南岗人民法院、哈尔滨市香坊区人民法院等哈尔滨市四个主城区法院和中级人民法院的认可,此外,哈商大法援还相继收到哈尔滨市双城区人民法院、黑龙江省绥化市北林区人民法院、哈尔滨市劳动人事争议仲裁委员会、黑龙江省农垦总局劳动仲裁院等司法机构对哈商大法援指派的学生法律援助志愿者代理案件的判决书或裁定书。

④积极实施“中彩金”法律援助项目

2014 年,哈商大法援开始运行中央专项彩票公益金法律援助项目,并在短期内使项目在校内得到法学院和学校的大力支持,广大师生积极参与项目实施,项目运行以来哈商大法援师生共代理案件 100 多起,为数百名当事人提供了法律援助,换回数百万元的经济损失。2016 年 12 月 7 日,司法部法律援助工作司、司法部法律援助中心、中国法律援助基金会在北京召开中央专项彩票公益金法律援助项目总结部署工作会议,对“十二五”期间表现突出的先进集体和个人进行表彰。我校法援哈商大法援负责人荣获“十二五”期间中央专项彩票公益金法律援助项目管理先进个人荣誉称号。2019 年 12 月 28 日,在北京人民大会堂召开的“学习贯彻党的十九届四中全会精神,进一步推进法律援助项目规范化建设座谈会"上,哈商大法援工作部获"中央专项彩票公益金法律援助项目贡献突出实施单位"。

目前,哈商大法援学生案件代理工作正朝着积极有序的方向发展,无论是案件的代理量还是学生的代理能力都在稳步提升。

第三节　大学生法律援助的特点和性质

一、大学生法律援助的特点

(一)公益性

法律援助制度的目的是提供法律帮助给有困难的社会成员,而非单纯的经济支持。法律援助属于国家行为,是一项社会保障措施,与有偿性的法律服务有着本质区别,法律援助的无偿性决定了大学生法律援助的公益性。表面上看,国家为社会中的弱势群体或经济上存在困难的社会成员提供经济支出,帮他们"打官司",而实质上是对社会成员的合法权益的保护,是帮助他们实现应有的权利。随着法律援助制度的不断发展,我国公民享受法律援助的规模和范围不断扩大,大学生法律援助必然会参与其中,使其成为国家法律援助制度的组成部分。

大学生法律援助是高校法学教育与法律援助相结合的体现。一般认为,大学生法律援助与诊所法律教育的发展密切相关。起源于美国的诊所法律教育,在20世纪六七十年代遭到了现实主义法学家的质疑。[①] 案例分析式的教学并不能够完全的体现案件的全貌和办案的真实感受,使分析与讨论的观点变成了空洞的语言。随着人权关注度的提高,社会弱势群体因

---

① 李傲:《诊所法律教育的公益性》,载《法学研究》2006年第6期。

为金钱而无法获得及时的救济问题得到社会的进一步关注,在社会福利基金的支持下,美国高校法学院的学生开始向社会贫困人士提供免费的法律服务。2000年,诊所法律教育传入中国,截至2020年3月1日,“中国诊所法律教育网”的数据显示,国内已经有205所高校开展了诊所法律教育。大学生法律援助一方面能够加强大学生对法律实务的操练,另一方面能够培养大学生作为法律人的职业责任感和社会责任感。由于法律援助的无偿性,法律援助与高校法学教育相结合,使大学生法律援助具有更加鲜明的公益性。

(二)教育性

大学生法律援助的主要成员是大学生和高校教师。这一特殊主体也决定了大学生法律援助与政府法律援助相比,具有教育性。高校法学院系设立法律援助机构,支持大学生法律援助,一方面是为秉持法律人的职业操守和职业担当,守护法律的精神与价值,捍卫社会的公平与正义;另一方面也是法学教育自身的发展和法学专业学生实践训练需要。法学是一门实践性很强的专业,法学专业的学习向来都讲求法学知识的具体运用与实际操作。事实也已然证明,脱离实践的纯粹的法学理论的教学已不再适应时代和专业发展的需求。各高校法学院系在加强法学理论教学的同时,越来越注重法学实践教学。随着实践教学在高校教学活动中的不断发展以及对其要求的不断提高,法学实践教学方法也日益发展,不断推出案例分析、社会调查、模拟法庭、法律咨询、假期实践、专业见习、毕业实习、法律诊所、法律援助等法学实践教学方法。而法律援助正是在法学院学生在教师的指导和监督下,通过学院设立的“法律诊所”为当事人提供免费的法律服务,通过具体法律案件的实际操作,在实践中培养学生的法律执业技能与法律职业道德,也通过免费法律援助服务,提升学生的社会公益心和社会责任感。

（三）服务性

大学生法律援助是为低收入人群和社会弱势群体提供专业性的志愿服务，虽具公益性，提供的是无偿的法律服务，但他与社会其他法律专业人士一样，不能因为无偿就降低服务的质量，在法律专业服务上不分有偿和无偿。因此，大学生法律援助具有服务性。大学生法律援助的服务性在以下几个方面发挥了独特作用。一是大学生法律援助是法律服务体系的重要组成部分。大学生法律援助关爱社会弱势群体，维护了社会弱势群体的合法权益，体现了法治社会的共同追求。二是大学生法律援助为社会弱势群体提供法律援助服务，缓解我国法律援助供需失衡的矛盾。我国律师总体数量仍严重短缺，大量困难群体因经济困难而得不到法律的救济，通过大学生法律援助提供的法律服务，在一定程度上能够缓解我国法律援助供需失衡的紧张局面。三是大学生法律援助服务于整个社会，通过法律咨询服务，普法宣传活动、案件代理等形式改善了法治环境，在促进司法公正，完善法律体系方面扮演着重要的角色。

（四）灵活性

与政府和其他民间组织提供的法律援助相比，大学生法律援助具有较强的灵活性，主要体现在以下几个方面：首先，受援条件或受案范围上，不必严格依照国家或地方关于法律援助的法律规定，既可以根据学校实际情况受理或拒绝受理符合条件的法律援助案件，也可以超越受援范围受理案件，这是因为大学生法律援助是一种志愿服务，并不是在严格意义上履行政府的法定义务，因此，大学生法律援助具有一定的“自由裁量权”，当然，这种法律服务提供后不能申请政府法律援助案件补贴，一般也不能提供有偿服务。其次，大学生法律援助组织作为民间性、社会性组织，与政府法律援助机构的性质不同，不必单纯依赖政府拨款，而能够拥有多种机会和渠道去争取社会团体、企业、慈善组织的赞助,多方筹集资金。最后,大学生法律援助机构可以根据本地区、本校、社会支持等实际情况制定、修改章程制度,灵活地管理成员、选择自己的专业发展方向。

(五)多样性

多样性也是大学生法律援助的重要特点。大学生法律援助既可以以志愿者的身份和高校学生社团开展合作,联合开展大学生社团活动;也可以依托法学院系的教育体系,开展法学实践教学活动,成为法学院的一门课程,如法律诊所课程、法律实践课程等;还可以与校外实务部门开展合作,建立各类主题工作站,为大学生提供实习实训场所;大学生法律援助还可以与社区或乡村展开合作,定期或不定期开展普法宣传活动,成为一支普法志愿者队伍。

除此之外,大学生法律援助还可以制作诸如抖音小视频、法治宣传情景剧、法制漫画,组织开展法治文艺演出、法治图片展览,播放社区和农村巡回流动宣传片、论坛讲演和专题法制教育课等公共法律教育活动,充分利用大学生法律援助机构这一平台,用所学法律知识为社会公众和社会弱势群体做一些力所能及的工作,促进公共法律教育与法律援助宣传的深度融合。在扩大公共法律教育覆盖面的同时,提高法律援助的公众知晓率,既节约了成本,又增强了教育效果,提升了法律援助机构的社会影响,也为地方的法律援助工作储存了重要的后备资源。

二、大学生法律援助的性质

(一)组织机构的性质

目前,中国大学生法律援助正在如火如荼地进行,它们在促进法学教育改革、维护弱势群体合法权益、实现社会公平正义、推动全民守法等方面发挥着重要作用,但大学生法律援助组织的性质仍存在广泛争议。大学生法律援助是一种什么性质的活动,大学生法律援助组织又是一个什么性质的组织?这都是值得认真探讨的问题。为此,我们对国内正在开展大学生法律援助的38所高校进行了一次网络调查。调查显示,对于大学生法律援助机构性质和定位,有4所高校是由政府批准设立的政府法律援助分支机构,占比10.53%;有31所高校为法学院系设立并管理的大学生法律援助机构,占比81.58%;有2所高校为高校团委或学工部设立的大学生法律援助社团组织,占比5.26%;有1所高校为其他性质的组织,占比2.63%。通过上述调研数据可以看出,现阶段中国大学生法律援助组织的性质主要有三类,一是政府批准设立的政府法律援助机构的分支机构;二是由高校法学院系设立并管理的大学生法律援助机构;三是由高校团委或学工部等设立的大学生法律援助社团组织。

界定大学生法律援助的性质是一个前提性问题,不能解决组织性质问题,大学生代理案件就会遇到代理身份困境,还会遇到大学生在提供法律援助过程中因过错造成受援人损失应由谁承担法律责任等一系列问题。因此,加强对大学生法律援助的理论研究,需要首先准确界定其组织性质。

1. 将大学生法律援助组织定性为准政府组织

大学生法律援助组织的性质可以定位为一个准政府组织。这种性质定位可以确保大学生法律援助工作的有效开展:一是可以理顺政府法律援助机构与大学生法律援助组织的法律关系,让大学生法律援助活动在政府的领导和专业指导下依法顺利开展,提供组织保障;二是可以有效解决大学生代理案件的身份资格问题,提供符合资格的人员保障;三是可以有力确保资金的来源,对大学生办理法律援助案件给予补贴,对专项普法活动提供经费,提供资金保障。

法律援助工作本来就是政府的职责,现在政府的力量满足不了社会上法律援助的需求,因此,对于政府之外的法律援助组织,必须给予一个高级别的定位,使此类组织能更好地发挥作用。此外,这种定位在实际操作中较为可行,分支机构批准即成立,成立即可以开展活动,不需要到民政部门进行登记,况且民政部门登记手续烦琐,设置条件相对苛刻,根据目前各高校的实际情况,民政部门的登记很难实现。大学生法律援助组织定位为准政府组织,意味着政府及其法律援助机构给予大学生法律援助组织资金支持、组织和人员保障是其职责所在。值得一提的是,这种组织性质定位在当前最为重要的是可以有效解决大学生的代理案件身份资格问题,真正解决困扰中国各大高校多年的大学生法律援助发展的难题。

2. 将大学生法律援助组织定性为一般公益性团体

大学生法律援助组织也可以定位为一般公益性团体。这种性质定位对高校来说有较大的自主性和灵活性。高校可以根据学校实际自主设立,不需要经过政府批准或备案,并不存在官方力量的介入,由谁去管理完全是高校自己决定,组织机构的名称也可以由高校自主决定,大学生开展法律援助的范围也可以由高校自主决定,此外,这种公益性团体可以去民政部门进行登记也可以不进行登记,完全由高校自由决定。因此,定位为一般公益性团体显得相当灵活。

值得一提的是,将大学生法律援助组织定位为一般公益性团体也并不意味着任其发展。大学生法律援助组织存在政府监管和合作的部门,其作为公益性组织的性质不能改变。大学生法律援助组织必须是一个公益性的组织,才能充分发挥它应有的作用,为社会弱势群体提供应得的法律保护。

将大学生法律援助组织定位为一般公益性团体也存在一定的局限性:一是没有政府的批准和备案,大学生法律援助组织的合法性和权威性不能得到充分的社会认可;二是没有政府的支持,大学生法律援助组织的职能也会受到一定限制;三是大学生法律援助组织也不能从政府财政中获得资金支持,而是更多依靠本校资源。

笔者认为,大学生法律援助作为政府法律援助的重要补充力量,协助政府履行国家责任,理应作为政府的一个分支机构,应该有高级别的定位,以方便大学生法律援助组织的工作人员开展工作，减少援助所受的阻碍，让大学生法律援助真正起到补充作用，真正为政府和需要援助的群众排忧解难。

（二）代理案件的身份性质

1. 大学生代理案件身份性质

大学生法律援助组织的人员大多由在校高年级本科生组成，有些学校研究生也参与其中，在校大学生通过自己的专业知识，利用本校校友等资源优势，为社会弱势群体提供诉讼代理服务，但其代理身份资格是首先要解决的问题。自2012年《民事诉讼法》和《行政诉讼法》相继修改取消原来的“纯公民代理”[①]后，大学生代理案件的身份资格便一直成为困扰各个高校大学生法律援助组织代理案件的主要问题。如何解决这一问题是摆在各个大学法律援助机构面前的头等大事。

2012年修正的《民事诉讼法》第58条[②]规定，当事人所在社区、单位以及有关社会团体可以推荐公民作为委托代理人。根据最高人民法院《关于适用〈中华人民共和国民事诉讼法〉的解释》（以下简称《民诉法解释》）第87条[③]的规定，有关社会团体推荐公民担任诉讼代理人的，应当符合4个条件。笔者认为，依照上述法律及其司法解释规定，高校大学生代理法律援助案件

---

① 1991年《民事诉讼法》第58条规定：“当事人、法定代理人可以委托一至二人作为诉讼代理人。律师、当事人的近亲属、有关的社会团体或者所在单位推荐的人、经人民法院许可的其他公民，都可以被委托为诉讼代理人。”普通公民作为委托代理人参与案件代理不需要有关单位推荐，这被视为“纯公民代理”。

② 《民事诉讼法》（2012年修正）第58条规定：当事人、法定代理人可以委托一至二人作为诉讼代理人。下列人员可以被委托为诉讼代理人：（一）律师、基层法律服务工作者；（二）当事人的近亲属或者工作人员；（三）当事人所在社区、单位以及有关社会团体推荐的公民。

③ 《民诉法解释》第87条第1款规定：根据民事诉讼法第五十八条第二款第三项规定，有关社会团体推荐公民担任诉讼代理人的，应当符合下列条件：（一）社会团体属于依法登记设立或者依法免予登记设立的非营利性法人组织；（二）被代理人属于该社会团体的成员，或者当事人一方住所地位于该社会团体的活动地域；（三）代理事务属于该社会团体章程载明的业务范围；（四）被推荐的公民是该社会团体的负责人或者与该社会团体有合法劳动人事关系的工作人员。

可以通过以下几个途径实现：

(1)受援人所在社区[①]出具推荐证明

通过社区出具推荐证明的方式，大学生可以作为受援人案件委托代理人。这一途径的优点是较为方便快捷，容易得到法院认可；缺点是出于对受援人或大学生的不信任，社区的证明不容易开具，此外，有些时候受援人尤其是农民工群体所在社区离诉讼管辖法院路途遥远，往返奔波，开具证明费事费力。

(2)由受援人所在单位出具推荐证明

如果受援人有工作单位，由其单位出具证明推荐大学生作为其委托代理人。这一途径的优点是方便快捷，容易得到法院认可；缺点是受援人往往是弱势群体，没有工作单位，自然不能开具推荐证明，另外，即使受援人有工作单位，此时工作单位多是案件的被告，不可能为受援人出具推荐证明。

(3)有关社会团体出具推荐函

有关社会团体向人民法院出具推荐函，推荐大学生作为受援人的委托代理人，这是大学生办理法律援助案件的主要实现途径，也是笔者重点讨论的主题。笔者认为，根据现行民事诉讼法和行政诉讼法及其司法解释，高校大学生法律援助组织向法院出具推荐函，推荐大学生作为受援人的委托代理人应成为各个高校努力的方向，并有望成为解决大学生代理案件身份性质的主渠道。

首先，在什么情况下高校大学生法律援助组织属于法律规定的“有关社会团体”？

《民事诉讼法》对有关社会团体推荐公民作为委托代理人进行了确认，《民诉法解释》对推荐公民作为委托代理人的社会团体进行了具体解释，需要满足4个条件：依法登记设立或者依法免予登记设立的非营利性法人组

---

① 这里的社区应该作扩大解释，不仅包括城市社区即社区居委会，也包括农村社区即村民委员会。

织;被代理人属于该社会团体的成员,或者当事人一方住所地位于该社会团体的活动地域;代理事务属于该社会团体章程载明的业务范围;被推荐的公民是该社会团体的负责人或者与该社会团体有合法劳动人事关系的工作人员。

笔者认为,高校大学生法律援助组织如果已经在民政部门进行了登记,如武汉大学社会弱者权利保护中心(后更名为武汉大学法律援助中心),那么其符合司法解释中规定的"依法登记设立"情形;如果高校大学生法律援助组织没有在民政部门进行登记,但是经过了司法行政部门批准设立,如哈商大法援,①则也符合《民诉法解释》中规定的"依法登记设立"情形。因此,上述两类情形下成立的大学生法律援助组织符合"依法登记设立"的情形,因而可以依法开展法律援助工作,大学生代理案件身份性质依法可以得到解决。

除此之外,很多高校还设立了非营利性法人组织,如北京大学法学院妇女法律研究与服务中心,②中国政法大学污染受害者法律帮助中心,③这些组织均有在校大学生的积极参与,笔者认为这些组织可以认定为"依法免予登记设立的非营利性法人组织",也属于法律规定的"有关社会团体"的范畴,上述组织也可以推荐大学生作为案件的委托代理人。

其次,大学生需要满足哪些条件才能以公民身份代理案件?

大学生法律援助志愿者所在组织除了满足上述条件外,要以公民身份代理案件还需满足以下条件:一是开具属于上述组织的身份证明;二是受援

---

① 黑龙江省法律援助中心哈尔滨商业大学学生工作部于2001年7月16日经黑龙江省司法厅批准设立,批准文号为黑司函〔2001〕100号。

② 北京大学法学院妇女法律研究与服务中心成立于1995年12月,是立足北京大学法学院,专门从事妇女法律援助及研究的公益性民间组织。

③ 中国政法大学污染受害者法律帮助中心,也称环境资源法研究和服务中心,成立于1998年10月,是经中国政法大学批准,司法部备案的环境资源法研究机构,同时也是自筹资金为社会提供环境法律服务的民间环境保护团体。

人的住所地要位于该社会团体的活动区域,我国现有的高校基本上属于省级以上政府设立,大学生法律援助组织一旦批准成立,基本上会批准在省级行政区域范围内开展业务,因此,只要属于高校所在省级行政范围内的案件,基本上符合这一条件;三是代理事务属于该社会团体章程载明的业务范围,批准设立大学生法律援助组织的前提条件是需要有组织章程,章程中需要载明业务范围,法律援助案件代理一般都会载入章程中,因此,大学生代理案件,基本符合这一条件;四是代理案件的大学生需要是社会团体的负责人,这一条件需要做扩大解释,因为法律解释并没有规定负责人一定是法定代表人,负责人可以是社会团体的负责人(法定代表人),也可以是社会团体内设机构的负责人,因此,大学生法律援助组织的大部分骨干成员均符合这一条件。

2. 指导教师代理案件身份性质

指导教师在大学生法律援助中扮演关键角色,很多高校的大学生之所以能够顺利完成各类法律援助案件主要还是依赖于指导教师。如果指导教师参与案件,其身份性质如何认定呢? 笔者认为,指导教师代理案件的身份性质主要分为两种情况:一是指导教师本身具有律师执业资格,是一名兼职律师,这时指导教师完全可以以所在律师事务所的名义代理案件,这种情况下,指导教师案件代理身份与社会律师没有差别,但由于现行民事诉讼法和行政诉讼法均规定一名当事人可以委托两位代理人进行案件代理,因此,大学生可以与指导教师一起共同代理案件,参与全部诉讼活动,当然如果指导教师单独出庭诉讼,大学生也可以在指导教师的指导下帮助指导教师完成案件接待,文书代写,立案,调查取证等诉讼辅助工作,这些工作的完成均可以视为大学生代理案件工作。二是指导教师不具有律师执业资格,此时,从诉讼代理资格角度,其身份性质和没有律师资格的在校大学生并没有什么区别,其代理案件的身份可以通过高校大学生法律援助组织推荐的公民这一身份参加诉讼活动。

指导教师代理案件之所以认定为大学生法律援助的组成部分,主要原因是指导教师和大学生一起代理案件或者指导学生完成诉讼辅助性工作,让大学生能够参与到全部诉讼活动中或者能够观察到一个案件诉讼活动的全貌,如果指导教师做不到这一点,只是单纯的自己办案,学生不能参与其中,那么就不能视为大学生办理法律援助案件。

第二章　大学生法律援助的思想引领

——习近平立德树人法治人才培养重要论述

第一节　习近平立德树人法治人才培养重要论述的主要内容

习近平新时代中国特色社会主义思想是包括习近平法治思想在内的重大思想创新，是新时代中国特色社会主义建设的伟大实践和马克思中国化的最新成果，是党和人民实践经验和集体智慧的结晶，是中国特色社会主义理论体系的重要组成部分，是全党全国人民为实现中华民族伟大复兴而奋斗的行动指南。①

习近平立德树人法治人才培养重要论述是习近平法治思想的重要组成部分，是习近平新时代中国特色社会主义思想的组成部分。习近平立德树人法治人才培养重要论述主要回答了法治人才培养与全面依法治国相互关

① 王晓辉：《深刻领会习近平新时代中国特色社会主义思想的核心要义和创新观点》，载《人民日报》2017年11月23日，第7版。

系;法治人才的标准是什么;如何培养立场坚定、正确引领、道路自信的法治人才;专业知识教学与实践教学如何相互作用;如何培养立足中国、借鉴国外、面向未来的法治人才以及法治人才培养路径的命题等。法治人才培养是习近平法学教育思想的内核,是全面依法治国这项长期而重大的历史任务得以顺利完成的前提和保障。其内涵丰富,系统全面,逻辑严密,相互贯通,是对我国法学教育的全面总结和思想创新,为全面依法治国背景下法学教育改革更新了观念、指明了方向。

一、法治人才培养与全面依法治国相互关系论述

习近平在中国政法大学考察时指出,建设法治国家、法治政府、法治社会,实现科学立法、严格执法、公正司法、全民守法,都离不开一支高素质的法治工作队伍。法治人才培养上不去,法治领域不能人才辈出,全面依法治国就不可能做好。①

习近平将法治人才培养视为全面依法治国系统工程建设的重要组成部分,具有重要的战略地位。法治人才培养机制的创新和完善是全面依法治国得以实现的必要前提,塑造一批秉持中国特色社会主义理念的高素质、多元化、多层面的法治人才和后备力量是当前法学教育的重要目标。② 高质量法治人才对于实现法治国家、法治政府、法治社会三位一体的法治中国新格局至关重要,创新法学素质教育培养模式,输出高层次法治人才是全面依法治国的必要保障。

二、关于法治人才标准的论述

法学教育应该培养什么样的法治人才,或者说法治人才的标准是什么?

---

① 新华社:《习近平在中国政法大学考察》,载人民网:www.cpc.people.com.cn/n1/2017/0503/c64094-29252264.html.,最后访问日期:2020年4月9日。

② 蒋悟真、黄越:《依法治国与法治人才培养机制的创新》,载《江西财经大学学报》2015年第1期。

习近平在中国政法大学考察时回答了这一命题。他指出,中国特色社会主义法治道路的一个鲜明特点,就是坚持依法治国和以德治国相结合,强调法治和德治两手抓、两手都要硬。法学教育要坚持立德树人,不仅要提高学生的法学知识水平,而且要培养学生的思想道德素养。法律是成文的道德,道德是内心的法律。优秀的法治人才必须以实际行动带动全社会崇德向善、尊法守法。法治人才培养应凸显"健全人格教育"的理念,本着促进人的自由全面发展的目标,把学生培养成完完全全的人、正正常常的人、健健康康的人,全面发展的人。

习近平的上述讲话反映了他对法治人才标准的思想,那就是要立德树人,德法兼备,明法笃行。其提出的法治人才标准对思想道德的重视,为法学教育人才培养指明的方向,法治人才的道德水准有利于提升全社会的道德水平,营造法治氛围。道德的教化作用有助于提高社会文明程度,为法治文化增添源泉活力,最终为全面依法治国的实现奠定良好的人文环境基础。在道德体系中注入法治思想能够帮助实现社会主义道德体系与社会主义法律规范相衔接、相融合、相协调,并培育人们的法治信仰和规则意识,引导人们自觉履行法定义务,承担社会责任,营造全社会积极主动学法守法的法治氛围。

三、关于立场坚定,正确引领,道路自信的法治人才论述

习近平在考察中国政法大学时指出,没有正确的法治理论引领,就不可能有正确的法治实践。办好法学教育,必须坚持走中国特色社会主义法治道路,坚持以马克思主义法学思想和中国特色社会主义法治理论为指导。要强化理想信念教育,确保法治人才培养的政治方向。要充分利用高校学科齐全、人才密集的优势,加强法治及其相关领域基础性问题的研究,对复杂现实进行深入分析,作出科学总结,提炼出规律性认识,为完善中国特色社会主义法治体系、建设社会主义法治国家提供理论支撑。要加强法治教

育思想引领,逐步形成具有中国特色、中国气派、中国风格的中国特色社会主义法学理论。

“立场坚定”就是要求我们培养的法治人才首先要坚持走中国特色社会主义法治道路;“正确引领”就是我们在培养法治人才过程中和培养出的法治人才要坚持以马克思主义法学思想和中国特色社会主义法治理论为指导,习近平新时代中国特色社会主义思想是马克思主义思想的中国化,习近平新时代中国特色社会主义法治理论体系批判继承中华传统法律文化精髓,同时充分借鉴西方优秀法治文明成果,是培育当代法治人才必不可少的理论依据,因此,当前和今后法学教育中要坚持以习近平新时代中国特色社会主义思想为指导;“道路自信”就是我们在法治人才培养中始终要坚持社会主义道路,要对社会主义制度充满自信,中华传统法律文化蕴含以民为本、以法治国等思想,其蕴含的卓越的生命力甚至能与当代中国法治建设的实践产生某些共鸣,因此,要对包括中华传统法律文化在内的中华文明充满自信。

四、关于专业知识教学与实践教学相互关系论述

习近平法治人才培养重要论述中重视知识教学和实践教学的区别,认为应该正确处理两者的关系。在中国政法大学考察时习近平指出,高校是法学人才培养的主要阵地,法学教育要处理好知识教学和实践教学的关系。知识教学与实践教学是法学教育的两个方面,两者相辅相成,缺一不可。知识教学一般是在课堂内完成,是教育教学中普遍使用的一种手段,是教师给学生传授知识和技能的全过程。知识教学是学生获取专业知识和技能的主渠道,但单纯的知识教育并不能对学生接受知识和掌握知识技能的程度进行全面检测,学生解决实际问题的能力常常被忽视。实践教学是巩固理论知识和加深对理论知识理解的有效途径,学生通过实践教学,增强了感性认识,掌握了科学方法,提高了动手能力,拓宽了学生将所学的理论知识与实

践相结合的学习途径,突出了学生的主体地位和学习能动性,更加直观了解所学理论知识,能够激发学生的创新能力。此外,在实践教学中还可以有效培养学生的合作精神,对学生品德修养和形成正确的人生观进行有效培养,是培养具有创新意识的高素质法治人才的重要环节。

五、关于如何培养立足中国,借鉴国外,面向未来的法治人才论述

习近平在中国政法大学考察时强调,我们有我们的历史文化,有我们的体制机制,有我们的国情,我们的国家治理有其他国家不可比拟的特殊性和复杂性,也有我们自己长期积累的经验和优势。要以我为主、兼收并蓄、突出特色,深入研究和解决好为谁教、教什么、教给谁、怎样教的问题,努力以中国智慧、中国实践为世界法治文明建设作出贡献。他强调,对世界上的优秀法治文明成果,要积极吸收借鉴,也要加以甄别,有选择地吸收和转化,不能囫囵吞枣、照搬照抄。法治人才培养要逐步建立起与高素质法治人才培养目标相适应的,具有鲜明的中国特色、完整的知识结构、适度的学分要求、丰富的选择空间的法学课程体系。法学课程体系要与中国特色社会主义法学理论体系、学科体系相衔接,反映中国特色社会主义法学理论的最新研究成果,推动中国特色社会主义法治理论进教材、进课堂、进头脑。在法治人才培养中应当切实加强法学教材建设工作,组织编写国家统一的法律类专业核心教材,避免囫囵吞枣、照搬照抄,为法治人才培养提供能够贯彻中国特色社会主义法治理论的优质教材。

习近平的上述论述基本回答了如何培养立足中国,借鉴国外,面向未来的法治人才思想。西方优秀法治文明成果所内蕴的公平正义、法者永恒等思想在一定程度上展现出了法治的历史发展规律,为我国开始迈上实现全面依法治国的道路提供了有益的借鉴。[①] 这些重要论述既立足中国,坚持中

① 戴艳军、段中卫:《论习近平全面依法治国思想的理论渊源》,载《马克思主义与现实》2017 年第 3 期。

国为主,又有宽广的胸怀,海纳百川,吸收人类法治文明成果,同时对法学课程体系、法学教材编写等法学教育工作进行了具体指导,为中国法学教育改革解决了谁教、教什么、教给谁、怎样教的问题。

六、关于法治人才培养路径的论述

习近平在中国政法大学考察时强调,法学学科是实践性很强的学科,法学教育要处理好知识教学和实践教学的关系。要打破高校和社会之间的体制壁垒,将实际工作部门的优质实践教学资源引进高校,加强法学教育、法学研究工作者和法治实际工作者之间的交流。

习近平主席的上述讲话,回答了法学教育应该采取什么样的途径和方式去培养法治人才,那就是要立足实践,虚实结合,内外协调。当前法学教育还局限在仅吸纳司法资源进入法学教育环节,但是法律实践显然并不限于司法实践,如果仅面向司法领域开放则不利于法治人才培养的全面性,因而法学教育还应当向全社会开放,吸纳更多有利于法治人才培养的社会资源,如邀请包括政府部门、立法部门等在内的社会各个领域的法律实务专家来交流和讲授所处行业的业务流程,教学案例中也应注重收集立法、行政等非司法方面的其他案例,在学生能力培养方面也应科学设计,合理平衡学生司法技能、立法技能及其他职业技能的学习和训练。[①] 因此,从实践角度而言法学教育必须具有更广阔的容纳层面。

立德树人,德法兼修,培养大批高素质的法治人才是习近平法治人才培养重要论述中的精髓和高度概括,它将法科人才培养从法律人才培养到法治人才培养,实现了法学教育人才培养质的飞越。我们过去讲法律人才培养强调的主要是专业教育的重要性,要求学生熟练掌握和运用各种法律制度。而法治人才培养不仅要求法科学生熟练掌握和运用各种法学专业知识

① 邓世豹:《超越司法中心主义——面向全面实施依法治国的法治人才培养》,载《法学评论》2016 年第 4 期。

和法律制度，还要求法科学生要有很高的思想道德素养，甚至要求法科人才成为全社会的尊法学法守法用法的模范，引领社会法治氛围，推进法治实践。

第二节 目标与模式：大学生法律援助的努力方向

一、大学生法律援助的目标

中国一直奉行“政府主导，多主体参与”的法律援助政策，社会组织参与法律援助是政府法律援助的一项必要补充，也属于法律援助服务的一条有效途径。大学生法律援助正是在“多元化主体”共同参与政府法律援助服务的背景下应运而生的，也是当前创新社会治理模式、迈向“服务型”政府的一项重大举措，对完善中国特色社会主义法律援助制度具有实践意义。

在国外，实际上由法学院的师生共同开展大学生法律援助工作的情况非常普遍，一般被称作“诊所式法律教育”，与中国各高校内设立的“法律援助中心”或“法律援助工作部”，在理论与功能上具有契合性。它首先追求的是以培养大学生的法律实践能力、培育法治人才这一教育目标，兼具有社会目标和司法目标。

（一）教育目标

法学教育改革需要大力培养学生的法律职业能力，大学生法律援助是训练学生法律职业能力良好的培养途径。大学生法律援助在人才培养上具有得天独厚的优势，很容易实现其教育目标。首先，大学生法律援助可以通过推动法学实践教学改革实现其教育目标。大学生一方面通过法治宣传和案件代理提高其专业理论水平与应用能力；另一方面也促使所在高校不得不修改教学计划,开设相关实践课程,与此同时法学院教师进行相关课题研究,了解国内外最新的科研动态,挑选大学生办理的典型案例在课堂上加以研讨等。其次,大学生法律援助改变了法学传统教学理念。经过几十年的发展,中国大学生法律援助已经演变为很多高校法学实践教学的重要形式,成为培养德法兼修法治人才和开展实践教学活动的主要手段。最后,通过大学生法律援助可以搭建高校和实务部门沟通的平台。大学生在办理法律援助案件过程中必然要与政府法律援助机构、法院和仲裁机构等实务部门接触和互动,甚至建立起长期的合作关系,从而得到实务部门的指导和培养,实现理论与实践的双重教育目标。在法学理论方面,实务部门可以提供鲜活的实践案例,为理论研究提出司法实践中的真问题,为法学理论研究提供问题导向,供法学师生研究,从而提高其理论水平。在实践方面,实务部门可利用自身部门资源条件为大学生提供实习实践场所。比较理想的做法就是在实务部门如法院诉讼服务中心设置大学生志愿服务法律咨询处,在为群众提供志愿服务的同时,锻炼大学生自身的实践能力。此外,大学生还可以分批以参观或实习的方式进入地方法院、检察院、仲裁机构等实务部门学习,培养其专业精神和实务操作能力,从而实现了大学生法律援助的教育目标。

(二)社会目标

随着中国全面依法治国的推进,人们的法治意识逐步提高,社会对法律服务的需求也日趋旺盛。对社会弱势群体提供基本的法律帮助以保障其合法权益是一个国家司法文明的重要体现,然而弱势群体的法律需求是多元的,随着经济社会的发展,其需求也是不断增长的。因此,大学生法律援助应运而生,不断得到政府和高校的重视。与政府法律援助机构相比,大学生法律援助具有公益性、灵活性、多样性等特点,人数众多,专业人才集聚,可以提供全方位的多专业的法律服务,具有政府法律援助机构和其他非政府法律援助机构无法比拟的优越性。大学生法律援助的灵活性主要体现在案件受理范围上,可以根据学校资源和课程设置,突破现有的法律援助受理范围规定,为不符合法律援助条件的当事人提供力所能及的法律服务;大学生法律援助的多样性主要体现在提供法律援助的形式上,大学生不仅可以办理法律援助案件,还在法治宣传和法治调研、法律援助理论研究上具有得天独厚的优势。

由于我国当前法律援助服务面临着巨大的人员缺口,远不能满足社会弱势群体的法律需求,大学生法律援助依托高校拥有的丰富的法律资源与实践资源,深入开展法律援助,能够为社会弱势群体提供不同的援助模式,为满足社会弱势群法律需求寻求一条切实有效的途径,成为政府法律援助有力的补充力量。此外,大学生法律援助还可以与社会的法律实务部门或者其他非政府组织联手,充分调动社会各方的力量,实现各种资源的优化整合,对弱势群体的法律援助转化为社会各界的普遍责任,尽社会之力为弱势群体提供优质的法律援助服务。

(三)司法目标

中共中央办公厅、国务院办公厅 2015 年通过的《关于完善法律援助制度的意见》①第 11 条明确加大力度调配优秀律师、大学生志愿者等服务力量支持律师资源短缺地区法律援助工作,实际上是将包括大学生志愿者在内的社会力量纳入法律援助队伍。该意见的出台意味着法律援助制度的改革已经作为推进全面依法治国重大战略部署的重要组成部分,法律援助制度改革已经被提上改革的议程。也意味着大学生法律援助运行有了国家层面

---

① 2015 年 5 月,中央全面深化改革领导小组第十二次会议对完善法律援助制度提出了明确要求,中共中央办公厅、国务院办公厅于 2015 年 6 月印发《关于完善法律援助制度的意见》第 11 条规定:"……多渠道解决律师资源短缺地区法律援助工作力量不足问题,充实县区法律援助机构办案人员,在农村注重发挥基层法律服务工作者的作用,加大力度调配优秀律师、大学生志愿者等服务力量支持律师资源短缺地区法律援助工作……"

的政策法律依据，这对于各高校大学生法律援助组织来说，既是重大机遇，也面临着挑战。

在全面推进依法治国战略的大背景下，各大学法律援助组织只有精准地找到其在整个法律援助体系中的定位，才能依此确定理性的发展路径，抓住机遇，主动驶入司法改革快车道，不断壮大发展自身，为法律援助事业作出贡献。由于大学生法律援助作为国家法律援助的重要组成部分和重要补充，有着其独特的定位和运行特征，它不仅有利于培养法科学生的法律实践能力和服务社会的公益之心，而且有利于整合法律资源，为社会贫困群体提供司法服务和法律帮助，进而实现社会整体正义，提升法律在民众心中的权威性和公信力。

二、大学生法律援助的模式

模式是指可借鉴的标准范式。在基本概念维度上，中国法律援助的模式定义在学界尚有较大争议，仍没有达成一致意见。因此，大学生法律援助的模式也同样存在较大争议。笔者认为，大学生法律援助的模式是指大学生以一种什么样的服务形式为符合条件的服务对象提供法律援助服务。这里的“符合条件”与政府法律援助的“符合条件”有一定的差别，政府为申请人提供法律援助服务必须严格依照有关法律规定，也即符合《法律援助条例》和当地制定的有关法律援助的地方性法规和规章。而大学生提供的法律援助模式一般除了符合上述法律规定之外，可以超越上述法律规定，这是由于大学生法律援助是一种志愿服务，并不是严格意义上履行政府的法定义务，因此，大学生法律援助具有一定的“自由裁量权”，即使不符合法律援助法定条件，大学生仍可以提供法律服务，当然，这种法律服务提供后不能申请政府法律援助案件补贴，一般也不能提供有偿服务。此外，大学生法律援助的服务形式不仅仅局限于案件代理，法律咨询、法治宣传代写文书和课题调研等也是大学生法律援助模式的应有之义。我们依照上述定义，将大学生法律援助模式具体分为法律咨询、代写文书、法治宣传、案件调解、参与仲裁、代理案件等方面。

(一)法律咨询

法律咨询是大学生为弱势群体提供法律援助最为直接和普遍的途径,是大学生法律援助的“核心”和“窗口”业务。大学生开展法律咨询业务在时间安排上,可以定期开展,也可以随时组织人员开展;在咨询场所上可以在办公场所开展,也可以组建团队到校外社区、乡村、企事业单位等场所开展,实际上大学生法律咨询包括校内咨询和校外咨询;在咨询形式上不仅包括线上咨询,也包括线下咨询。因此,大学生法律咨询显得极为灵活和自主。

(二)法治宣传

法治宣传已经不再是一句口号,而是变成了全面依法治国的具体举措。在“谁执法,谁普法”的法治环境下,普法成为很多政府部门的“硬任务”。大学生法律援助在法治宣传上具有独特的优势:一是队伍庞大,全国法科学生已经达到36万人,如果加以动员,那将是一支数量庞大的普法队伍;二是专业,高校法律专业学科门类齐全,大学生背后还有一支专业的教师队伍,使其在普法优势明显。大学生法律援助的法治宣传模式不同于政府部门的法治宣传模式,因为有其自身的特点,我们将大学生法治宣传分为校内和校外两种视域下的法治宣传模式。

1. 校外普法宣传

校园外社会普法主要包括社区乡村普法、中小学校普法、与地方政府和人民团体等单位合作举办普法宣传活动等。社区和乡村普法是为不确定的社会群众进行普法宣传,一般是结合“3·8妇女权益保护日”“3·15消费者权益保护日”“12·4宪法日”等节日,配合社区和乡村基层群众性自治组织开展;中小学普法一般是结合学生的生理年龄、心理成熟水平和认知能力,将法治核心理念、重要概念与学生日常生活相结合，从案例库中精选案例开展法治宣传工作；此外，校外普法还可以会同法院、检察院、公安交通、消防部门，通过体验式现场观摩、实践模拟等方式开展法治宣传教育活动。

2. 校内普法宣传

这里的校内主要是指大学生法律援助组织所在高校校园内。做好本校学生的法治宣传工作是法治宣传的首要任务。大学生法律援助组织应该定期在本校校园内开展法治宣传活动。可以针对新生刚刚入学的实际情况，结合新生特点，围绕“校园安全”“非法校园贷预防”“毒品预防”等主题开展法治宣传。通过办公室接待、电话咨询以及微信、公众号后台回复等线上和线下形式，帮助有法律疑难的在校大学生解决法律困惑，规避法律风险，将大学生法律援助组织打造成一支校园法治宣传的重要力量。

（三）代写文书

司法实践中，很多老年人、妇女儿童、残疾人等社会弱势群体由于法律意识不强、高龄、行动不便等原因无法自行书写符合规定的相关法律文书，大学生法律援助志愿者可以为这些弱势群体代写法律文书，利用自身的知识优势为弱势群体提供帮助与便利，是我国现有法律资源不能充分满足受援人日益增长的法律援助需求的一项创新举措。在代写法律文书的过程中，大学生还可以帮助弱势群体理性分析涉诉案件，有利于引导涉诉困难群众理性表达诉求，有利于增强社会群众的法治观念，同时，也为高校法律专业学生提供了实践机会，有助于提升高校法律专业学生的法律写作能力。

截至 2017 年，全国已有 627 所左右的高等院校设立了法学本科专业，在校法学各类学生达 40 万人①。高等院校拥有如此巨大的法律资源，他们参与到法律援助工作中来，既可以有力缓解当前法援工作中的供需紧张局面，

① 载中国政法大学网：http://news.cupl.edu.cn/info/1015/9069.htm。

又可以为高校学生提高法律实践能力、培养正确的法律职业道德提供一个广阔的平台。

(四)案件调解

调解制度是典型的具有中国特色的司法制度,是重要的非诉纠纷解决机制。由于大学生法律援助受理的案件基本上是属于民事案件,主要涉及婚姻家庭、遗产继承、交通事故、违约、民事侵权等案件,这些案件很多是发生在熟人之间,调解成功率很大,因此,案件调解也是大学生法律援助的重要组成部分。

大学生参与案件调解的前提必须是案件各方当事人自愿,在法律的框架下进行,由于调解不受时间、场地的限制,具有灵活性和便利性的特点。而大学生社会经验不足,在调解案件过程中,需要指导教师进行必要的指导,一般情况下,指导老师应当亲自带领大学生参与案件调解,增加调解案件的成功率,以减少受援人的诉累。

(五)参与仲裁

仲裁包括劳动仲裁和商事仲裁。大学生法律援助参与仲裁模式一般是指参与劳动争议案件的仲裁活动。当前,劳动争议案件量急剧增加,受援人数量增多,而劳动争议案件往往专业性和政策性强,在案件指派上,政府法律援助机构面临不小的压力。

高校具有专业优势,政府法律援助机构和劳动争议仲裁机构可以联手在高校设立劳动人事争议仲裁委员会工作站,组建一支大学生劳动争议案件法律援助志愿者队伍,形成共同维护劳动者合法权益的工作合力,架起一座法律援助与劳动仲裁的沟通桥梁,为大学生法律援助的发展模式增添了又一处专业性法律援助站点,从而开辟高校新的实习实训基地,开拓高校法科生参与法律援助的新领域。以哈尔滨商业大学为例,2017 年 3 月,哈尔滨市劳动人事争议仲裁委员会在哈尔滨商业大学设立劳动争议案件调解工作站，当年大学生即调解案件22起，此后，大学生法律援助志愿者年平均调解案件30余起，成为一支在仲裁案件调解的重要力量。为劳动者提供了专业的法律咨询，保证劳动者在遇到法律问题或者权利受到侵害时获得及时有效的法律帮助，为劳动者申请法律援助提供便利。

（六）代理案件

大学生代理的案件以民事纠纷为主，涉及的种类涵盖了债权债务纠纷、离婚纠纷、劳动纠纷、合同纠纷、交通肇事纠纷、人身损害赔偿纠纷等多个领域。以哈尔滨商业大学为例，哈商大法律援助志愿者们本着“伸援助之手，献诚挚爱心、捍法律尊严”的宗旨持续服务社会19年，主要受理民事案件和行政案件，对当事人受援条件进行审核后，由当事人委托，签订委托协议后，指派注册法律援助志愿师生进行案件代理。

大学生参与政府法律援助工作，一方面可以减轻政府法律援助工作的压力，另一方面可以促进高等法学教育模式的重新架构，有利于全面提高学生的专业水平和社会责任感，是高校法学教育改革的必然选择，也是社会发展的必然趋势。

第三节　立德树人，德法兼修：习近平法治人才培养重要论述对大学生法律援助的思想引领

一、习近平“立德树人，德法兼修”法治人才培养重要论述的深刻内涵及其时代意义

“立德树人”语境宏阔、语意深远，单纯从字面上理解，即立德和树人。“立德”是指树立德业。“立德”的出处源于《左传·襄公二十四年》：“大上

有立德，其次有立功，其次有立言，虽久不废，此之谓不朽。”“立德”就是坚持德育为先，通过正面教育来引导人、感化人、激励人。“树人”中的“树”指培植，培养；“树人”中的“人”指人才；“树人”指培养人才。“树人”出处源于《管子·权修》：“一年之计，莫如树谷；十年之计，莫如树木；终身之计，莫如树人。”“树人”，就是坚持以人为本，通过合适的教育来塑造人、改变人、发展人、培养人。

“德法兼修”中的“德”在《现代汉语词典》中的意思是“道德、品行、政治品质”，泛指指思想品德、德业，与上述“立德树人”中的“德”含义相同。“法”既指静态的法律制度、法律体系，也泛指规矩、标准、公平正义等。在这里，“法”可以理解为法律知识和法律技能，也可以理解其为法律专业。[①]“兼”，是指都、一起的意思。“修”指学习、钻研。“德法兼修”单纯从字面上理解，即思想品德和法律专业同等重要，品德和专业要一起修炼。德法兼修是习近平在中国政法大学考察时首次提出。

党的十八大明确提出“把立德树人作为教育的根本任务”，党的十八届三中全会进一步强调“坚持立德树人”。习近平总书记在中国政法大学考察时强调，要立德树人，德法兼修，抓好法治人才培养。立德树人，德法兼修实质上是对法治人才提出的时代要求。法学教育绝不能仅仅围绕法律专业知识、法律技能的教授和法律思维的培养展开，对法律人的思想道德和职业伦理教育情况同样不能忽略或轻视。法学教育应当重点关注法治人才的思想道德教育，一名合格的法律人所受的思想道德教育要求法律人同时具备一般的法律职业伦理和社会公众一般承认的道德认知，同时掌握法律共同体内部共同遵循的伦理准则。[②]

“立德树人，德法兼修”是在全面推进依法治国，建设法治中国的大背景

---

① 李玉基：《全面推进法学教育改革与创新，着力培养德法兼修的高素质法治人才》，载《中国法学教育研究》2017 年第 3 期。

② 付子堂：《探索政法高校法治人才培养新机制》，载《中国高校社会科学》2017 年第 4 期。

下正式提出的法治人才培养机制。立德树人是我国教育工作的总方向，是党和国家对人才培养的总要求，也是我国高等教育的根本使命。立德树人，德法兼修是我国法治人才培养和法学教育的总方向、总要求和总纲领。法学教育和法治人才培养必将以此为指引，把法治精神的培养和道德品格的养成紧密结合起来，着力培养德法兼修的高素质法治人才，建立起立德树人、德法兼修的法学教育体系。

二、习近平法治人才培养重要论述对大学生法律援助的具体引领

（一）培养学生社会责任感，实现“立德树人”的教育目标

习近平法学教育思想非常重视德育在法学教育中的地位和作用。在中国政法大学考察时习近平总书记强调：“中国特色社会主义法治道路的一个鲜明特点，就是坚持依法治国和以德治国相结合，强调法治和德治两手抓、两手都要硬。法学教育要坚持立德树人，不仅要提高学生的法学知识水平，而且要培养学生的思想道德素养。”

民国著名法学家孙晓楼先生曾指出：“法律人才至少要有三个要件：要有法律学问；要有社会常识；要有法律道德。”“研究了法律，不能为社会服务，为公众谋利益，而专为自己个人寻好处求享用，这不能叫做人才，更不能算做法律人才。”“有了法律学问、社会常识而缺少了法律道德，那就不免流为腐化恶化的官僚政客，亦不能算做法律人才。一定要有法律学问，法律道德和社会常识，三者具备，然后可称为法律人才。”①

可以看出，法律职业道德（法律职业伦理教育）是法学教育不可或缺的内核，它与法学专业教育一道构成完整的法学教育。不仅如此，法律职业道德还是维护法律职业权威和社会地位不可或缺的重要因素，法学教育首先要坚持立德树人，才能培养出合格的社会主义法治人才。

---

① 孙晓楼：《法律教育》，商务印书馆2015年版，第7～9页。

法科学生在大学生法律援助中，无偿为社会弱者直接办理真实案件，没有经济利益的驱动，本身就是一种法律职业道德的培养过程，是社会奉献精神的具体体现，学生通过直接办理真实案件，真切感受到社会中种种不平等现象，了解到社会弱势群体的法律诉求，体会到利用自己专业知识服务社会的艰辛和乐趣，感受到专业的力量，以自己行为维护社会的公平与正义，社会责任感在办理案件中得到培育。大学生法律援助是将良好的法律职业道德和公平、正义的社会责任感潜移默化地“内化”于学生的内心，而不再仅仅表现为一种“外化”的行为。学生的法律职业道德和社会责任感在大学生法律援助中得以养成，其教育效果比课堂上“讲授式”的教学效果好很多。

（二）全面提升实践能力，知识教育与实践教学良性互动，做到“德法兼修”

习近平法学教育重要论述中注意区分知识教学和实践教学，认为高校是法学人才培养的主要阵地，法学教育要处理好知识教学和实践教学的关系。

在大学生法律援助中，学生与当事人是委托关系，教师对案件进行具体指导，学生直接接待当事人。在这一过程中，学生不得不学会运用综合法律专业知识来应付实战，突破了在上课时仅从本课程所属部门法的角度来分析问题的局限，而必须综合考虑各部门法之间的关系，将“死的法律”转化为“活的法律”。通过办理真实案件，与当事人和法院、政府等部门工作人员面对面的交流、沟通，学生的协调能力、综合判断能力、语言表达能力、逻辑思维能力以及文书写作能力等能得到比较全面的提高。面对法律问题，学生的学习态度也将会从“让自己学习”转变为“自己需要学习”，使知识教育与实践教学进入良性互动，在无偿帮助弱势群体的过程中，法学实践能力得到有效训练，社会责任感得到极大增强，公平正义之心得到彰显，思想道德得到普遍提升，从而真正做到了“德法兼修”。

（三）实现教学评价标准科学化，为法治人才考核标准奠定基础

习近平总书记提出法学教育要立德树人，德法兼修，为法治人才培养指

明了方向。法治人才的合格标准是什么？在法学教育中如何评价学生？这是法学教育过程中的具体问题，也是非常重要的问题。

大学生法律援助的评价模式是对传统评价模式弊端的纠正，它是根据法律诊所教学的任务和目标开创的一种全新的考核模式。其特点是参评主体的多元化、评价内容的多样化、评价过程的全程性。学生在大学生法律援助评价模式下，不再以卷面成绩作为唯一评价标准，学生的自评也成为评价模式中至关重要的一环，甚至超越教师评价所占的比重。这种评价标准极大纠正了传统教学评价模式以教师评价为主导的模式，学生不再把全部精力用在"书面考试"上，而是要更多地关注自身在解决一个个案件中所收获的专业技能、法律思维和法律方法以及情感体验，这是对传统教学评价只看结果不看过程弊端的纠正。因此，在大学生法律援助评价模式下，即使学生代理的案件败诉了，学生也有可能会得到好的评价，因为他们在办理法律援助案件中逐渐培养了独立思考和判断能力，依然表现优秀，有理由获得较好的评价。

大学生法律援助评价模式是一种动态的评价方式，而不是静态的，因而能更好地适应法学教育的特点，作出较客观、全面的评价，符合法治人才的职业性、应用性特点，具有科学性。这一评价模式如果能够在法学教育中得到推广和广泛应用，必将激发学生专业学习和实践学习的积极性和主动性，为法治人才考核标准提供了参考借鉴，从而为"立德树人、德法兼修"的法治人才培养考核标准的确立奠定良好的基础。

（四）架起法律界与实务界交流互动桥梁，培养合格的师资

习近平总书记在考察中国政法大学时还强调："法学学科是实践性很强的学科，法学教育要处理好知识教学和实践教学的关系。要打破高校和社会之间的体制壁垒，将实际工作部门的优质实践教学资源引进高校，加强法学教育、法学研究工作者和法治实际工作者之间的交流。法学专业教师要

坚定理想信念,带头践行社会主义核心价值观,在做好理论研究和教学的同时,深入了解法律实际工作,促进理论和实践相结合,多用正能量鼓舞激励学生。”

2011年,国家启动卓越法律人才教育培养计划,2013年国家实施高等学校和法律实务部门人员相互聘用的“双千计划”,法学教育、法学研究工作者、法治实际工作者之间进行了很好的交流互动,取得了一定成绩。但也要看到,随着全面依法治国的实施,特别是司法改革的强力全面推进,法治实际工作者自身部门的工作任务极其繁重,已经无暇顾及法学教育和人才培养,高校教师也忙于教学科研,真正到实务部门接触实质工作的不多。导致实务部门的优质实践资源引进高校存在一定障碍,法学教育、法学研究工作者和法治实际工作者之间的有效交流缺乏持续动力。实施大学生法律援助后,以法科学生办理法律援助案件为纽带,教师在具体指导案件过程中,可以就个案与实务部门进行沟通、交流和协调,能够实现法学教育工作者与法治实际工作者之间相互学习,取长补短,能使法科教师知识结构得到有效改善,为“德法兼修”的法治人才培养塑造合格的师资。

(五)扩大受援范围,提升大学生公平正义感

中国还是一个发展中国家,目前,法律援助的主要问题在于供需矛盾突出。现代国家转型期带来社会弱势群体的大量存在,而政府的资金、人员有限,还不能满足社会日益增长的法律援助需求。不仅如此,政府提供的法律援助需要依照有关法律法规对申请人申请资格进行严格的审查,导致大量公民因为不符合法律规定而得不到政府提供的法律援助。

大学生提供法律援助一是可以参与政府法律援助工作,为不符合政府法律援助条件而在经济上确实较为困难的当事人提供服务,从而扩大接受法律援助的人员范围,弥补政府法律援助的不足,缓解政府法律援助供需矛盾问题;二是通过帮助弱势群体办理法律援助案件,努力“让人民群众在每

一个司法案件中感受到公平正义”,让每一个法科学生感受到公平正义,努力成为敢于担当、赋有社会责任感的法治人才。

法治人才培养是全面依法治国的重要组成部分,是基础性、先导性工作。创新法治人才培养机制,培养造就一批熟悉和坚持中国特色社会主义法治体系的卓越法治人才,是全面推进依法治国的重要保障。大学生法律援助契合了习近平法治人才培养重要论述,符合我国全面推进依法治国的时代需求和我国卓越人才培养计划的目标。加强大学生法律援助,有利于提高法科学生的职业能力,培养其职业伦理、增强其职业道德。法学实践教学是近些年我国法学教育改革的“牛鼻子”。大学生法律援助与其他法学实践教学法还具有兼容性,因其本身起源于美国,后广泛被世界各国采用,具有国际交流的开放性和自身逻辑的展开性,可以为我国法学教育改革乃至世界法学教育创新提供有益的借鉴。实践证明,大学生法律援助引入中国后成为最受法科学生欢迎的课程之一,取得了较好的教学效果和社会效果,相信在习近平法治人才培养重要论述的指引下中国法学教育一定会进一步加强实践教学,为“努力办好人民满意的法学教育”交上一份满意的答卷。

第三章　大学生法律援助的机构设置和人员选任
——立德树人的组织人员保障机制

第一节　大学生法律援助的机构与人员概论

一、大学生法律援助机构与人员的概念和特征

（一）大学生法律援助机构

1. 概念界定

从世界各国的发展现状来看，世界上还没有哪一个国家仅仅依靠政府力量就能够完全满足社会对法律援助的需求，法律援助还需要更多的社会力量参与，因此，大学生法律援助机构有着其存在的必要性。要想了解大学生法律援助机构的概念首先要了解法律援助机构的概念。法律援助机构有广义和狭义之分，广义的法律援助机构主要是指国家有关部门根据有关法律或计划设立的组织管理实施法律援助工作的具体机构，或者是各社会团体、民间组织或个人基于相关法律规定、社团的职责或社会责任感而自发形成的实施法律援助的特定的组织形式。狭义的法律援助机构仅指政府法律

援助机构，即依《法律援助条例》[①]及相关法律法规、规范性文件的规定，由人民政府司法行政部门确定设立的，代表政府负责受理、审查法律援助申请，指派或者安排援助人员为符合法律援助条件的公民提供法律援助的组织。[②]

中国法律援助机构实际上分为两大类：一是政府法律援助机构，属于政府依法设立，按照《法律援助条例》规定履行政府法律援助职责，实行行政专项拨款，配备专门人员开展指派、管理、监督、评估和补贴发放等法律援助事项的机构；二是民间法律援助机构，属于非政府组织依照有关法律或政策文件组建设立，依托自身人员，在政府的业务指导下开展法律援助活动，其活动经费自筹，不依靠财政拨款。目前，中国民间法律援助机构主要指各地工会、共青团、妇联、残联、律协、高校等民间组织设立的法律援助机构。

现阶段中国大学生法律援助组织机构可分为三类：一是政府批准设立的政府法律援助机构的分支机构；二是由高校法学院系设立并管理的大学生法律援助机构；三是由高校团委或学工部等设立的大学生法律援助社团组织。相应地，政府批准设立的政府法律援助机构的分支机构则属于准政府法律援助机构性质，履行政府部分法律援助职能；高校法学院系设立并管理的大学生法律援助机构和高校团委或学工部等设立的大学生法律援助社团组织则属于民间法律援助机构。

大学生法律援助机构是指有关高校基于自身教学实践、人才培养和社会服务的需求，依照有关法律和政策文件规定，利用本校资源，组建的面向社会开展力所能及的法律援助志愿服务的组织形式。大学生法律援助机构从本质上属于广义上的法律援助机构且属于民间法律援助机构，其活动经费自筹，不依靠财政拨款。

---

① 国务院于2003年7月21日公布了《法律援助条例》，这是我国第一部全国性有关法律援助的专门法规，它标志着我国法律援助工作从制度创立进入了加快发展的新的历史时期。

② 王丽娟等：《中国高校法律援助制度研究》，南京大学出版社2014年版，第57页。

值得一提的是,有些高校设立的法律援助研究机构①,笔者认为,此类依托高校成立的法律援助研究机构由于不面向社会弱势群体开展法律援助志愿服务,不直接办理法律援助案件,因此,不属于上述大学生法律援助机构的概念范畴。

2. 主要特征

大学生法律援助机构与其他法律援助机构相比,具有自己独有的特性。主要表现在以下几个方面:

(1)服务性与公益性相结合

大学生法律援助机构设立的目的之一是为低收入人群和社会弱势群体提供专业性的社会服务,且提供的是无偿的法律服务,因此,机构既具有服务性又具有公益性。

大学生法律援助机构吸引了更多的具有无私奉献精神的大学生法律援助志愿者参与进来,更好地促进知识与地方经济的结合。以哈商大法援为例,该机构成立于2001年,是黑龙江省首家依托高校、由政府批准设立的为社会提供公益服务的民间法律援助机构。该校在法学院大三学生中挑选专业成绩优、实践能力强、社会责任感及服务热情高的志愿者,在老师的指导下,处理接待当事人、分析案情、调查取证、参与调解、撰写文书、代理诉讼等各个环节的工作,是大学生法律援助机构体现服务性与公益性的典型。

(2)服务性与教育性相结合

大学生法律援助机构的主要成员是在校大学生和高校教师,这一特殊主体也决定了大学生法律援助与政府法律援助相比,首先具有教育性。一方面,高校依托大学生法律援助机构,开设法律诊所等与法律援助相关的课程,进行法学实践教学改革,对学生加强品格教育,提升学生的社会公益心

① 例如,中国政法大学国家法律援助研究院,成立于2018年1月19日,是全国首家以法律援助理论研究为特色的智库型研究机构。2019年9月18日依托四川宜宾学院成立的四川省法律援助研究所,也是一家法律援助研究机构。

和社会责任感,满足了大学生法律援助机构的教育性;另一方面,大学生依托大学生法律援助机构,在教师的指导下,积极参与社会服务,在法律援助的过程中,一个案件从接待到取证、开庭、案卷整理归档,往往涉及多个法律部门、多门社会科学知识,通过法律援助,可以综合地培养学生运用各种法律知识、社会科学知识乃至社交知识的能力,全面锻炼了自身的综合能力和实践能力,为社会弱势群体提供专业法律服务,实现了大学生法律援助机构的服务性。大学生在为社会提供法律服务的过程中,学以致用,既维护了社会的公平正义,又加强了个人学习能力,促进了其个性发展,增强了其解决实际问题的能力,做到了教育性和服务性相互结合,相互促进。

(3)灵活性与多样性相结合

与政府和其他民间组织法律援助机构相比,大学生法律援助机构在受援条件、受案范围、拨款方式和专业发展方向等方面具有较强的灵活性,最为突出的是大学生法律援助机构不必严格依照国家或地方关于法律援助的法律规定,既可以根据学校实际情况受理或拒绝受理符合条件的法律援助案件,也可以超越受援范围受理案件。由于大学生法律援助机构具有较强的灵活性,在机构设置上,既可以由政府批准设立,也可以由高校自行批准设立,还可以是大学生自发发起成立;在活动内容上,大学生法律援助机构可以开展法治宣传、法治讲座、课题调研、案件代理、资金筹集等多种形式的法律援助活动,只要是非营利的,围绕法律援助主题的活动,机构都可以开展,表现出形式多样性。

(4)机构缺乏法律保障与人员流动性强

虽然《法律援助条例》规定了国家支持和鼓励社会组织利用自身资源为经济困难的公民提供法律援助,但是民间法律援助机构及其工作人员的地位、身份、权利等均没有明确规定,因而多数大学生法律援助机构缺乏法律保障,给大学生开展法律援助工作尤其是代理案件带来不利影响。2012 年《民事诉讼法》和《行政诉讼法》修改后取消了"纯公民代理",很多大学生法律援助机构的志愿者由于无法满足法律和司法解释规定的条件而无法代理案件。而根据《刑事诉讼法》《行政诉讼法》的有关规定，学生以普通公民的身份办理刑事案件、行政案件时，其享有的权利有限，比如，他们不能到看守所会见在押的犯罪嫌疑人，不能到政府部门就行政案件进行调查取证。这不仅损害了需要法律援助的社会弱者的诉讼利益，还导致学生无法全面锻炼自己的实践能力。

大学生法律援助机构的人员主要以在校大学生为主，严峻的就业压力使志愿者们在大三时已经将主要精力转向了准备研究生、法律职业资格、公务员等考试或寻找就业机会，在这种情况下，高年级志愿者的服务热情锐减，纷纷退出志愿服务，导致志愿者流动性很大，志愿者队伍不稳定。

此外，由于在校低年级大学生专业知识不够全面，也不够巩固，大学生群体本身又缺乏一定的实践和社会经验，人际交往和沟通能力也存在缺陷，致使大学生法律援助机构的有关工作尤其是案件代理工作难以顺利开展，需要认真研究解决。

（二）大学生法律援助人员

1. 概念界定

大学生法律援助人员主要是指按照法律法规和有关政策文件规定，接受大学生法律援助机构的指派，面向社会无偿提供法律援助志愿服务的在校大学生和教师，以及根据工作需要聘用的其他工作人员。

大学生法律援助人员主要分为三类：一是在大学生法律援助机构从事志愿服务的在校大学生；二是在大学生法律援助机构从事志愿服务的指导教师和机构管理人员；三是因工作需要，大学生法律援助机构临时或长期聘用的本校已退休教职工或校外人员。笔者认为，在高校从事法律援助研究的人员或高校设立的法律援助研究机构的工作人员不属于大学生法律援助人员。

中国现有600多所高校设有法学专业，如果充分调动这些高校的积极性，使其充分发挥自身专业优势，利用自身资源，为社会提供法律援助志愿服务，必将成为政府法律援助的重要补充力量，在我国法律援助制度和体系的建设中发挥重要作用。

2. 主要特征

由于大学生法律援助人员具有多样性，既包括在校大学生，也包括教师，甚至包括退休教师和社会人员，在此，本书仅仅以在校大学生的角度为参照，论述其作为大学生法律援助机构的人员所具有的普遍特征。

(1)人力资源的丰富性

大学生法律援助人员人数众多，在开展法律援助方面独具优势。大学生背后是雄厚的师资力量，我国许多高校法学院教师理论知识深厚渊博，不仅具有律师执业资格，而且具有独立承办重大疑难案件的经验，可为大学生法律援助提供专业引导，法学院部分学生也有律师资格，高校学生人数众多，人力资源丰富，无疑是一支高素质的法律援助力量。

(2)社会服务的无偿性

大学生提供的法律援助服务首先应该是无偿的，这既符合法律的规定，也符合高校设立大学生法律援助机构的初衷。《法律援助条例》第22条明确规定："办理法律援助案件的人员，应当遵守职业道德和执业纪律，提供法律援助不得收取任何财物。"如果有收取财物的情形，条例规定由司法行政部门责令退还违法所得。

(3)法律援助的依法性

尽管大学生法律援助机构具有灵活性，具有一定的"自由裁量权"，但大学生提供的法律援助必须严格依法办理，不能因为是学生身份就降低服务标准，只要依法受理的案件都应当按照规定承担法律援助义务，尽职尽责，依法为受援人提供符合标准的法律服务，依法维护受援人的合法权益，接受司法行政部门的监督。

(4)法律服务的低成本性

由于大学生法律援助机构中的工作人员以大学生为主,他们通过法律援助一方面为弱势群体提供法律服务,另一方面也是法学实践学习的过程,完成实践教学或实习任务,在不收取任何服务费用,也无须支付工资的情况下能够实现对经济困难的当事人的帮扶,体现了法律服务的低成本。法律援助作为教学和科研途径,在老师指导下,学生办案质量与学习成绩挂钩,也保证了法律援助的质量。

(5)法律责任的严格性

大学生为社会弱者免费提供的法律服务,不是纯粹的个人行为,而是代表所在高校法律援助机构以及所在高校履行政府法律援助的职责。为保证法律援助工作的依法进行,保障其目的、任务的有效实现,《法律援助条例》专章规定了法律援助人员要严格遵守的法律责任。如对于收取财物的违法行为,要责令其退还违法所得财物,并可处1倍以上3倍以下的罚款等。

二、大学生法律援助机构的职能

《法律援助条例》第8条规定:“国家支持和鼓励社会团体、事业单位等社会组织利用自身资源为经济困难的公民提供法律援助。”司法部《关于进一步推进法律援助工作的意见》等文件通知中均明确指出:法律院校的法律专业人才是实施法律援助的重要社会力量,要积极支持和引导社会团体和法律院校参与法律援助工作,发挥他们的积极性,壮大法律援助力量。

大学生法律援助机构人员主要以大学生为主体,由于在第二章我们已经详细介绍了大学生法律援助的模式,即法律咨询、代写文书、法治宣传、案件调解、参与仲裁、代理案件等,在本节笔者将重点介绍大学生法律援助机构的职能,对大学生法律援助机构人员的职能不再赘述。所谓大学生法律援助机构的职能,是指高校依照有关法律和政策文件规定成立的大学生法律援助组织主要履行的职责和处理的事项。与政府法律援助机构相比,大学生法律援助机构是其帮手，发挥的是补充作用，大学生法律援助机构要甘当政府法律援助机构的配角，履行法律赋予的光荣使命。具体来讲，大学生法律援助机构的主要职能包括组织实施法律法规赋予的法律援助职责和为政府法律援助提供专项服务等两大项职能。

（一）组织实施法律法规赋予的法律援助主要职责

1. 指派机构人员办理法律援助案件

依法设立的大学生法律援助机构尤其是政府法律援助机构的分支机构，组织实施法律援助，办理法律援助案件是履行法律法规赋予的职责。大学生法律援助机构的人员构成特点决定了其指派办理法律援助案件的人员主要是法科的在校学生和老师。机构指派的在校学生中包括大学生和研究生，指派的老师中既可以是有律师资格的教师，也可以是没有律师资格的教师。

2. 加强与有关机构和人员的沟通协调

想要组织实施好法律赋予的职责，办好法律援助案件，大学生法律援助机构还需要做好以下几个方面的工作：一是积极做好与司法部门的沟通协调，指派案件只是第一步，更多工作还是需要取得办案的司法部门尤其是法院的支持，要向他们解释清楚大学生法律援助机构的性质，机构人员办案资质条件，如果条件允许的话可以商请所在高校与当地法院签订协作协议，为机构人员办理法律援助案件排除障碍。二是做好与当地政府法律援助机构的沟通协调，机构承担的是政府法律援助职能，办理法律援助案件的信息以及办案困难需要及时与政府法律援助机构沟通汇报，以便由其出面沟通协调，有些机构还是政府批准设立，是政府法律援助机构的分支机构，更应该多沟通。另外，很多法律援助政策都首先出自法律援助机构，大学生法律援助机构要及时了解法律援助政策，取得当地政府的支持就需要与政府法律援助机构加强沟通协调。三是做好与机构人员办理法律援助案件的政策宣传工作，办理法律援助案件是履行政府的职责，必须依法组织广大师生履行好法律援助义务，做到指派合理、调动充分、服务到位，教育广大机构人员正确认识法律援助的政府责任与高校法律援助工作者义务相结合的性质，协调处理好两者的关系。

3. 对机构人员办理法律援助案件进行管理和监督

根据《法律援助条例》的相关规定，大学生法律援助机构应当负责法律援助工作中的监督管理工作，这种监督管理主要体现在：一是负责受理、审查和批准法律援助申请，法律援助的申请人往往由于缺乏相关法律知识，并不是很清楚自己的申请是否能够被受理，因此高校法律援助机构在受理之前必须根据该条例进行审查，必要时请示政府法律援助机构进行协助或案件请示办理；二是负责上报法律援助工作信息统计，负责本辖区法律援助案件的档案管理，统计工作是法律援助机构的一项重要工作，司法部法律援助中心从 1997 年开始，对全国的法律援助工作进行各项统计，其统计结果是管理部门指导工作的基本依据，档案管理主要包括案件的归档和保管，应定期将案卷分类装订成册，按年度立卷、归档；三是对机构人员进行教育培训，教育培训是大学生法律援助机构的一项重要职责，教育培训能够帮助机构人员很快熟悉办案流程，了解法律援助相关法律和政策，提高办案业务水平，保证法律援助办案质量，更好地维护受援人的合法权益。

4. 对机构法律援助资金进行管理和使用，依法合理发放办案补贴

大学生法律援助机构的一项重要职能是负责法律援助资金的管理和使用，机构的法律援助经费一般都由所在高校设立专门账户集中管理、使用，主要用于大学生法律援助机构办理法律援助案件的必要开支，机构人员承办法律援助案件的补贴，以及法律援助咨询、宣传等费用。机构应依照《法律援助条例》的规定保护好大学生法律援助机构人员的合法权益，并依法提供合理的办案补贴。

（二）为法律援助提供专项法律服务

1. 提供法律援助咨询服务

《法律援助条例》第25条规定："法律援助机构对公民申请的法律咨询服务，应当即时办理；复杂疑难的，可以预约择时办理。"法律援助咨询和办理案件一样都是法律援助最为常见的形式，法律援助咨询服务主要是指大学生法律援助机构人员就受援人提出的有关法律问题的询问，作出解释说明，或者提供法律方面的解决意见和建议的一种援助活动。大学生法律援助机构在这方面可以发挥更大作用。大学生提供法律咨询服务通常有三种形式：一是值班接待咨询，这可以称为线下咨询，大学生法律援助机构一般设有自己的办公场所，会安排大学生轮流值班，接待前来求助的受援人，对他们开展法律咨询服务；二是电话、微信、QQ、网站咨询服务，这可以称为线上咨询，此外，机构一般建有自己的微信公众号、有自己的网站、微信服务群、QQ服务群等，机构会安排专人提供网络线上咨询解答服务；三是大型法律咨询活动，在"3·15消费者权益保护日"、"6·1儿童节"、"12·4宪法宣传日"等节日里，大学生法律援助机构可以组织大学生深入社区，走向街头，开展专题法律咨询活动。

2. 组织法律援助宣传

开展对法律援助法律政策的宣传是法律宣传的一项重要任务，尤其在《法律援助条例》刚颁布时，很多群众不知道可以在什么情况下申请法律援助？要去哪里申请？申请时需要携带什么材料？大学生法律援助机构可以利用线上线下等形式及时宣传法律援助法律和政策，让人民群众在遇到法律疑难时及时求助法律援助，及时化解社会矛盾，维护社会弱势群体的合法权益，维护社会公平正义。

3. 开展法律援助调研

开展调查研究也是搞好法律援助工作的一项重要任务。毛主席曾说

“没有调查就没有发言权”，习近平总书记曾指出“调查研究是我们党的传家宝，是做好各项工作的基本功”。法律援助调研就是为了更好地发挥法律援助的制度优势，不断提高法律援助质量，改进法律援助的工作方式，深入基层实地走访办案人员，广泛联系受援群众，了解法律援助实施过程中遇到的问题和困难，有针对性的提出问题解决方案。有时候，法律援助调研也可以针对某一个具体事项走访特定地区和特定群众，开展走访调查活动。

大学生法律援助机构在组织法律援助调研活动时具有优势：一是人力资源充足，可以满足多地调研需求；二是时间充足，高校有寒暑假，师生可以集中时间组织开展调研活动；三是可以充分发挥多专业优势，科学组织实施调研活动，调研活动涉及社会学和法学等多学科，高校在专业人才上有着独特优势。

4. 实施法律援助项目

由于高校在校友资源、对外合作交流、社会服务等多领域具有独特的优势，高校可以与外界开展多方面的合作，法律援助也可以成为合作交流项目。比如中国人民大学与中伦律师事务所开展的“中伦公益基金项目”，自2013 年起，中伦律师事务所成立的中伦公益基金会对中国人民大学法律援助中心[①]各项法律援助工作给予资金支持，已经连续资助多年。2016 年 11 月，双方继续深化合作，中伦公益基金会与中国人民大学法学院签订了《中伦—人大法律援助公益基金章程》，中伦公益基金会向中国人民大学法学院捐赠 10 万元人民币，全方位支持人大法援的各项法律援助工作。中伦公益基金会与中国人民大学法律援助中心共同合作的法律援助项目将长期为弱势民众提供法律援助与服务。[②] 此外，北京大学、清华大学、中国政法大学、

① 中国人民大学法律援助中心成立于 1998 年，是一个大学生法律援助组织，法律援助项目的主要内容是组织该校法学院学生常驻法院为弱势群体提供免费法律咨询服务，仅 2017 年，人民大学法律援助中心共派出志愿者 681 人次赴最高人民法院立案庭诉讼服务大厅进行立案引导、案件咨询，累计 1830 小时，共计接待、引导当事人约 10600 人，帮助当事人填写立案登记表近 7800 份。

② 载中伦律师事务所官网：http://www.zhonglun.com/Content/，最后访问日期：2020 年 3 月 19 日。

武汉大学、北京航空航天大学等多所国内知名大学的大学生法律援助组织均开展了类似的法律援助项目。

值得一提的是，自2009年开始，隶属于司法部的中国法律援助基金会开展了一项“中彩金”法律援助项目，①该项目同时对大学生法律援助组织开放申请，截至2020年1月1日，国内已有包括中国政法大学研究生法律援助中心、北京航空航天大学法学院公益服务中心、武汉大学法律援助中心、山东大学学生法律援助中心、中央司法警官学院学生法律援助中心等24家高校的大学生法律援助组织成为该项目的实施单位。哈商大法援自2014年被确定为中央彩票公益金法律援助项目实施单位后，已经连续实施了6年，该校加强组织领导，强化项目管理，畅通法律援助申请渠道，代理案件数量不断增加，质量不断提高，且案件代理已经辐射到全省范围，为近二百名当事人提供了法律援助，挽回数百万元的经济损失。充分发挥中彩金法律援助项目的经济效益和社会效益。

三、大学生法律援助机构的案件受理范围

在以政府法律援助机构为主导，以民间公益组织为补充的中国法律援助模式下，办理各种诉讼案件也成为大学生法律援助机构人员的重要任务。在现实情况下，大量前来寻求帮助的弱势群体都是因为请不起律师，从而希望大学生能够为自己出庭代理案件的。那么哪些案件能够成为大学生法律援助机构的受理范围呢？根据现有的法律、法规的规定和各地的实际情况，大学生法律援助机构可以受理民事和行政诉讼案件、刑事诉讼案件和劳动争议仲裁案件，以及参与上述各类案件的调解工作。

① 中央专项彩票公益金法律援助项目是2009年经国务院批准，财政部从中央集中彩票公益金中安排法律援助项目，用于资助开展农民工、残疾人、老年人、妇女家庭权益保障和未成年人的法律援助工作，由司法部中国法律援助基金会负责项目实施管理工作。

(一) 办理民事和行政诉讼案件

办理民事和行政案件是大学生法律援助机构的主要受案范围。《法律援助条例》第10条第1款规定:“公民对下列需要代理的事项,因经济困难没有委托代理人的,可以向法律援助机构申请法律援助:(一)依法请求国家赔偿的;(二)请求给予社会保险待遇或者最低生活保障待遇的;(三)请求发给抚恤金、救济金的;(四)请求给付赡养费、抚养费、扶养费的;(五)请求支付劳动报酬的;(六)主张因见义勇为行为产生的民事权益的。”上述规定涵盖了民事和行政案件的受案范围。

目前,《民事诉讼法》和《行政诉讼法》相继作了较大修改,取消了“纯公民代理”,公民作为委托代理人附加了较多条件,大学生法律援助机构在受理民事和行政案件时一定要首先认真审核和协调解决大学生出庭身份资格问题,然后再进行指派,避免出现案件指派了,大学生无法出庭,不仅给受援人增加了诉累,也给大学生法律援助机构的工作开展带来不利影响。

此外,大学生法律援助机构在受理民事和行政案件时要结合自身学校实际,力所能及地进行受理,要充分考虑案情复杂程度、办案周期等情况,及时与指导教师汇报沟通,让指导教师进行判断是否能够受理,必要时请示法学院领导或当地法律援助机构协助处理。

(二) 办理刑事诉讼案件

刑事案件的办理是我国法律援助制度出台的初衷,是为了实现司法正义的一种制度设计,是为了保持控辩平衡,保障社会弱者获得平等诉讼机会的重要举措,因此,办理刑事诉讼案件是现代法治国家保护基本人权的重要手段。

《法律援助条例》第11条规定:“刑事诉讼中有下列情形之一的,公民可以向法律援助机构申请法律援助:(一)犯罪嫌疑人在被侦查机关第一次讯问后或者采取强制措施之日起,因经济困难没有聘请律师的;(二)公诉案件中的被害人及其法定代理人或者近亲属,自案件移送审查起诉之日起,因经济困难没有委托诉讼代理人的;(三)自诉案件的自诉人及其法定代理人,自案件被人民法院受理之日起,因经济困难没有委托诉讼代理人的。"大学生法律援助机构有时也会涉及刑事案件的办理。

刑事案件的办理需要执业律师身份资格。根据《刑事诉讼法》第35条的规定:犯罪嫌疑人、被告人因经济困难或者其他原因没有委托辩护人的,本人及其近亲属可以向法律援助机构提出申请。对符合法律援助条件的,法律援助机构应当指派律师为其提供辩护。

犯罪嫌疑人、被告人是盲、聋、哑人,或者是尚未完全丧失辨认或者控制自己行为能力的精神病人,没有委托辩护人的,人民法院、人民检察院和公安机关应当通知法律援助机构指派律师为其提供辩护。

犯罪嫌疑人、被告人可能被判处无期徒刑、死刑,没有委托辩护人的人民法院、人民检察院和公安机关应当通知法律援助机构指派律师为其提供辩护。

由于大学生一般没有律师执业资格,因此,大学生法律援助机构一般不能受理刑事案件,但有两种例外情形:一是刑事附带民事案件的受害人可以委托大学生法律援助机构指派人员以附带民事赔偿原告即受害人的委托代理人的身份出庭参与诉讼;二是指派具有执业律师资格的指导教师办理的刑事案件可以受理,此时大学生可以作为指导教师的助理,从事文书草拟、陪同调查取证等辅助性工作。

(三)办理仲裁案件

《法律援助条例》第10条中"请求给予社会保险待遇或者最低生活保障待遇"和"请求支付劳动报酬"的案件实际上属于劳动争议仲裁案件。劳动争议仲裁案件也是《法律援助条例》规定的受案范围。因此,大学生法律援助机构可以受理劳动争议案件。劳动争议仲裁机构的审理程序参照民事诉讼案件的审理程序,在委托代理身份资格上也是参照民事诉讼的规定来执行。

大学生法律援助机构还可以与政府劳动争议仲裁部分展开合作,共同处理劳动争议案件。以哈商大法援为例,2017 年 3 月,哈尔滨商业大学法学院与哈尔滨市劳动人事争议仲裁委员会签订合作协议,成立哈尔滨市劳动人事争议仲裁委员会哈尔滨商业大学工作站(以下简称工作站),工作站依托校法律援助学生工作部,隶属于哈尔滨商业大学法学院,面向社会提供免费的劳动法律咨询和法律文书撰写以及劳动争议案件调解和代理等社会服务,依法承担劳动争议案件法律援助调解职责,其业务接受哈尔滨市劳动人事争议仲裁委员会的领导,向其报告工作,在其监督和指导下开展各项工作。合作 3 年以来,工作站师生每年平均调解劳动争议案件 30 余起。

(四)办理非诉讼业务:参与调解和谈判

大学生法律援助机构办理非诉讼法律业务的领域很广,但主要包括法律咨询、文书代写、案件调解和法律谈判等。由于上文已经对法律咨询和文书代写进行了阐述,这里主要介绍纠纷调解和法律谈判。纠纷调解,是指大学生法律援助机构人员在受理法律援助案件后,以第三方身份积极介入案件中进行调解,以达到止纷息诉,化解矛盾,进而达到维护社会稳定团结的目的。法律谈判是指大学生法律援助机构人员受理案件后,为了受援人的利益,与对方进行反复协商、沟通,以达到一种各方都能接受的法律方案,圆满解决案件,达到化解矛盾,止纷息诉的目的。

参与纠纷调解和法律谈判有利于训练大学生的综合素质,树立多元纠纷解决机制的思维方式,同时也可以使受援人节约诉讼成本,减少诉累,提倡各个大学生法律援助组织广泛采用。

第二节 大学生法律援助的机构设置

一、设置依据和设置原则

(一)大学生法律援助的机构设置依据

《法律援助条例》第3条规定“法律援助是政府的责任”,第8条规定“国家支持和鼓励社会团体、事业单位等社会组织利用自身资源为经济困难的公民提供法律援助”,这被视为高校设置大学生法律援助机构的法律依据。

中国地域广阔、人口众多,且有大量的贫困人口,法律援助有着巨大的需求,单纯依靠政府机构的人力和财力很难满足广大弱势群体对法律援助的巨大需求,即使政府指派的是律师事务所执业律师和基层法律工作者办理法律援助案件,但由于执业律师和基层法律工作者数量有限,分配不均,仍远远无法满足我国巨大的法律援助需求,加之我国公众的法律知识水平普遍偏低,公益性普法宣传仍然任重道远,急需社会力量的参与。这被视为高校设置大学生法律援助机构的现实依据。

因此,中国从一开始便在制度层面上确立了政府主导,社会力量广泛参与的法律援助模式。高度重视和充分利用社会资源,尤其是吸纳具备一定法律素养的人员及所在组织参与,是弥补法律援助力量不足的现实路径。

(二)大学生法律援助的机构设置原则

1. 合法性原则

大学生法律援助机构是政府法律援助机构的补充,大学生法律援助志愿者是政府法律援助的补充力量和后备军。大学生法律援助机构在一定程度上承担了政府的法律援助职能,因此,其机构设置首先要遵守合法性原则。

尽管现阶段中国大学生法律援助机构的性质可以分为三类，其相应的可以从三个方面进行机构设置，但笔者建议，高校大学生法律援助机构尽可能由政府批准设立，并作为政府法律援助机构的分支机构。其理由有：一是政府批准设立是依法设立，严格遵守了相关法律规定；二是可以争取政府的更多资源，机构设置后能够很快顺利开展法律援助工作；三是可以有效解决大学生办理案件身份资格问题。

2. 量力性原则

大学生法律援助机构的设置应该量力而行。量力而行主要体现在设置人员规模、援助对象和专业服务方向上。各个高校师资力量和招生规模不同，学校专业特色不同，专业发展方向也各不相同，因此，在设置大学生法律援助机构时，各个高校要充分考虑本校实际，把机构人员维持在一定的规模，根据自身条件确定援助对象和每年的受理案件数量，不要盲目贪多贪全，反而影响法律援助工作的开展。

3. 专业性原则

大学生法律援助机构的设置还要体现各自学校的专业特色，并结合本校专业特色确定大学生法律援助机构的专业服务方向。有亮点才能有资源，机构设置一定要突出学校专业优势，挖掘本校优势资源，才能赢得学校更多支持和社会认可。

此外，专业性原则还要求要根据教师的专业特长设置主题法援机构。如农业大学可考虑以农村弱势群体如农村留守儿童、农民工作为援助对象，确定专业服务方向；林业大学可考虑将受污染的弱势群体作为援助对象确定专业服务方向；理工科大学可考虑将城市产业工人作为援助对象，确定专业服务方向；综合性大学可考虑确定多个援助对象，如妇女、未成年人、老年人、残疾人等作为自己的专业服务方向。

二、设置条件和设置情况

(一)大学生法律援助的机构设置条件①

1. 转变观念,大胆创新

高校设置大学生法律援助机构首先要转变观念,大胆创新。要从单纯的法学专业教育理念向法律职业教育转化,以不断适应社会对法律专业学生的需求。要敢于借鉴国外和国内高校成功的实践经验,通过设置大学生法律援助机构,运用多种教学方法和教学手段,建立起一套具有中国特色的法学教育新模式。

2. 要有办公场所等硬件设施

大学生法律援助机构开展各种法律援助活动需要办公场所,办公场所和一定的硬件设施是大学生开展法律援助的物质基础和前提。办公场所既是开展法律援助业务的必要条件,也是教师实施教学活动,传授学生知识、经验和技能的平台,同时也是德育培养的基地,相当于把课堂从校园移到社会。

我国各高校大学生法律援助机构设置情况各有不同,有条件的高校会选择把办公场所设置在学校临街处,如武汉大学法律援助中心就选择把办公场所选择在学校门口的临街处。有些学校会把办公场所选择在法学院楼层。机构的场所要有一定的规模,一般来说,大学生法律援助机构的办公场所应该建在学校里,或是学校附近,这样便于日常管理。

3. 要有法律援助学生志愿者

大学生法律援助机构强调以学生为中心,学生是机构的主体。在大学生法律援助机构里,学生在教师的指导下系统接受法学实务训练,学会独立

---

① 潘志学、石贤平:《法律专业实施诊所式实践教学的条件和步骤》,载《中国职业技术教育》2004 年第 15 期。

接待当事人,独立办理真实案件。

4. 要有法律援助教师志愿者

由于大学生法律援助机构学生流动性大,志愿服务时间短,机构实际运行过程中,必须要有教师的参与和管理。指导教师需要付出更多努力和指导时间,既要给学生传授法学专业知识和实务技能,同时需要加强对学生的德育培养,鼓励学生关注社会弱势群体,关注社会的不公正,努力用自己的专业知识维护社会弱势群体的合法权益,实现社会公平正义。因此,机构中指导教师会发挥关键性的作用。

5. 要开设与法律援助相关的课程

设置大学生法律援助机构要与法治人才培养相结合。设置机构的高校应该将大学生法律援助作为一门课程来开设,将这种教学模式作为学校教学改革的一部分,这是法学教学改革的必然趋势。法律援助课程可以是法律诊所课程,也可以是与法律援助相关的主题实践课程,如社区法律援助的理论与实务,未成年法律援助的理论与实务等。这些课程可以是选修课,也可以作为必修课。在开设此类课程时需要注意以下事项:

(1)学生应该是法律援助课程的中心

要打破传统的教学方法和模式,在课堂上,学生是教学的中心,教师只是组织者,与此同时,教师要去体会学生的感受,解决学生面临的困难和问题,要突出教学的实践性,使学生由被动地接受转为主动地参与,积极地思考。在实务指导上,学生是案件的主要承办人,具体操作办案步骤,教师只不过是为学生创造机会,针对学生代理案件中遇到的问题给予适时、必要的指导。

(2)学生需要接受必要的训练扮演多重角色

在法律援助课程中,学生要接受多角度、多方位和多层次的训练,同时教师也要采用多角度、多方位和多层次的教学方法,不断丰富教学内容,贯彻教学意图,使教学产生多种效果。具体来讲,在法律援助课程中,学生在课堂内和课堂外充当的角色是不同的。课堂内除讲授相关的实体法与程序法外，还要进行角色模拟训练，如课堂模拟法庭审判、个案分析、虚拟取证等一些诉讼基本技能的训练。此外，教师为适应这种训练，需采用互动式、分组式、提问式和讨论式等教学方法，使学生充当不同的角色，从而得到全方位、多角度、多层次的训练；课堂外要把学生置身于"律师"的角色，如让学生接待求助者的法律咨询、代写法律文书、回复求助者的法律咨询信件、办理真实案件等。

6. 要加强对学生的德育培养

在法律援助课程中，教师要引导学生关注社会，牢固树立以专业奉献社会的理念。教师将法律援助和教学活动相结合，坚持将思想品德教育贯穿于自己的教学活动全过程。在课堂上采取互动式和诊所式教学方法，与学生平等交流。要反对"填鸭式"教学，坚持以学生为本，以学生的"获得感"作为检验自己教学效果的唯一标准，着力培育学生的合作精神、团队精神和奋斗精神，在课堂教学中不断提升学生的法治信仰和专业水平；在课堂外，通过开展法律援助活动，拓展育人空间，学生通过参与法律援助案件办理和义务社区、乡村和中小学普法等法律援助活动，可培育社会责任感和使命感，提高道德情操。

（二）大学生法律援助的机构设置情况①

1984 年 11 月，西北政法学院率先成立学生法律援助机构——法律服务中心。1992 年 5 月，武汉大学社会弱者权利保护中心成立，随后 1995 年北京大学成立了"北京大学法律援助协会"，并成立了"北京大学法律学系妇女法律研究与服务中心"。1997 年，华东政法学院又成立了"华东政法学院法律援助中心"。

---

① 王丽娟等：《中国高校法律援助制度研究》，南京大学出版社 2014 年版，第 70 ~72 页。

1998 年 9 月,南京大学法学院为了充分利用南京大学的人才优势,弘扬真正的法律援助精神,创立了南京大学法学院法律援助中心暨南京大学学生法律援助中心。

2001 年 6 月,经黑龙江省司法厅批准,哈尔滨商业大学成立黑龙江省法律援助中心哈尔滨商业大学学生工作部,系黑龙江省首家高校大学生法律援助机构。

2002 年 4 月,经黑龙江省司法厅批准,黑龙江省政法管理干部学院成立黑龙江省法律援助中心黑龙江省政法管理干部学院工作部,系黑龙江省第二家高校大学生法律援助机构。

2002 年 12 月 10 日,来自中国政法大学、中国人民大学、北京大学、首都经贸大学的法学院系学生社团联合成立了“首都高校法律援助共同体”,高校法律援助机构发展方兴未艾。

2005 年 4 月 20 日,宁波市第一家高校法律援助站——宁波市法律援助中心浙江万里学院工作站正式挂牌成立。该工作站采取法律援助中心与高校联合管理的模式,由市法律援助中心工作人员和万里学院教师分别担任主任和副主任,另有 29 名师生志愿者组成,其中有 9 名教师具有律师资格,接受市法律援助中心的统一指派。工作站利用法律援助这个平台,通过提供法律咨询、代理书写文书、非诉讼调解、对符合条件的当事人提供无偿案件代理等形式,面向社会提供法律服务。

2006 年 3 月 5 日,内蒙古自治区首家高校法律援助中心——内蒙古科技大学法律援助中心挂牌成立。

2006 年 5 月 16 日,河南省首家由高校师生组建的法律援助工作站在河南省政法管理干部学院正式挂牌,该学院的 20 名大学生成为工作站的首批法律志愿者。该学院具有律师资格的 20 名老师成为法律援助工作站的工作人员,20 名大学生法律志愿者将协助工作人员提供法律服务。

2006 年 6 月 20 日,福建省司法厅审批了福建行政学院、福建经济管理干部学院的申请，同意其成立福建省首家高校法律援助站“福建省司法厅、福建行政学院、福建经济管理干部学院援助站”。该院政法系党支部还与福州市司法局“148”法律服务协调中心开展共建活动，目前已搭起了“148”法律服务平台。

2007 年 6 月 7 日，继妇联、工会、残联等法律援助工作后，甘肃省第一个高校法律援助工作站在兰州大学挂牌。兰州大学法律援助工作站的工作人员都由在校教师、研究生以及本科生担任，首批法律援助志愿者中有 8 名兼职律师。

2008 年 5 月 7 日，经贵州省司法厅批准，贵州省法律援助贵州师范大学工作站正式挂牌，这是贵州省成立的首个高校法律援助工作站，将为困难群众、特殊案件当事人无偿提供法律服务。

2008 年 8 月 25 日，武汉市首个高校法律援助工作站在武汉科技大学文法学院揭牌。该法律援助工作站由武科大 12 名师生自愿组成。教授、副教授各 1 名，讲师 2 名，研究生 8 名。其中，4 名教师具有律师资格。他们将参与接待咨询、接受指派承办法律援助案件，为农民工和困难群众提供专家级法律服务。

三、大学生法律援助机构与法律诊所的联系和区别

（一）大学生法律援助机构与法律诊所的联系

法律诊所是指开展诊所法律教育课程的教学场所。它是一个教学“载体”，可以是一个“教室”、也可以是一个“组织”；它可以依托真实存在的机构，也可以是虚拟“组织”。国内很多学者认为法律诊所即法律诊所课程，笔者认为，法律诊所与法律诊所课程大多数情况下含义相同，但两者还是有细微差别，主要差别之处在于法律诊所是一个教学平台，其含义比法律诊所课程更广，法律诊所既可以代表一门课程，也可以代表一个“组织”，与外界发生联系，如 2009 年，黑龙江省政法管理干部学院法律诊所就和中国法学会法

学教育研究会诊所法律教育专业委员会展开合作，当年举办了诊所法律教育专业委员会学术年会和相关培训会议，如果单纯是一门课程，则无法与外界开展合作。

大学生法律援助机构与法律诊所的联系之处：一是两者的活动性质相同，都具有公益性；二是两者的活动内容一致，都开展法律援助活动；三是两者人员一致，都是大学生为主体，有指导教师的参与；四是两者的活动地点基本一致，都要在高校校园内开展咨询接待、会见、案件讨论等活动，很多高校两者活动地点和人员是重合的。值得一提的是，很多高校虽然没有建立大学生法律援助机构，但开设了法律诊所课程，这种情况可以视为已经建立了法律诊所，尽管这个法律诊所可能是虚拟的。

（二）大学生法律援助机构与法律诊所的区别

1. 目的差异

大学生法律援助机构的目的多元，不仅有教育教学目的，还有为社会弱势群体提供无偿的法律帮助、维护他们的合法权益、伸张社会正义的目的。因此，大学生法律援助机构要兼顾当事人的利益，同时履行政府法律援助的职责。法律诊所则不同，它的目的主要是教育教学培养德法兼修法治人才，设立法律诊所，主要是为学生提供一种学习法律、锻炼实务能力的第二课堂。虽然法律诊所里指导教师指导学生办理法律援助案件，学生办案的过程实际也在为弱势群体提供法律帮助，但法律诊所的中心工作永远是培育学生，以教育教学为最终目的，法律援助只是一种教学手段，这是两者的最大区别。

2. 性质差异

现阶段中国大学生法律援助组织机构的性质可以分为三类：一是政府批准设立的政府法律援助机构的分支机构；二是由高校法学院系设立并管理的大学生法律援助机构；三是由高校团委或学工部等设立的大学生法律

援助社团组织。无论哪种形式，性质上都属于民间法律援助机构，是一种司法救助，需要履行政府部分法律援助职能。法律诊所从性质上说，属于一种教育模式或教学方法，但归根结底是一门课程，与法学院中其他课程一样具备同样的地位。

3. 组织形式差异

大学生法律援助机构通常有自己专门的工作场所，固定的组成人员，经费来源也相对固定，可以独立开展法律援助活动；而法律诊所多由高校法学院系为开设课程而设置，有的高校是依托大学生法律援助机构而设立，有的高校法律诊所是虚拟的，法律诊所主要活动地点在校内，一般是围绕课程展开活动，很少直接与外界联系。因此，由于组织形式的不同，大学生法律援助机构与法律诊所的活动范围也存在差异。

4. 身份资格差异

大学生法律援助机构的主要职能之一是办理法律援助案件，政府批准成立的大学生法律援助机构可以指派其人员作为受援人的委托代理人出庭代理诉讼案件；而高校自行设立的法律诊所主要是为了教学目的，不具有履行政府法律援助职能，没有案件指派资格。

5. 服务对象差异

大学生法律援助机构的服务对象虽然具有一定的灵活性，但大多数情况下还是要遵守《法律援助条例》规定和地方法律援助规章所确定的援助对象。由于各个高校法律诊所以及开设的法律诊所课程各具特色，因此，法律诊所服务的对象则会根据各校开设的法律诊所课程选择的主题不同而服务对象不同，如西北政法大学的立法法律诊所，中国政法大学的控烟法律诊所[①]显然这两个法律诊所的服务对象与《法律援助条例》中确定的援助对象

① 中国政法大学控烟法律诊所成立于2010年，旨在为控制与减少烟草危害，这是全国第一家在高等院校面向研究生开设的以控制与减少烟草危害为主要内容、以训练与培养学生非诉立法技能为主要目的的公益性法律诊所。

有较大差异。

6. 评价标准差异

对大学生法律援助机构的评价标准主要是办理案件的数量、案件的胜诉率、当事人的满意度、办案人员的能力与态度等。法律诊所的评价标准则完全不同,有效教学的最终标准是对学生学习的影响,学生是法律诊所的中心,对法律诊所的评价主要在于教学评价,评价所关心的不是教师做了些什么,而是对学生产生了什么影响。法律诊所评价的对象是学生的学习与思考的能力,评价的方式包括学生自评、学生互评、教师评价等多种方式,评价的目的既是对学生学习状况的结论性总结,又是对学生学习过程的建设性指导。

第三节　大学生法律援助的人员选任

一、人员选任的范围

本章第一节我们已经讨论了大学生法律援助人员,即按照法律法规和有关政策文件规定,接受大学生法律援助机构的指派,面向社会无偿提供法律援助志愿服务的在校大学生和教师,以及依法聘用的其他工作人员。

因此,笔者认为,大学生法律援助的人员选任范围主要包括在校大学生、指导教师和根据需要聘用的其他工作人员。之所以在这里再次讨论大学生法律援助机构人员,是因为需要着重强调大学生法律援助人员选任的几个重要问题。

(一)做好大学生法律援助机构负责人的选任

大学生法律援助机构负责人既是行政负责人,也是机构管理的决策人,选好、配齐、配强机构负责人是机构工作是否能够顺利开展的关键。因此,大学生法律援助机构负责人的人选是人员选任工作的重中之重。各高校可以根据本校实际选任学生或者选任教师作为机构的负责人。

从现实情况来看,很多学校选拔专业知识丰富、工作能力突出的学生来担任大学生法律援助机构的负责人,也有学校选择在校老师作为负责人。在品质方面,大学生法律援助机构负责人要为人正直、讲诚信;在工作方面,要具有积极投身于法律援助工作的敬业精神,要具备丰富的法律专业知识和经验,善于开拓创新;在领导能力方面,要具有优秀的组织协调能力,善于协调解决矛盾与问题,具备良好的判断力、决策力和勇于承担责任的魄力,能够团结班子成员,领导整个团队高效工作;在管理能力方面,要善于协调解决机构财政状况、资金调配、工作重点、重大决策、安排活动场所、学生学分和教师工作量计算等管理问题。

(二)正确区分人员选任与案件指派的区别

大学生法律援助机构的人员选任是按照一定的原则和要求挑选大学生进入机构中从事法律援助志愿服务,是大学生法律援助机构开展工作的第一步。案件指派是指大学生法律援助机构依照规定受案后将案件指派给哪一个大学生志愿者代理。大学生只有依照一定的原则和要求选任为机构的志愿者之后,才有资格被指派为案件代理人或从事其他法律援助活动。因此,人员选任在前,案件指派在后,两者不能颠倒,也不能混淆。

(三)重视加强大学生法律援助队伍的发展和培养

大学生法律援助机构在选任人员时,要严把入口关,防止专业知识学习不够全面、社会责任感不强的学生混入了大学生法律援助志愿者队伍,为此,可采取任课教师推荐,面试选拔等多种形式对拟加入机构的人员进行考核。人员选拔后,要加强人员培训,进行法律、政策和思想教育,加强人员队伍建设,通过多种途径和形式提高人员的管理能力、业务素质和思想道德品质，不断更新专业知识。此外，要疏通出口。对于那些长期不胜任大学生法律援助工作、经常迟到早退、工作中经常犯错的学生，应及时予以辞退或处分。[①]

二、人员选任的原则

（一）依法原则

尽管高校对大学生法律援助机构人员选任具有自主权，但大学生法律援助机构毕竟是在承担政府法律援助职责，是在履行国家义务。因此，大学生法律援助机构选任的人员应当符合法定条件，有能力为社会弱势群体提供优质的法律服务。

此外，依照《法律援助条例》第 21 条[②]的规定，大学生法律援助机构可以指派本机构工作人员办理法律援助案件，因此，机构在指派案件代理人员时也应该依法进行。

（二）勤勉原则

《法律援助条例》第 18 条规定："对符合法律援助条件的，法律援助机构应当及时决定提供法律援助；对不符合法律援助条件的，应当书面告知申请人理由。"第 21 条规定："对人民法院指定辩护的案件，法律援助机构应当在开庭 3 日前将确定的承办人员名单回复作出指定的人民法院。"

上述规定是要求包括大学生法律援助机构在内的法律援助机构及其办案人员要履行勤勉职责，及时办理法律援助案件，维护受援人的合法权益。

---

① 王宏：《提高法律援助机构管理能力的实证分析》，载《中国司法》2008 年第 1 期。

② 《法律援助条例》第 21 条：法律援助机构可以指派律师事务所安排律师或者安排本机构的工作人员办理法律援助案件；也可以根据其他社会组织的要求，安排其所属人员办理法律援助案件。对人民法院指定辩护的案件，法律援助机构应当在开庭 3 日前将确定的承办人员名单回复作出指定的人民法院。

(三)廉洁原则

《法律援助条例》第22条规定:“办理法律援助案件的人员,应当遵守职业道德和执业纪律,提供法律援助不得收取任何财物。”第26条第1款规定:“法律援助机构及其工作人员有下列情形之一的,对直接负责的主管人员以及其他直接责任人员依法给予纪律处分:(一)为不符合法律援助条件的人员提供法律援助,或者拒绝为符合法律援助条件的人员提供法律援助的;(二)办理法律援助案件收取财物的;(三)从事有偿法律服务的;(四)侵占、私分、挪用法律援助经费的。”

上述规定实际上是要求法律援助机构指派的办案人员遵守廉洁原则,不得在办案中牟利,不得侵害受援人的利益。

(四)效率原则

大学生法律援助机构的设置需要遵守效率原则。效率原则首先要求机构运行要有效,既要达到社会效果,又要达到教育效果;其次是运行要高效,大学生办理法律援助案件和开展其他法律援助活动要做到高质高效,培养的法治人才要德法兼修,道德教育和专业教育两手都要抓,两手都要硬。

三、人员选任的条件、程序和途径

(一)挑选机构中的“准律师”——学生

大学生法律援助机构强调以学生为中心,学生也是法律诊所课程的主体。挑选机构中的“准律师”——学生,是大学生法律援助机构人员选任的第一步,也是选任机构负责人的前提工作。具体来讲,机构对学生的选任包括选任条件和选任程序,选任条件是解决选择哪些学生进入机构的问题,选任程序是解决具体怎么选任的问题。

1. 机构选任学生的条件

选择的条件，也就是选择的标准，相对于选择程序，更趋向于个性化。有的教师认为申请写得认真、内容深刻感人的学生应当入选；有的认为口才、沟通与表达能力是进入诊所的最主要考量因素；有的认为学习成绩代表着学生的法律基础水平，应按成绩高低选择；有的认为积极参加学校、班级活动，有一定实践经验的学生应优先选择；还有的教师综合考虑上述因素，选择优胜者；也有的教师综合考虑上述因素，不拘一格，将特长、性格、成绩各项指标完全不同的学生选拔进机构里提供他们互相学习合作的机会。① 笔者认为，不管采用哪种标准，机构选任学生的条件应该符合下列基本条件。

(1)专业要求

一般来说，进入大学生法律援助机构的学生对相关的实体法和程序法要比较熟悉，以便从事具体的法律实践工作，大三以上的学生较适宜，有条件的高校可以吸收少量的硕士和博士研究生加入，因为他们大多数已学完或正在学习实体法和程序法。

(2)品格要求

挑选学生应该是愿意关注社会，乐于助人，具有社会责任感，此外，还应该考虑学生的个人意志力、交际能力、协调能力、口才能力等综合素质。

(3)人数要求

大学生法律援助机构应该根据学校的实际情况充分考虑机构人员规模，对加入机构的学生人数应该限定，不能是全体法学院的学生都加入机构，毕竟每个学生的就业意向、个人能力和品质有差异，人数匹配，可以保证教师有足够的时间指导学生办案，以保证案件的质量。吸纳人数可以参照法律诊所课程的人数来确认，即一个诊所教师指导 7 ~ 10 名学生为宜，最多

① 李傲：《互动教学法——诊所式法律教育》，法律出版社 2004 年版，第 30 页。

不得超过 10 人,也就是根据机构指导教师的人数确定机构学生人员数量是比较科学的做法。

2. 机构选任学生的程序

公正地选择学生,包括公正的选择程序与公正的选择标准。挑选学生可以采取笔试、面试、老师推荐等方法,每年进行一次选任工作,要使学生加入大学生法律援助机构形成制度,以保证法律援助工作和诊所式实践教学的顺利开展。由于研究生已经系统掌握了法学专业知识,因此,对研究生可以每学期进行一次选拔,本科生应选择高年级学生,因此建议每年进行一次选拔。本科生的选任程序可以遵循以下步骤,研究生的选任程序可参照:

(1)公开选任信息

本科生二年级下学期结束或三年级上学期开始之际,可以利用机构公众号或校园其他信息发布平台发布机构选任信息。要保证每一位有资格申请的学生同时得到有关申请事项的通知,告知机构选任的时间、地点,对学生的基本要求等。

笔者所在学校的做法是在每年秋季学期吸纳全校大约 200 名不同专业的大一新生进入由机构设置的校级法律援助学会,经过一年多的培训和锻炼,大二下学期开始,机构开始面向法律援助学会全体成员正式发布选任机构人员公告,定向吸纳招录和吸纳机构人员。研究生在新生报到学期即启动选任程序。

(2)公开动员

召开机构人员选任大会,所有的指导教师到会场,教师分别介绍自己的基本情况,对学生的具体要求,同时完成诊所课程的选拔。旨在使所有在场的学生获得有关机构和指导教师的全面信息,结合个人情况,作出是否加入机构和法律诊所课程的决定。

(3)提交申请

选任大会后,学生有一段思考准备的时间。之后他们在规定的期限内将加入机构申请表统一交到机构指定的人员手中。申请表有统一的格式要求,超过期限交纳申请不予接收。

(4)选择学生

在规定的时间内,机构组织笔试和面试,由机构负责人和骨干学生成员和指导教师组成笔试考察组和面试组对学生进行考核。研究生一般不进行笔试。通过两轮考核,最终选定机构人员。人员选定后,会进行正式名单公布,公布期限届满后,学生正式成为机构人员。

(二)挑选机构中的掌舵人——指导教师

大海航行靠舵手,大学生法律援助机构离不开指导教师的把舵。从一定意义上讲,指导教师决定了一个机构受理的法律援助范围和案件受理量,决定了一个机构的专业发展方向和人才培养质量。

1. 机构选任教师的条件①

(1)具备合格教师的条件

机构的指导教师首先应当是合格的教师,且需要有丰富的教学经验。有实务经验不一定能做好一名教师,其原因在于,教师所想的不是如何去解决实际的问题,如何去打官司,而是如何让学生学会去解决问题和打官司,这比教师亲自去打官司要困难得多。这也正是诊所教学不能被传统的实习所代替的根本原因。

(2)具备合格律师的条件

机构指导教师还应当是一名合格的律师,并且需要有一定的从业经验,很难想象一个从来没有办过案子或极少办案的教师能教授学生执业技巧。一个合格的律师,不仅包括业务素质的合格,还包括职业道德的合格。

---

① 李傲:《互动教学法——诊所式法律教育》,法律出版社 2004 年版,第 27 ~29 页。

(3)具备理论研究与实践活动相结合的能力

机构指导教师不仅要指导学生实践,更要将这种实践的成果、经验积累下来,提炼出来,上升到理论层面,再由理论去指导实践,提高实践水平。教学是一门课程,也是一种科学的教育方法。经验是理论的基础,是理论的源头,理论从实践中产生,在实践中发展,并得到运用和检验,这才是诊所教学中的“理论与实践相结合”。机构指导教师应关注社会热点、公民权利、法律文化、制度设置、教学心理等方方面面的问题。

(4)具备公益服务意识和奉献精神

机构指导教师不仅要热爱自己的教学工作,还要具有强烈的社会责任感,热爱社会公益事业。大学生法律援助机构和法律诊所课程正在培养一批又一批拥有律师的技能、拥有法律工作者的职业道德、拥有社会责任感和公益心的优秀学生,这一切源自指导教师的奉献精神。这种精神,将会被学生带到工作岗位中去,带到社会中去,影响其他人,影响律师界法律界以至于整个社会。

2. 挑选机构指导教师的几种途径

(1)从本校正在从事教学和法律实践的老师中选拔。这些教师有丰富的教学经验,对自己学生的特点也比较了解,指导起来更加方便、有效;他们中许多人对法律事务也很了解,能够更好地指导学生办案。

(2)从退休后的法学教师或法官、检察官中聘请。利用他们丰富的工作经验和相对宽裕的时间来指导学生。

(3)从从事法律援助工作的公职律师中聘请。这些人对法律援助案件非常了解,他们有良好的社会责任感和职业道德,对学生办理法律援助案件进行指导有明显优势。

第四章　大学生法律援助的经费来源
——立德树人的资金保障机制

第一节　大学生法律援助经费概论

一、大学生法律援助经费的概念和意义

大学生法律援助经费是指在高校设立的大学生法律援助机构在开展与法律援助相关的活动过程中所需要的全部费用。它有广义和狭义之分：狭义的大学生法律援助经费仅指大学生法律援助机构人员办理法律援助案件所需的必要费用，即通常所说的法律援助办案补贴；广义的大学生法律援助经费是指大学生法律援助机构实施法律援助活动过程中产生的一切费用，包括义务法治宣传、法律援助调研、会议支出、机构办公场所、机构日常维护等费用。笔者采用广义上的大学生法律援助经费概念。

（一）经费的有无，直接影响大学生法律援助机构的正常运行

一家大学生法律援助机构的设立、运行，从场所的选定到志愿者的招募，从案件的处理到日常的办公，方方面面都离不开经费的支持，大学生法律援助机构如果有了固定的经费来源，其运行也有了基本的保障。

（二）经费的多少，直接影响大学生法律援助的服务质量

大学生法律援助的主体是高校教师及在校大学生，如果经费保障不足，将会直接影响参与指导案件的教师的积极性及大学生法律援助机构人员的办案热情。尽管法律援助本身是一项奉献的事业，但这种奉献不在于经济上的奉献，而在于志愿者们法律服务、法律知识的奉献。

在经费充足的情况下，大学生法律援助机构可以开展丰富多彩的法律援助活动，如义务法治宣传、法律援助田野调查、送法进社区、送法进乡村、送法进中小学、送法进企业，从而增加大学生法律援助的服务内容，提高服务质量。如果经费充足，大学生法律援助机构还可以购进最新的法律图书，聘请实务部门对志愿者进行业务培训，提高志愿者的法律援助服务质量和水平。

（三）经费的多寡，直接影响法治人才的培养数量和质量

经费的多寡，直接决定大学生法律援助机构志愿者的招募人数，经费的不足，也会影响大学生参与法律援助事业的积极性与热情。所谓巧妇难为无米之炊，大学生法律援助机构很容易变成没人管的机构。没有法律援助经费的支持，任何机构、任何个人所提供的法律援助服务只能是无源之水、无本之木。

经费的多寡，直接决定法律援助的办案量，没有充足的经费，大学生法律援助机构将不得不限制受援人的条件，缩小法律援助的范围，放弃一些应该办理的法律援助案件，对于受援的案件，经费的不足又影响法律援助的质量。

没有了大学生志愿者的参与和一定数量的法律援助案件，法治人才培养无从谈起。大学生法律援助是法学教育改革的重要载体，是法治人才的培养路径。总之，大学生法律援助的经费是立德树人的资金保障。

二、大学生法律援助经费的主要来源

法律援助是政府的责任，政府对法律援助经费的投入是强制性的，县级以上人民政府必须通过提供财政经费来支持保障法律援助事业与经济、社会协调发展。与此同时，国家鼓励社会对法律援助提供捐助，并建立了专门为法律援助筹集资金的中国法律援助基金会，很多地方政府如重庆市、北京市也建立了省级法律援助基金会。此外，国家支持和鼓励社会团体、事业单位等社会组织利用自身资源为经济困难的公民提供法律援助。因此，中国建立了一个政府投资为主，社会捐赠为辅，社会组织利用自身资源，共同保障法律援助事业的经费筹资体系。大学生法律援助机构属于社会组织利用自身资源为经济困难的公民提供法律援助的行列，其经费主要来源是由所在高校利用自身资源解决。目前，我国大学生法律援助经费的主要来源包括但不限于以下四种途径。

（一）所在高校经费投入

我国大学生法律援助机构是由所在高校利用自身资源自主设立或经批准设立的民间法律援助机构。依据《法律援助条例》的规定，高校组建大学生法律援助机构系响应国家号召，利用自身资源为经济困难的公民提供法律援助。既然是利用自身资源，经费也应由高校主要解决。

因此，我国大学生法律援助经费的主渠道应由其设立的高校筹资解决。事实上，这也是绝大多数高校法律援助组织所依赖的主要方式。高校对大学生法律援助的经费投入主要包括以下几种形式：

1. 学校办公场所建设

大学生法律援助机构开展各种公益和教育活动都离不开一定规模的场地和办公设施，中国大学生法律援助机构基本上设在高校校园内或校园门口，其办公场所和办公设施基本上是由所在高校免费提供或出资解决。

2. 办公经费支出

办公经费是指大学生法律援助机构在运行管理过程中产生的必要费用如办公用品的添置费用,基本上是由所在高校解决。

3. 国内会议经费支出

国内会议经费是指大学生法律援助机构负责人或志愿者参加国内与法律援助相关的学术会议、培训会议或工作会议所产生的费用,参加这些会议的目的是获取更多的资讯,这些费用也基本上是由所在高校通过支持师生差旅费的方式加以解决。

4. 其他费用

大学生法律援助定期或不定期开展社区普法、中小学普法、田野调查等法治宣传活动,这些活动产生的如交通费、住宿费等费用一般也是由高校解决。当然,由于大学生法律援助活动丰富多彩,还会有很多其他费用产生,一般来说,学校会尽量加以解决,毕竟,大学生法律援助活动不仅是提供一种社会服务,也是教育的一种形式,很多学校还将这种活动纳入课程体系中,通过给学生学分和给指导教师发放课时费的方式支持大学生法律援助,解决大学生法律援助活动产生的费用。

(二)国外基金会的投入

2000 年,在美国福特基金会的经费支持下,中国的北京大学、清华大学、中国人民大学、华东政法大学、复旦大学、武汉大学、中南财经政法大学开设首批法律诊所课程,拉开了法律诊所教育在中国发展的序幕,也拉开了福特基金会资助中国高校开展法律援助工作的序幕,2001 年 9 月,西北政法大学、四川大学、中山大学加入诊所法律教育项目。2002 年,云南大学获准加入,2003 年,贵州民族学院、南阳理工学院获准加入。随着诊所法律教育课程的推广,越来越多的高校接受资助,纷纷开设法律诊所课程。福特基金会连续资助中国高校十年时间,并资助了专委会的成立,自 2010 年之后,福特基金会的资助逐年减弱。

国内除了美国福特基金会之外，还有其他国际机构也在资助中国高校法律诊所课程和大学生法律援助，如世界银行在南京大学法律援助中心成立之初的资金投入[①]。在中国高校法学专业迅猛发展的时候，中国高校法律诊所教育和大学生法律援助得到了国外基金会大力资助，在很多人看来是一件幸运的事，笔者却认为，这恰恰是中国政府对大学生法律援助事业资助缺位的表现，不是长久之计。在全面依法治国的大背景下，中国急需大量的德法兼修的法治人才，中国政府应该从经费、培训等多方面支持大学生法律援助事业，及时占领青年学生志愿群体的思想和教育阵地，让从事法律援助志愿活动的青年大学生得到思想引领，愿意投身到法治中国的大潮中去。

（三）社会捐助

社会捐助也是目前大学生法律援助的经费来源之一。目前，大学生法律援助经费的社会捐赠还没有形成常态，多是零散行为。以哈尔滨商业大学为例，其大学生法律援助机构成立较早，每年“普法季”[②]很多单位都会慕名前来，主动要求大学生法律援助机构组织志愿者到他们社区或单位开展法治宣传活动，活动结束后，有些单位会给志愿者支付一些普法宣传补助。哈商大法援成立十五周年时，为筹办周年庆典活动，校友自发进行捐赠，捐赠的形式主要是周年纪念物品如纪念本、衬衫、纪念笔，尽管没有大额经费捐赠，但也解决了开展纪念活动所需经费的燃眉之急。再如，南京师范大学法律援助中心同莫愁湖街道、律师事务所等机构建立合作关系，每次法

---

① 王丽娟等:《中国高校法律援助制度研究》，南京大学出版社 2014 年版，第 162 页。

② 每年 3 月 15 日“国际消费者权益日”、12 月 4 日“全国宪法日”等法治宣传时间节点前后都是集中普法的时间，笔者称之为“普法季”。

律援助活动的同时会获得临时资助。①

(四)政府投入

法律援助是政府责任,而承担责任的最重要也是最根本的前提就是由政府进行资金上的投入,扶持法律援助事业,彰显政府权威。政府的财政支持对于大学生法律援助机构而言必不可少,大学生法律援助也是法律援助事业组成部分,随着政府财政收入的增加,应该加大对大学生法律援助的经费投入,扶持大学生法律援助事业的发展。然而,目前中国政府对大学生法律援助的经费投入相对较少,一般仅限于其指派给高校法律援助案件的办案补贴,这对于大学生法律援助事业发展来说远远不够。大学生法律援助机构人员主要是高校教师以及在校大学生,教师的收入以授课费为主,并不能算作高收入人群,如果大学生法律援助不是一门课程的话,教师对法律援助事业的投入属于额外的负担,且办案压力并不小,对其工作的影响也颇大。在校大学生本身就没有任何的收入,如果没有经费支持,学生无法承受既要志愿服务,又要志愿支付各项费用的压力。

笔者建议,政府对大学生法律援助的经费支持可以采取以下几种形式:一是政府直接拨款,即政府每年从其财政预算中特别拨付一部分款项扶持大学生法律援助事业;二是政府的间接拨款,即以签订协议的方式,将普法宣传、课题调研等工作任务委托给大学生法律援助机构完成,并支付一定经费;三是以案件补贴方式给予经费支持,即每年通过指派一定数量的法律援助案件并支付办案补贴的方式进行经费支持。

① 王丽娟等:《中国高校法律援助制度研究》,南京大学出版社2014年版,第164页。

第二节　大学生法律援助经费的使用管理

一、大学生法律援助经费使用原则

(一)合法合规原则

《法律援助条例》第3条规定:"法律援助是政府的责任,县级以上人民政府应当采取积极措施推动法律援助工作,为法律援助提供财政支持,保障法律援助事业与经济、社会协调发展。"法律援助是实现公平正义最后一道防线上的重要的特殊程序保障,法律援助的质量很大程度上又取决于经费的充足与否。法律援助是政府的责任,也是国家义务,这就意味着为法律援助工作提供经费是政府和国家的责任。大学生法律援助作为政府法律援助工作的补充力量,尽管经费不依赖于政府,但对其经费使用仍需要遵循合法合规原则。

1. 资金来源上的合法性

大学生法律援助机构筹集资金时必须仔细审核,小心谨慎,以确保筹集到的资金来源合法。

必须警惕社会上各种来源不明的资金通过大学生法律援助机构成为法律援助经费。笔者建议,大学生法律援助经费首先应当面向所在高校及其校友筹集,其次是争取政府专项经费支持,尤其是办案补贴的专项支持经费,教师的课题经费也是重要来源。这些经费的来源合法,资金来源也较为稳定,是大学生法律援助资金合法来源和最为可靠的保证。

2. 资金管理中的合规性

对于来源合法的经费必须作到透明支出、透明管理,遵循合规性原则。经费使用合规,运作透明是大学生法律援助资金安全的良好举措。合规性要求对于筹集到的各类资金尤其是社会捐助的款项予以专款专用,并且保证高度的透明性和安全性,以便接受社会监督,获得社会的信赖。大学生法律援助资金无论规模大小都应该要建立起财务管理制度,专业的审计制度,做到账目清晰、用款明确、报销规范等。目前,很多大学生法律援助资金都是由所在高校财务部门直接监管,这样做有利于资金管理中的合规性,但值得注意的是大学生法律援助资金要进行单独列支,在学校财务部门建立专户,以便做到专款专用。

(二)专款专用原则

《法律援助条例》第3条规定:"……法律援助经费应当专款专用,接受财政、审计部门的监督。"《中央专项彩票公益金法律援助项目实施与管理办法》[①]第3条规定:"项目实施和管理要遵循公开透明、专款专用、严格监管、广泛覆盖、突出重点的基本原则。"司法部《关于加强法律援助经费使用监督管理工作的意见》[②]中明确要求法律援助机构应当设立专门账户或单列科目,实行单独核算……严格执行各项经费开支范围和标准,按规定用途使用各项资金,确保专款专用。司法部《关于进一步加强法律援助经费使用管理监督工作的通知》[③]中要求进一步加强司法行政机关和法律援助机构对法律援助经费使用的管理和监督,切实做到法律援助经费专款专用。《中央补助地方法律援助办案专款管理暂行办法》[④]中也明确法律援助办案款项必须做到专款专用。

---

① 财政部、司法部于2014年1月29日下发《关于印发〈中央专项彩票公益金法律援助项目实施与管理办法〉的通知》(财行〔2014〕1号)。

② 司法部于2011年2月24日发布《关于加强法律援助经费使用监督管理工作的意见》(司发通〔2011〕24号)。

③ 司法部于2009年7月7日发布《关于进一步加强法律援助经费使用管理监督工作的通知》(司发通〔2009〕101号)。

④ 财政部、司法部于2005年9月6日下发《关于印发〈中央补助地方法律援助办案专款管理暂行办法〉的通知》(财行〔2005〕191号)。

以上行政法规和规章文件都明确要求法律援助经费要做到专款专用。全国已经有24家高校大学生法律援助机构成为中央专项彩票公益金法律援助项目实施单位,应该严格遵守上述行政法规和规章文件。法律援助经费尤其是办案经费是政府援助困难群众的专项经费,各级法律援助机构必须做到专款专用,大学生法律援助机构当然也不能例外。对于高校而言,有的高校是省属的,有的是部属的,不同性质的高校所设立的法律援助机构在吸收资金方面可能产生不同的特点,但无疑都必须遵守法律援助经费专款专用原则,不得挪用、挤占和截留法律援助经费,要保证所申请的法律援助经费包括法律援助各种项目经费、学校投入的专项经费和社会捐赠经费完全用于法律援助机构的组织实施工作与办案补贴。如果大学生法律援助机构的捐助无法做到专款专用,将会影响经费的持续性和稳定性。

(三)资金效益原则

《中央专项彩票公益金法律援助项目实施与管理办法》第1条规定,要确保项目资金的公益性、有效性和安全性,使更多困难群众通过法律援助的途径维护和实现自身的合法权益。司法部《关于加强法律援助经费使用监督管理工作的意见》中明确要求,必须进一步加强经费监督管理工作,确保经费使用规范、安全、有效。切实提高经费使用效益。严格管理使用中央补助地方法律援助办案专款和中央专项彩票公益金法律援助项目资金,严格按标准发放办案补贴,优化经费支出结构。司法部《关于进一步加强法律援助经费使用管理监督工作的通知》中要求进一步加强司法行政机关和法律援助机构对法律援助经费使用的管理和监督,切实做到法律援助经费专款专用。提高经费管理水平和资金使用效益,保障法律援助事业健康发展。

以上行政法规和规章文件都明确要求法律援助经费要做到有效性,因此,资金效益原则也是大学生法律援助经费的使用原则。具体来讲,大学生法律援助经费的资金效益原则需要做到以下几点:

1. 根据自身条件确定援助对象

大学生法律援助机构要根据自身志愿者数量、专业发展方向，指导教师、法律援助经费等条件确定援助对象，使包括经费在内的有限的高校资源发挥最大效能。如果条件和经费允许，可以扩大受援范围，否则，应集中优势资源保障将法律援助资金用在真正需要援助的人身上。

2. 提高援助资金的使用效率

大学生法律援助志愿者在办理案件时要提高法律援助资金的使用效率。首先，机构在受理审查案件和指派时间上要尽量缩短，及时审查，及时指派，及时检查监督，减少诉讼过程中的耗费；其次，指导教师要指导办案学生树立"节流"思想，充分利用现有资源，合理使用经费，开源节流，要尽量采用非诉方式解决纠纷，借助非诉讼方式降低争端解决的成本，能调解的就不要诉讼，能选择简易程序就不要选择普通程序，减少当事人诉累，也避免浪费法律援助资源；最后，办案志愿者要提高办案效率，在办案过程中，应尽可能本着节约的方式处理业务，案件的处理时间越短，就越能节约当事人的经济支出与损失，同时也能提高法律援助资金的使用效能。

（四）资金安全原则

法律援助经费实行专款专用，目的是确保其资金的安全。司法部《关于加强法律援助经费使用监督管理工作的意见》中明确要求，必须进一步加强经费监督管理工作，确保经费使用规范、安全、有效。实际上已经对各级法律援助机构确保法律援助经费的安全性作出了明确要求，因此，资金安全原则也是开展大学生法律援助经费使用的重要原则。具体来讲，大学生法律援助经费使用的资金安全原则需要做到以下几点：

1. 树立资金安全理念

大学生法律援助志愿者尤其是机构的管理人员应该牢固树立法律援助资金安全理念，既要确保经费来源的合法性，又要确保资金来源上的稳定性。树立资金安全理念还需要做到对资金的透明支出、透明管理。大学生法律援助在募集资金时可以做到募资透明、在使用募集的资金时做到管理透明,以保证整个资助过程透明以及资金的安全运作。还可以利用现代信息平台及时发布资金使用信息,接受社会监督。总之,运作透明是保证大学生法律援助资金安全的良好举措。

大学生法律援助机构要获得长足的有效的发展,必须在资金管理上遵循资金安全原则做到资金募集和使用透明,以便获得社会、政府和学校的信赖。

2. 主动接受审计部门的审计

确保资金的安全性是一个专业性较强的工作,大学生法律援助机构要严格执行各项费用的开支标准和审批权限,财务人员要依法理财,保证账目真实、完整、规范。对大学生法律援助经费的使用与管理,要和其他政府部门的经费使用与管理一样,建立系统、严格的监督机制。任何一项资金的有效管理,离不开专业的审计。因此,大学生法律援助机构除了建立完善的财务制度之外,还需要主动接受和配合审计部门的审计监督。

二、大学生法律援助经费使用范围

(一)发放办案补贴

《中央专项彩票公益金法律援助项目实施与管理办法》第 39 条规定:"各项目实施单位申请的项目资金,只能用于向案件承办单位或承办人发放办案补贴,不得用于除此之外的其他支出。"

办理法律援助案件是大学生法律援助机构的重要职能,办案补贴也是大学生法律援助机构经费的主要组成部分。大学生志愿者在指导教师的指导下办结案件后依照《法律援助条例》的规定并按一定的补贴标准可以申领办案补贴。因此,发放办案补贴是一项重要任务。

办案补贴一般是专项补贴,一般来说,大学生法律援助机构的办案人员主要是法学院法学专业教师和大学生志愿者，案件补贴费用包括对指导教师的补贴和承办案件的学生的交通、餐饮、通信等补贴。各地政府法律援助机构的办案补贴均有一定标准，中央专项彩票公益金法律援助项目的办案补贴也有标准。办案补贴发放应当严格执行国家有关法律、法规和财务规章制度，任何人、任何部门不得截留、挤占或拖延支付、抵扣项目资金，不得贪污挪用、虚报冒领、挥霍浪费项目资金。办案补贴只能用于向案件承办单位或承办人发放，不得用于除此之外的其他支出。

（二）奖励优秀志愿者

法律援助机构通过一定渠道筹集到的资金，如校友捐赠专项教育基金、学校法律援助专项奖学金，可以用于奖励优秀志愿者。

设立奖学金是高校的普遍做法，对参加办理案件和法治宣传等公益活动中表现突出的志愿者，大学生法律援助机构可以积极向学校推荐，争取学校表彰奖励，条件成熟的学校可以通过设立法律援助专项奖学金的方式建立长效奖励机制，以鼓励更多的大学生法律援助志愿者以专业回报社会，投身社会公益事业，争做德法兼修的法治人才。

（三）法律援助活动经费支出

1. 宣传经费

大学生法律援助机构在开展法治宣传时需要制作宣传条幅、宣传册、宣传文件等，定期出版或刊印内部刊物，对机构的网络宣传维护等必要的开支应列入宣传经费中作为法律援助经费支出。

2. 调研经费

进行田野调查，开展对法律援助的调查研究，形成调研报告是大学生法律援助机构的特色之一，调研活动中产生的必要支出如交通费、住宿费、通信费、餐费等必要的支出应作为调研经费项列入大学生法律援助经费支出中。

3. 小型会议经费

法律援助小型会议是指因工作需要,大学生法律援助机构定期或不定期召开 10~20 人的小型会议,会议可以是指导教师的碰头会议或培训会议,也可以是邀请校外机构如政府法律援助机构、律师事务所等人员参加的小型会议,以探讨解决大学生法律援助发展过程中面临的各种问题。小型会议产生的必要费用如餐费、交通费、培训费也应列入大学生法律援助经费支出中。

4. 国内会议经费

国内会议经费是指大学生法律援助机构负责人或志愿者参加国内与法律援助相关的学术会议、培训会议或工作会议所产生的费用,参加这些会议的目的是促进大学生法律援助的发展,获取更多的资讯,应列入大学生法律援助经费支出中。

5. 办公经费

办公经费是指大学生法律援助机构在运行管理过程中产生的必要办公费用,如办公用品的添置费用,也应列入大学生法律援助经费支出中。

第三节　拓宽大学生法律援助经费的几种途径

政府实施法律援助的经费可以根据《法律援助条例》和相关文件政策获得财政拨款支持,也可以依法设立基金会接受社会捐助。工会、共青团、妇联、残联等其他社会团体的法律援助机构可以借助本系统资源拓宽筹资渠道。中国大学生法律援助机构是典型的社会自发产生的法律援助组织,其经费来源方式各不相同,但普遍依赖于学校拨款,经费来源渠道相狭窄,金额也十分有限,因而需要进一步拓宽大学生法律援助经费的途径,为立德树人,培养德法兼修法治人才提供资金保障。

一、积极通过"政府购买法律援助服务"形式筹集大学生法律援助资金

法律援助的资金由政府财政拨款是国际上通行的做法。《法律援助条例》第3条规定："法律援助是政府的责任，县级以上人民政府应当采取积极措施推动法律援助工作，为法律援助提供财政支持，保障法律援助事业与经济、社会协调发展。法律援助经费应当专款专用，接受财政、审计部门的监督。"法律援助是政府的责任，因而中国政府有义务为法律援助事业提供资金保证。尽管如此，法律援助经费投入尽管逐年提高，但由于生活成本和受援群众的不断增多，中国政府对法律援助的经费投入相对不足。2015年中共中央办公厅、国务院办公厅印发的《关于完善法律援助制度的意见》中明确提出要提高法律援助保障能力，按照明确责任、分类负担、收支脱钩、全额保障的原则，完善法律援助经费保障体制。该意见同时提出加大政府购买法律援助服务力度，吸纳社会工作者参与法律援助，鼓励和支持人民团体、社会组织开展法律援助工作，深入开展法律援助志愿服务行动。各地方政府也出台了政府购买法律援助服务的相关文件，如安徽省、湖南省。①

中国高校大学生法律援助机构可以积极参与，争取成为"政府购买法律援助服务"的承接主体，获取政府专项资金支持，为开展法律援助志愿活动和立德树人法治人才培养赢得资金保障。笔者认为，在推进全面依法治国、构建服务型政府的大背景下，大学生法律援助这一资金筹集的途径不仅可行，而且应当作为其重要渠道。笔者以安徽省财政厅、安徽省司法厅《关于政府购买法律援助服务的指导意见》（以下简称《指导意见》）为例，阐述这一资金筹集途径的可行性。

---

① 2014年7月8日印发的安徽省财政厅、安徽省司法厅《关于政府购买法律援助服务的指导意见》（财政法〔2014〕896号）；湖南省2017年出台的湖南省司法厅、湖南省财政厅《关于印发〈湖南省政府购买法律援助服务实施方案〉的通知》（湘司发〔2017〕17号）。

首先,从购买原则上看,大学生法律援助机构是适合的政府法律援助服务承接主体。《指导意见》第1条规定了购买原则:“积极稳步推进。立足经济社会发展,准确把握法律援助工作的实际特点,充分发挥政府指导作用,有序引导社会力量参与法律援助服务工作。发挥市场作用。按照有利于转变政府职能、有利于降低服务成本有利于提升法律援助工作效率和服务质量、有利于提高财政资金绩效的要求,通过公开、公平、公正的市场竞争机制,明确向社会力量购买法律援助服务的种类和内容。科学界定内容。根据法律援助工作实际和阶段性工作需要合理申报购买服务事项。要因地制宜,区别对待,对适合采取市场化方式提供、社会力量能够承担的事项,采取政府购买服务方式。”[①]从上述原则规定看,大学生法律援助机构属于社会力量,是文件规定的适合的政府法律援助服务承接主体。

其次,从购买形式上看,大学生法律援助机构是适合的政府法律援助服务承接主体。《指导意见》购买方式规定:“各地要按照公开、公平、公正的原则,建立健全以‘流程规范、政府采购、合同约束、全程监管、信息公开’为主要内容、相互衔接、有机统一的政府购买服务机制,及时、完整、准确、全面地向社会公布政府购买法律援助服务事项、内容以及对承接主体的要求和绩效评价标准等信息。按照以事定费、公开择优的要求,依据政府采购法有关规定,采取政府采购的方式选择承接主体。”“承接主体应按有关规定具备提供服务的相应资质和能力,具有良好的社会和商业信誉,具体资质条件由当地司法行政部门会同财政部门根据购买服务项目的性质和质量要求确定。”[②]通过上述文件规定,大学生法律援助机构可以成为政府购买这一服务发包行为的承接主体。

最后,从购买内容上看,大学生法律援助机构可以完成政府发包的法律援助内容。《指导意见》购买内容规定:“政府购买法律援助服务事项包括:(一)法律援助案件办理;(二)法律援助咨询服务;(三)法律援助公共宣传;

① 司法部法律援助工作司编:《法律援助地方规范性文件汇编》,北京大学出版社2016年版,第532页。
② 同上。

(四)法律援助的规划与政策研究、法律援助对象信息收集、法律援助人才培训及有关项目的管理与实施服务;(五)其他与法律援助服务有关事项。”①

《指导意见》中规定的政府购买法律援助服务的五个事项,作为依托高校的大学生法律援助机构完全可以全部承担上述内容,甚至在法律援助咨询服务、公共宣传、法律援助规划与政策研究、人才培训等方面,大学生法律援助机构明显比其他社会力量,如律师事务所、基层法律援助机构更加具有优势。

二、争取高校专项经费拓宽经费渠道

争取高校专项经费支持是大学生法律援助机构经费的主要获取途径。大学生法律援助机构是高校设立的法律援助志愿者机构,它既承担了社会服务的职能,为社会提供法律援助服务;还承担着教育职责,通过机构平台培养德法兼修的法治人才,实现高校的育人功能,所以高校更愿意为大学生法律援助机构提供资金支持,因此,大学生法律援助机构向所在高校申请经费支持具有正当性,也更容易获得支持。此外,作为存在于大学校园的社会公益机构,大学生法律援助机构能够承担政府法律援助职能,需要开展多种形式的公益活动,显然区分于其他学生社团,所以更能赢得政府的信任,也能够为所在高校赢得社会声誉,因此,大学生法律援助机构更容易得到学校认可,也更容易获得学校资金支持。通过争取高校专项经费获取资金支持,就成为大学生法律援助机构的当然选择,在争取高校专项经费的过程中,可以考虑通过以下几种方式:

(一)争取设立法律援助专项教育基金

1. 校友捐赠专项教育基金

大学生法律援助属于专业志愿活动,一般依托的是法学院系,很多学校

① 司法部法律援助工作司编:《法律援助地方规范性文件汇编》,北京大学出版社2016年版,第533页。

的法学院系都有着雄厚的校友资源,通过校友资源可以依托学校设立法律援助专项教育基金,为大学生法律援助筹资所需资金。后面将会详细论述,这里不赘述。

2. 学校办公场所建设专项教育经费

大学生法律援助机构开展各种公益和教育活动都离不开一定规模的场地和办公设施,而场地和办公设施的资金投入一般不能依靠外来捐赠或项目经费等途径解决。因此,大学生法律援助机构应该将办公场地和办公设施的资金投入筹资渠道设在校内,积极向学校申请办公场所建设专项教育经费,争取学校的资金投入,以改善办公场所和办公环境。

(二)争取设立法律援助专项奖学金

设立奖学金是高校的普遍做法。对参加办理案件和法治宣传等公益活动中表现突出的志愿者,大学生法律援助机构向学校推荐,争取学校表彰奖励,条件成熟的学校可以通过设立法律援助专项奖学金的方式建立长效奖励机制,以鼓励更多的大学生法律援助志愿者以专业回报社会,投身社会公益事业,争做德法兼修的法治人才。

(三)将法律援助活动设计为“大创项目”,争取专项经费支持

大学生创新创业训练计划(以下简称“大创项目”)是针对大学生创新创业进行训练和实践的项目。国家级“大创项目”面向中央部委所属高校和地方所属高校。中央部委所属高校直接参加,地方所属高校由地方教育行政部门推荐参加,项目经费由中央财政和地方财政共同支持。除了国家级“大创项目”之外,还有省级“大创项目”。全国高校基本上都已经参与其中,制定了“大创项目”管理办法和配套政策,并将大学生创新创业训练计划的日常管理工作纳入本科生教学管理体系。

“大创项目”包括大学生创新训练项目、大学生创业训练项目、大学生创业

实践项目,这些训练项目或实践项目的共同之处是由本科生个人或团队申报,在导师指导下,自主完成项目设计、项目实施或调研、研究报告撰写等工作。大学生法律援助机构中既有大学生志愿者,还有指导教师,所开展的法律援助志愿活动涉及法治宣传、实地调研和案件代理等多种公益活动,大学生志愿者完全可以在指导教师的指导下将某类援助群体或某类地区作为调研对象,设计为一个关于法律援助的“大创项目”,获取“大创项目”经费支持。

此外,条件具备的高校还可以将大学生法律援助课程作为创新创业训练项目选修课程开设,为学生创新创业提供交流经验、展示成果、共享资源的机会,既能推动法治人才培养模式改革,又能为大学生法律援助筹集到所需资金。

(四)申请纵向课题和横向课题获取经费支持

大学生法律援助的特殊之处在于它能够以所在的高校以及院系为依托,指导教师参与其中。教师既可以办理法律援助案件积极参与到法律援助志愿活动中,又可以对大学生法律援助进行科学研究。参与大学生法律援助的这些活动不仅仅是社会责任的体现,也是高校为学生提供的实践和学习的平台,属于教育的研究领域,教师可以将大学生法律援助存在的问题或经验进行提炼总结,申请国家或地方的纵向课题,也可以与政府、社会团体或企业进行合作,就某一特定事项如法律援助调研、法务人员培训、法律援助立法等开展横向课题研究。不管是纵向课题研究还是横向课题研究,都有利于大学生法律援助的发展,有利于对学生的培养,同时也为大学生法律援助开拓了经费渠道。

三、建立校友法律援助专项教育资金募集捐赠机制筹集资金

为了促进学校的各项事业的发展,疏通校友回报母校的联系渠道,筹集学校各项教育事业的发展资金,中国各高校基本上都建有自己学校的教育

基金会，如中国政法大学教育基金会、中国人民大学教育基金会、北京大学教育基金会，都是国内有影响力的高校教育基金会。综观各高校教育基金会的工作任务，所筹集到的资金基本上都主要用于两项：一是支持本校教育事业；二是支持社会公益事业相关的活动。

中国高校很多法学院有着较为雄厚的校友力量，其中不乏知名律师事务所主任、高级合伙人、商界精英等，他们资金雄厚，也愿意回报母校。大学生法律援助工作既是学校的教育事业，又是社会公益事业，通过募集捐赠设立法律援助专项基金的方式也是筹集资金的重要渠道。一方面，这种专项教育基金不需要另起炉灶，只要在学校教育基金会的基础上单列专项即可，既保证了校友捐赠的规范进行，又能最大限度保证捐赠基金的使用安全；另一方面，很多法律援助志愿者毕业多年后具备一定的经济实力，也有回馈母校的意愿。建立校友教育资金法律援助专项，最终形成一种募集捐赠机制是完全可行的，可以大大缓解大学生法律援助资金紧张的状况。

四、通过建立受援人分担费用机制筹集资金

受援人分担法律援助费用制度，是指具有一定支付能力却又无力完全支付法律服务费用的受援人，就其本人所接受的法律援助服务，按照其经济状况，与由政府出资设立的法律援助机构共同分担一部分法律援助办案费用的制度。[①] 中国尚未建立受援人分担法律援助费用制度，目前只是零星散见于少数法律援助立法规定。国家的一些相关法律只是推行了非受援人分

① 法言：《关于法律援助受援人分担费用制度几个基本问题的研究(一)：意义及特点》，载《中国司法》2014年第4期。

担法律援助费用的措施。[①] 有些地方政府还进行了大胆尝试，如深圳市为了扩大法律援助受益覆盖面，在受援人分担法律援助费用制度设计上作出了探索。2009 年 5 月 1 日施行的《深圳市法律援助条例》提出了施行辅助性法律援助，并对此类案件既收取每案受理费 600 元，又对通过辅助性法律援助获得收益的受援人，由法律援助机构向其收取所获净收益总额的 8%（调解、和解结案的 5%）费用。这个辅助性法律援助的初衷是将经济相对困难的"夹心阶层"纳入法律援助范围，解决他们"打不起官司"的问题。受援条件一是家庭经济状况高于深圳市规定的经济困难标准，但低于深圳市上年度在岗职工月平均工资；二是争议标的不低于 3 万元；三是符合辅助性法律援助的案件范围（国务院《法律援助条例》所规定的全免费案件范围）；四是案件必须具有胜诉可能和执行可能。这种做法借鉴了香港在分担费用制度方面并非核心的法律援助辅助计划的某些做法，类似于律师风险收费和胜诉酬金制度以及受援人受益返还制度，既同我国法律援助制度建立初期曾经出现过的"减收费"有着明显区别，也不属于真正意义上的受援人分担费用制度。[②] "当事人分担费用"其实是全球通行的举措。英国、加拿大、澳大利亚、荷兰以及我国香港特别行政区都要求法律援助案件当事人分担一定的诉讼费。这种费用分担的比例一般是根据有资格获得法律援助的人的收入状况确定的。在多数国家，这类费用通常不到法律援助总开支的 1%，但是

① 如 1999 年 4 月 12 日司法部与最高人民法院联合发布的《关于民事法律援助工作若干问题的联合通知》规定："由人民法院判决结案的案件，败诉方并非受援方当事人，诉讼费应当由败诉方承担；败诉方为受援方当事人，由其交纳诉讼费确有困难的，人民法院应当减、免收诉讼费；双方都有责任的由双方分担诉讼费，受援方当事人交纳诉讼费确有困难的，人民法院应当减、免收其应承担的部分。""法律援助人员办理法律援助案件所需差旅费、文印费、交通通讯费、调查取证费等办案必要开支，受援方列入诉讼请求的，人民法院可根据具体情况判由非受援的败诉方承担。"最高人民法院《关于对经济确有困难的当事人予以司法救助的规定》第 8 条规定："人民法院决定对一方当事人司法救助，对方当事人败诉的，诉讼费由对方当事人交纳；拒不交纳的，人民法院可以强制执行。"

② 法言：《关于法律援助受援人分担费用制度几个基本问题的研究（二）：中外制度比较》，载《中国司法》2014 年第 5 期。

澳大利亚和加拿大的几个省例外,英国费用分担制度是这方面的典型代表。①

笔者认为,大学生法律援助机构在受援人分担费用机制上可以进行一些有益尝试,开辟出一条筹集资金的途径。首先,大学生法律援助机构的经费不由政府财政拨款,其不属于《法律援助条例》规定的严格意义上的法律援助机构,因此,可以在制度层面有所突破。其次,由于大学生法律援助机构对受案范围和受援人具有一定的"自由裁量权",受援人如果因胜诉而使经济状况有实质性改变时,要求受援人分担诸如志愿者为开展法律援助活动而支出的交通费、餐费、文印费等必要费用具有合理性,受援人一般也能接受,以节约机构开支,更好地支持其他援助案件的办理。

当然,受援人是否分担法律援助费用及其承担的份额应由根据受援助的当事人胜诉与否以及获利多少或当事人的经济能力而定,并非具有强制性的必然选择。如果受援人不同意或经济条件不允许或受援人败诉,则应免于分担此费用。受援人分担费用机制不但可以扩展法律援助的对象范围,而且可以补充大学生法律援助经费,更好地满足法律援助的社会需求,缓解法律援助经费僧多粥少的现状。

五、申请"中彩金"法律援助项目,为发放办案补贴筹集资金

"中彩金"法律援助项目是指2009年经国务院批准,由财政部和司法部委托中国法律援助基金会组织实施的中央专项彩票公益金法律援助项目,用于开展针对农民工、残疾人、老年人、家庭权益受到侵害的妇女、未成年人、军人军属和退役军人等群体的法律援助。项目面向全国公开招募项目实施单位,各省级项目管理办公室组织推荐,高等法学院校学生社团、法律援助类民办非企业单位自主申请,向基金会项目管理办公室提交申请材料。

① 牟逍媛:《法律援助分担费用制度若干问题研究》,载《华东政法学院学报》2002年第3期。转引自王丽娟等:《中国高校法律援助制度研究》,南京大学出版社2014年版,第178页。

基金会制定实施单位条件和遴选程序,组织专家对申报单位进行审核,确定项目实施单位。目前每年参与的实施单位 580 家左右。项目以办结法律援助案件为计量标准,对开展法律服务的律师、法律援助工作者发放办案补贴。2009 年和 2010 年,项目资金预算为每年 5000 万元;“十二五”期间,项目资金预算为每年 1 亿元;进入“十三五”时期,在财政部的大力支持下,项目资金预算在 1 亿元的基础上,每年递增 1000 万元,5 年总计资金规模 6.5 亿元。项目执行 10 年来,共资助办理法律援助案件 54 万多件,为 83 万多名困难群众挽回经济损失 319 亿多元。“中彩金”法律援助项目的实施,维护了困难群众的合法权益,拓宽了困难群众运用法治途径解决纠纷的通道,化解了众多社会矛盾,维护了社会和谐稳定。[①]

项目把法律援助纳入彩票公益金资助范围,积极支持高等法学院校学生社团申请成为项目实施单位,为高校大学生法律援助开拓了法律援助的资金渠道,提供了物质保障。截至 2020 年 3 月 20 日,全国已有 24 家高校大学生法律援助机构成为该项目的实施单位,整体运行良好,受到基金会和司法部领导的高度关注和积极评价。以哈尔滨商业大学为例,2014 年,法律援助学生工作部开始提交申请材料,经过中国法律援助基金会遴选,哈尔滨商业大学法律援助学生工作部正式成为 2014 年度“中彩金”法律援助项目实施单位,是东北地区最早成为该项目实施单位的高校。项目运行之初,由于学生案件代理身份资格没有得到认可,连续 2 年没有完成项目任务。自 2016 年开始,哈商大法援在大学生案件代理身份上取得突破,当年便取得自 2012 年民事诉讼法和行政诉讼法修改后的第一份以大学生身份代理的案件判决书。此后,大学生案件代理身份陆续取得黑龙江省十多家法院或劳动争议仲裁委员会的认可,2017 年学生代理案件为 49 件,2018 年为 24 件,2019 年为 36 件,3 年来年均代理案件 30 件左右,为数百名当事人提供了法

① 载中国法律援助基金会网:http://www.claf.com.cn.,最后访问日期:2020 年 3 月 21 日。

律援助,挽回数百万元的经济损失,得到了基金会的认可。2016年12月7日,司法部法律援助工作司、司法部法律援助中心、中国法律援助基金会在北京召开中央专项彩票公益金法律援助项目总结部署工作会议,对“十二五”期间表现突出的先进集体和个人进行表彰,哈商大法援负责人石贤平副教授荣获“十二五”期间中央专项彩票公益金法律援助项目管理先进个人荣誉称号。2019年12月28日,司法部“学习贯彻党的十九届四中全会精神,进一步推进法律援助项目规范化建设座谈会”在北京人民大会堂召开。第十届全国人大常委会副委员长、中国法律援助基金会原名誉理事长顾秀莲,司法部党组书记、副部长袁曙宏,原司法部副部长岳宣义等出席此次座谈会,部分地方司法厅(局)、财政部、民政部、全国总工会、共青团中央等国家部委和人民团体、地方法律援助基金会、部分高校法律援助项目的负责同志,共计600余人出席本次座谈会。会上哈尔滨商业大学法律援助学生工作部受到表彰,被授予“中央专项彩票公益金法律援助项目贡献突出实施单位”荣誉称号。

六、通过建立受援人回赠制度筹集资金

上文提到的受援人分担费用机制中提到一种情况,就是受援人因胜诉而使经济状况有所改善,如果受援人获得胜诉后愿意捐献一部分受益资金给大学生法律援助机构作为办案费用,笔者认为应该允许,并可以尝试建立一个受援人回赠制度。这种受援人回赠制度应该严格依照一定规章和程序进行,可考虑由学校教育基金会设置专门的法律援助基金,由受援人将捐赠资金打入专门账户,这样既保证了捐赠的规范,又保证了资金的安全。

第五章　大学生法律援助的课程建设
——立德树人的教学保障机制

第一节　背景与回顾：国外法律诊所课程的起源与发展

一、国外法律诊所课程的起源

法律诊所课程又称诊所式法律教育（legal clinical education），一般是指在法律诊所课堂中通过诊所教师指导诊所学生参与处理真实案件，在实际运用法律和办案过程中培养学生的法律实践能力和社会责任感，从而缩小课堂专业教育与法律职业技能教育之间的距离的一种法学教育模式。[①] 法律诊所课程最先起源于美国大学的法学院。“诊所”一词源于医学院，是汲取了医学教育模式的经验，即医学院的学生通过有经验的医生的指导而获得有关护理治疗病人的医学教育。19 世纪上半期以前，美国律师学习法律的途径有两种：一种途径是学徒式，即新律师在律师办公室里通过阅读文章文献、分析研究案例、复印资料、观察有经验的律师办案等方式来培训自己；另一种途径是经院式，通过在法学院的学习获得律师需要的专业知识。自

① 潘志学、石贤平：《高职政法类专业引进诊所式法律教育的可行性》，载《黑龙江省政法管理干部学院学报》2003 年第 4 期。

从美国法官瑞伍兹于1780年建立第一所法律学校之后，美国大学法学院的数量迅速增加，但律师学习法律的学徒式却长期占主导地位，被认为是法学教育的主流方法，直到1830年美国法学院举办的律师集中训练才开始一步步取代学徒模式。[①] 律师在法学院的集中训练逐步取代学徒模式的主要理由是：学徒制无疑培养出了历史上最好的律师，但从本质上说它是失衡的，狭隘的，并不能表明学生将具有成为一名合格律师的能力。[②] 律师应当在学院接受系统的、统一的、规范的训练成为人们的共识，经院式的学习法律的途径开始占主导地位。1870年时，哈佛大学法学院兰德尔（Christopher. C. Langdell）教授肯定了经院式教育的重要价值，坚信“学生需学的所有知识……都印在课本上”，同时提出了著名的“兰德尔”教学法，即案例教学法。[③] 在兰德尔看来，法学应当成为一门独立研究的科学，以传授系统的、科学的知识为目的。[④] 案例是兰德尔案例教学法的“原材料”，法律原则是这种教学方法的核心内容，师生间问答式交流（苏格拉底式）是这种教学法的主要授课形式，因此，这种教学方法也有人称为苏格拉底式教学法。[⑤] 在案例教学法的过程中，在法学院学习的学生不再像过去那样背诵老师事先编写好的教案，而要将主要精力投入指定的专题案例的反复阅读和思考中，在课堂上将围绕所涉及的法律原则和相关法律之间的关系展开讨论。到了19世纪80年代，兰德尔的案例教学法和相关的案例书在哈佛大学法学院全面采用，而且以罕见的速度风靡几乎美国所有的法学院，使案例教学法成为美国最为成功的法学教育模式之一，一举奠定了美国现代法学职业教育的基

---

① 李傲：《互动教学法——诊所式法律教育》，法律出版社2004年版，第3页。

② 杨欣欣主编：《法学教育与诊所式教学方法》，法律出版社2002年版，第132页。

③ 李傲：《互动教学法——诊所式法律教育》，法律出版社2004年版，第3页。

④ 胡铭：《超越法律现实主义——转型中国刑事司法的程序逻辑》，法律出版社2016年版，第79~80页。

⑤ 王立民、牟逍媛主编：《诊所法律教育研究》，上海交通大学出版社2004年版，第46页。

础。[①] 最早敢于挑战兰德尔案例教学法的是美国耶鲁大学法学院。由于20世纪二三十年代席卷西方国家的经济大危机对社会方方面面产生巨大影响,以耶鲁大学法学院为主要代表的美国法学院兴起了一场法律现实主义运动,教授们不再视法律为一种科学而开始反思传统的案例教学法对解决社会问题的无能为力。耶鲁大学法学院原院长克拉克(Charles E. Clark)认为,兰德尔的"案例教学法虽然复兴了法学教育,但仅仅是强调了案例分析的技术",其忽略了"对训练有素的律师的持续需求,仅仅职业化是不够的,而且要延展到对所有法律起决定作用的社会、经济和政治背景,以及拥有充分的视野来适应职业现在所面临的巨大问题和我们所生活的社会"。[②] 耶鲁大学法学院原院长斯温(Thomas W. Swan)也曾指出:"如果法学院的毕业生要想得到充分的训练以扮演法官、立法者和律师的角色,法律学习就不仅要像一门科学和一种人文学习,而且法学院的领地需要更多的关注许多法律——政治问题的解决,这些问题反映着我们的经济、社会生活的空前快速发展。"[③]耶鲁大学法学院在挑战兰德尔案例教学法的过程中,逐步走出了一条自己独具特色的现实主义法学教育方法——问题式教学法。问题教学法的主要特征是引导学生关注现实生活中存在的社会问题,并鼓励学生在课堂上了解和讨论这些社会问题并尝试提出问题的解决方案,从而加深了对事实和法律的理解。到20世纪50年代,问题式教学法已成为美国法学教育的一种重要和常用的方法,对案例教学法的质疑和问题式教学法的广泛采用为诊所式法律教育奠定了思想基础。

二、国外法律诊所课程的发展

20世纪六七十年代美国民权运动兴起,其中标志性的事件就是美国政

---

① 胡铭:《司法竞技、法律诊所与现实主义法学教育——从耶鲁的法律现实主义传统展开》,载《法律科学》(西北政法大学学报)2011年第3期。

② 胡铭:《超越法律现实主义——转型中国刑事司法的程序逻辑》,法律出版社2016年版,第79~80页。

③ 同上书。

府于1964年出台的《民权法案》和这之后相继颁布的关于禁止在劳动雇工方面进行歧视等法律。民权运动和《民权法案》等法律使人人生而平等和民权思想在美国深入人心,在立法上取得了伟大胜利。但美国民众很快意识到立法上的胜利只是纸面上的权利,人们要想维护自己的正当合法权益必须得到司法上的支持,面对法律诉讼,普通民众无法知晓或理解法律诉讼中的法律专业术语和烦琐的诉讼程序,往往需要获得专业律师的支持,而美国昂贵的律师费用让他们对诉讼望而却步,很多民众因为经济上的原因无法得到律师的专业服务,从而无法得到司法上的支持,以至于纸面上的权利无法变为现实权利。美国民众开始要求政府进一步为其提供司法上的援助,法律援助制度应运而生,包括美国哈佛大学法学院和耶鲁大学法学院在内的很多大学法学院的学生也开始自发地走上街头帮助穷人办理各种案件。学生由于缺乏办案经验,他们的热情不能保证为经济困难的当事人提供法律服务的质量,因此,学生的自发行为急需有律师执业经验的教师给予专业上的指导和帮助,这为美国诊所式法律教育的发展奠定了现实基础。

在这一背景下,美国许多法学院在美国福特基金会的支持下开始建立诊所法律教育项目,且各个大学都能够形成自己对于诊所法律教育的理解并且贯穿于本校教育之中。美国还成立了诊所法律教育联合会(Clinical Legal Education Association,CLEA)。[①] 美国诊所法律教育联合会的成立为在美国国内和国外推广诊所式法律教育,为从事诊所法律教育的教师和管理者之间信息和经验交流作出了突出贡献,是美国诊所式法律教育走向成熟和不断完善的标志。目前,美国政府认可的法律院校被要求必须开设法律诊所课程。继美国之后,拉丁美洲、非洲、欧洲、新西兰、澳大利亚、南亚等世界许多国家和地区的法律院校成功应用和推广了这种教育模式,20世纪90年代以来,诊所法律教育还成为许多国家法治建设的重要组成部分和法

---

① 王立民、牟道媛主编:《诊所法律教育研究》,上海交通大学出版社2004年版,第48页。

学教育教学改革的重要助推器。

曾有人提出，兰德尔的案例教学法是法律诊所的源头，这是对法律诊所课程的一种误解，恰恰相反，诊所式法律教育是建立在批判案例教学法的基础之上的。兰德尔的案例教学法借鉴了自然科学教育中的实验室教学法，他将教室和图书馆视为实验室，教师找寻的案例（判例）是实验对象，实验的过程就是不断引导学生对案件（判例）进行科学的分析和归纳的过程。这种教学法无疑训练了学生的推理和归纳能力，也让学生设身处地地去思考问题。尽管如此，案例教学法的训练过程却不能获得实际操作法律的经验，也无法让学生关注到正在发生的事件，存在明显滞后性，尤其是在社会变革时期，各种社会问题层出不穷，这一缺陷非常明显。正是逐渐认识到案例教学法的不足，学徒式教育在一定程度上得到了某种回归，有人称其为“改良后的学徒制”。[①] 在民权运动的推动下，美国法学院校学生自发建立志愿者法律援助机构，学生获得了学习和实践律师技巧、运用法律专业知识解决法律问题的实战机会，并邀请有经验的法学院教师给予学徒式的指导。这种自发行为最终被美国法学院接受，并被纳入正规课堂教学中，从而形成了法律诊所课程，也称为法律诊所实践教学模式。

第二节　困境与挑战：中国法律诊所课程从舶来品到本土化的演进

一、中国法学实践教学面临的现实困境

中国缺乏法学教育传统，以国务院把法学划定为一级学科为标志，法学逐步成为一门独立的学科。由于法学教育始终没有形成自己固有的教育体

---

① 张莉：《中国诊所法律教育十年断想》，载《中国法学教育研究》2012 年第 1 期。

系和教育理论,法学学科从独立之始就被冠以“幼稚法学”称号。当人们质疑法学没有学术底蕴时,法律人理所当然努力强调法学的独立性、科学性,强调法学教育的系统性和完整性。这种强调具体体现在法学教学方法上就是教师在课堂上以讲授为主,对法律概念进行解释、对法律条文进行注释,讲解法学理论,较为抽象地发表个人观点;在教学内容上基本停留在法学概念的阐释和理论分析的层面上;在课程设置上照搬既有的法律体系开设课程,强调课程的完整性;对学生的要求上也基本限定在对法律体系和书本知识的掌握上。中国法学教育具有典型的概念化、教条化和形式化倾向。这种教学模式的优势在于知识传授的系统性、理论性强,有利于学生对基础知识的构建。但这种法学教育模式突出的是知识灌输而不是能力培养,容易造成学生眼高手低,脱离社会现实需要等弊端。当社会舆论对法学院抱怨法学教育脱离社会实践时,我们又强调法学的社会性,强调法学教育的职业性和实践性,法学教育陷入双重困境,即法学教育应当成为培养未来的法律职业者(法官、检察官、律师等)的职业教育学院(prefessional school),还是应成为培养学者或法学专家的研究学院(research school)。职业培训性和学术研究性是对立的,两者的法学教育理论、目标、模式、内容和方法也是不同的。法学教育的双重性一直伴随和困扰法学教育的发展。①

为了克服理论脱离实际,法学教育引入了诸如案例教学法、课堂讨论、模拟法庭和学期(毕业)实习等环节。案例教学最大的优势是课堂讲授有了事实背景,可以理论联系实际,但案例教学法最大的弊端也在案件事实上,因为这些事实经过了“加工处理”,教师根据教学需要对事实作了选择,其得出的案件结果必然是一种“标准答案”,而现实生活中的案件事实具有高度不确定性,这种教学方法培养出来的学生在离开法学院后,面对纷繁复杂的真实案件难免无所适从。模拟法庭曾一度被认为是解决法学教育缺乏实践

① 王晨光:《法学教育的宗旨——兼论案例教学模式和实践性法律教学模式在法学教育中的地位、作用和关系》,载《法制与社会发展》2002 年第 6 期。

性的灵丹妙药，大大提高了学生学习的参与度，让学生在真实环境下尽情发挥自己的才能，有学生感叹，一场模拟法庭下来感觉比一学期学到的东西还多。但模拟法庭的局限在于真正参与的学生非常有限，准备活动需要投入大量时间和精力，且每一学期举办模拟法庭的次数有限，很难上升到一种教学方式。2011 年 12 月 23 日教育部、中央政法委员会联合下发《关于实施卓越法律人才教育培养计划的若干意见》，指出："我国高等法学教育还不能完全适应社会主义法治国家建设的需要……培养模式相对单一，学生实践能力不强，应用型、复合型法律职业人才培养不足。"由此可以看出，经过 30 多年的发展，法学教育努力改变局面的效果有限，基本上没有改变概念化、教条化和形式化的单一教学模式。

中国已经进入全面依法治国，加快建设法治中国的关键阶段，迫切需要树立全民法治观念和法治意识，迫切需要培养一大批卓越法治人才和国家治理法治人才。一名合格的法治人才，既要熟悉国家法律，还要有运用法律专业解决具体法律问题的能力，还必须信仰法律的基本价值（正义和良知）、遵守法律职业道德。正所谓"无知者不能从事法律职业，无能者不能从事法律职业，无德者更不能从事法律职业"。[①] 法学教育面临双重困境，教学模式概念化、教条化和形式化，法学教育与法律实践脱节，法律职业伦理道德教育和社会责任感教育缺失，这就是当代中国法学和法学教育面临的现实困境。

二、法律诊所课程的中国化和本土化

兼具了"天时、地利、人和"三大要素，诊所法律教育于 2000 年 9 月在中国应运而生。世纪之交，正是中国高等教育改革风起云涌之时。在美国福特基金会的推动下，中国大陆 7 所著名法学院校[②]相继开设了法律诊所课

① 张莉：《中国诊所法律教育十年断想》，载《中国法学教育研究》2012 年第 1 期。

② 当时有北京大学、中国人民大学、武汉大学、清华大学、中南政法学院（后改为中南财经政法大学）、华东政法学院（后改为华东政法大学）、复旦大学。

程,开始了诊所式法律教育在中国的试点工作。2 年后,西北政法学院、中山大学、四川大学、云南大学设立法律诊所课程。随着在全国范围内的推广,诊所法律教育逐渐在国内法学院变得异常活跃。为了顺应这一形势,上述 11 所高校发起成立了中国诊所法律教育的全国性学术团体组织——专委会,并于2002 年 7 月 28 日经中国法学会正式批准成立。专委会的成立,在组织、机构、人员、信息、资金、教师培训和诊所法律教育课程建设等方面极大地促进了诊所法律教育在中国的推广、繁荣和发展。截至 2016 年 12 月 16 日,加入专委会的成员院校已达 202 所。① 法律诊所进入中国后,发展非常迅猛。根据专委会网站公布的信息,截至 2017 年 12 月 30 日,网站一共收录了 99 篇关于法律诊所的论文,51 部关于法律诊所的论著(含译著),此外还有全国法律诊所年会论文集,各个学校根据自己学校的特点只做了各具特色的教学手册等。专委会还资助了一大批课题,还每年组织区域法律诊所教师培训,上传和制作了各个学校使用的教学案例和教学视频等。② 如今,法律诊所已成为很多法学院校的法律实践课程,各学校结合本校的特色开设独具特色的法律诊所课程,其课程设置呈现出专业化、特色化趋势,随着上述活动的开展,中国法律诊所实践教学更加科学化和规范化,成为我国法学教育的组成部分。法律诊所实践教学初步完成了对国外法律诊所研究成果和先进经验的学习和借鉴,实现了法律诊所的本土化发展。

通常来说,法律诊所也称诊所式法律教育或法律诊所教育,是法学实践教学的载体。正规、成熟的法律诊所既是一个教学场所,又是一个“组织”。法律诊所的教学活动仍然要在大学内的教室里进行,但法律诊所还要承担对外服务的职能,诊所学生在教师的指导下在法律诊所里接待当事人的法律咨询,对真实案件进行“诊断”,为当事人开出“处方”,提出解决问题的方案,并亲自提供法律服务。因此,成立法律诊所通常需要准备两个活动场

---

① 载中国诊所法律教育网:http://www.cliniclaw.cn/,最后访问日期:2020 年 3 月 8 日。

② 同上。

所，一是满足教学需要的教室；二是对外提供法律服务的场所，法律服务场所需要相对固定，且交通便利，相对独立于教学区。

面对中国现实主义的法学教育，法律诊所实践教学漂洋过海来到中国，扎根中国，并开花结果，实现本土化发展，形成了中国独具特色的法律诊所实践教学模式。法律诊所在中国的成功运行，固然有外国基金会的积极推动和国外教育改革的有益启迪，但是根本原因则是我国当前法学教育中存在诸多弊端和希望改革这些弊端的愿望，如果没有这些内因，单纯的国外经验并不能推动一个教学模式在中国的移植。[①] 法律诊所课程成就了中国法学教育的变革，中国的法律现实状况又推动了法律诊所在中国的发展，没有中国法律现实状况就没有中国特色的法律诊所实践教学。

第三节　问题与对策：大学生法律援助的课程建设

一、大学生法律援助课程建设中面临的主要问题

法学教育首先要解决一个前提问题，那就是培养什么样的人，为谁培养人，怎样培养人的问题。毋庸置疑，法学教育培养的是社会主义的接班人，是要为党和国家培养德法兼修的法治人才。那么怎样培养出又红又专，德法兼修的法治人才呢？这是摆在全体法学教育工作者面前必须解决的重大任务，也是大学生法律援助课程建设中面临的主要问题。怎样培养德法兼修的法治人才？需要首先解决课程建设中培养目标的实现、教育功能的实现和教学方法的改进三个关键性的问题。

① 王晨光：《法学教育的宗旨——兼论案例教学模式和实践性法律教学模式在法学教育中的地位、作用和关系》，载《法制与社会发展》2002 年第 6 期。

(一)课程建设培养目标的实现:努力达到课程教学目标和教学效果的一致性

大学生法律援助的课程建设依赖于课程建设培养目标的实现,其首先要努力达到课程教学目标和教学效果的一致性。大学生法律援助的课程教学目标是通过开设法律诊所课程[①]提升学生的法治思维,系统训练学生的法学实践能力,增强其社会责任感,提高其思想道德素养,塑造其成为德法兼修的法治人才。

大学生法律援助的课程教学的有效性,要求教师做到:一是不断完善法学教育方法,使教学课程和教学任务一致,即教学成果来源于教学任务;二是整体课程安排和教学成果一致,即对整个课程安排设计要能使学生掌握;三是每节课的教学目标和整体课程安排一致,即具体每节课的教学目标应受到整体课程安排的支配。

(二)课程建设教育功能的实现:不断地提高知识、技能和价值观

大学生法律援助的课程建设也依赖于其功能的实现。所谓课程建设的功能,就是要在课程建设中注重提高学生的专业知识、技能运用和道德价值观。开设的大学生法律援助课程要能够给学生提供相应的实践经验和实务技能,不断加强学生的品格教育,塑造和提升其道德素养。

大学生法律援助课程要遵循法学院的整体课程安排,而不是简单地累加单独的课程,仅仅作为一个实践课程的标签而存在。大学生法律援助课程要帮助法科学生确立职业生涯的就业目标,培养学生能够胜任一份工作的能力,教会学生关注社会,关注社会弱势群体,学会从错误中反思,不断提高专业知识、技能运用和道德价值观。

---

① 大学生法律援助课程不局限于法律诊所课程,除了开设法律诊所课程之外,还可以开设社区法律援助实践课程、法治宣传法律援助课程等。

(三)课程建设教学方法的改进:将理论、学说和实践相结合于教学中

课程建设同样离不开教学方法。教师习惯于教学生法学理论和各种学说,我们也有将教学生法学理论包括各种学说的课程与教学生实践技能课程相区别相分离的传统。而实务中,面对一个案件的处理或面对一个法律项目,理论和实践却不能相区分。实际上,法律课程中的理论和实践的分离阻碍了法学院培养学生的实践技能。

法学教育中理论和实践的分离可能源于1918年托斯丁·瓦堡伦的一句俏皮话:"从本质上看,现代大学的法学院不再是一个耍剑或跳舞的地方了。"克里斯多夫·哥伦布·兰德尔称法学教育的内容必须是科学的,值得在大学里学习。约翰·杜威将理论和实践相区别的这种二元论的起源,追溯到近东文化中为了区分社会阶层而作出的高低知识水平划分,希腊人不幸地犯了这个错误,对此作了区分,他们将经验知识限制在工匠和商人阶层,将科学知识的发展阻碍了1500多年。无论是由于大学里对社会阶层或社会地位的向往,还是其他原因,理论与实践的截然分离严重限制了现代法律教育的范围。①

如今,中国法学院仍过分强调法学教育中理论和实践的分离是法科学生的不幸,也是法学教育的不幸。理论与实践相分离的教学方法就像盲人摸象一样,学生往往不能全面地认识这些概念,或错误地认为所用的术语所指的都是类似的东西。就像乔治·奥威尔一样,学者经常射杀了代表"实践"的大象,而没有反思这个选择的原因和含义。②

如果继续延续这样的传统,将会导致学术界继续轻视"实践",远离实践,最终无法培养出德法兼修的法治人才。毋庸置疑,法学院必须以教授学

---

① [美]罗伊·斯塔基等著:《完善法学教育——发展方向与实现途径》,许身健等译,知识产权出版社2010年版,第91页。

② 同上。

生基本法律概念为目标，但是这仅仅是初级法学教育的开始。法学教育需要多种多样的理论分析方法和进行咨询、谈判、商业规划或者案件代理等其他活动的方法。

大学生法律援助课程是一门致力于将法学理论、各种学说和法学实践相结合，三者相互协调的教学课程，所采用的教学方法是真正综合的方法，而不是简单的纯加法。这门课程从一开始就将学生们引入法律实践工作，引起学生对道德和职业责任的关心，使学生产生对各种法律职业更为广泛的理解，对以后从事这些法律职业有了更充分的准备。“在法律的学说和判例（案例对话课程的关注点）、对职业技巧的关注（实践学习的目标）、解决当事人法律问题的三重运动中，行动和反思是反复循环的，同时也是大多法律实践的特征。在课程的不同领域区分这三个阶段，或作为单独的学习内容，往往都是对实践的人为‘分解’。教学方法的循环需要持续不断，这使得这些被分割的领域重新连接起来。”①

因此，我们有理由相信，大学生法律援助课程可以克服我国法学教育固有的传统思维，做到将理论、学说和实践相结合于教学中，使学生既具备理论知识，又具备实践能力，且在课程中培育学生的道德素养。

除了上述三个关键性问题以外，在普通法学本科教育中，由于法学实践教学缺乏实质载体，法学教育普遍存在以下问题：一是实践教学以模拟、观摩为操作形式，学生没有直接接触法律实务工作的机会；二是学生的道德品格得不到有效培育；三是学生的实践能力得不到有效训练，实习也流于形式，与课堂教学相比实践教学被边缘化；四是实践教学无力为缩短理论与实践脱节作出贡献；五是法学教育与法律职业严重分离。

---

① ［美］罗伊·斯塔基等：《完善法学教育——发展方向与实现途径》，许身健等译，知识产权出版社 2010 年版，第 93 页。

二、解决大学生法律援助课程建设存在问题的对策

(一)教学理论问题的解决思路

1. 提高实践教学课程的地位

大学生法律援助机构可以成为政府法律援助部门的分支机构或自行成立公益性社会团体,使学生能够代理真实案件,运用法律人的思维解决真实存在的社会问题,使法学实践教学能够有效展开,使学生摆脱传统自问自答的拟制案例等无载体或弱载体的困境,解决实践教学的载体问题。

法学是实践性强的学问,通过将大学生法律援助设置为一门课程,将其纳入法学专业人才培养方案,使其真正成为法学教学体系的组成部分,且贯穿于学生培养的整个阶段,从而提升实践教学地位,使其与课堂教学同等重要。

2. 解决品格教育的依托问题

在大学生法律援助课程中,在专业教师的指导下,大学生办理真实法律援助案件,可以有效训练学生的法学专业能力,牢固树立以专业奉献社会的理念;办案中,学生可以接触困难群众,培养学生对社会弱势群体的关爱;在参加庭审活动中,可以了解法律的运行状态,补齐法学教育的短板;在维护社会弱势群体合法权益过程中,实现社会公平正义,补齐社会的短板。此外,指导教师可以让学生党员带头办案,发挥党员志愿者的先锋模范作用,培育了学生的党性教育和职业操守,为党的各项法治事业输送了合格的接班人。

可以看出,思想品德教育将贯穿于大学生法律援助课程实践教学活动全过程,培养法律人的社会责任感和正义感,增强社会主义法治理念,从而真正做到培养德法兼修的法治人才,有效回答法学教育培养什么样的人、怎样培养人和为谁培养人的时代命题。

3. 提升实践教学的社会融合度问题

学生在校期间通过参与诉讼和咨询等，实现所学理论与实践运用的深度融合。通过办理法律援助案件可以架起一座与群众和政府沟通的桥梁，为社会弱势群体伸张正义，为政府提供专业的法律服务和人才支持，提高了政府的公信力，进而提高了法学实践教学与社会的融合度。

做好做强大学生法律援助，既可以有效开展法学实践教学，培养合格的法治人才，为地方经济社会发展服务，又可以为高校在综合教改方面赢得更好的发展空间。

4. 增强实践教学的自信度问题

大学生法律援助是对大学生思想素质、专业素质、文化素质等综合素质的考查，改变了传统法学实践教学仅偏重训练，对运用专业解决现实问题不够自信的问题。法治人才培养主要依靠社会而不是课堂的力量去培养，学生在校期间就有机会打官司且打赢官司，使学生获得了高度的专业自信、能力自信、社会自信。

（二）教学实践问题的解决思路

大学生法律援助课程建设中除了解决以上教学理论等思想观念的问题之外，还需要解决课程建设过程中遇到的一个个教学实践问题，只有教学理论和教学实践问题均得到有效解决，大学生法律援助课程建设才算是成功的。

1. 如何争取多方支持，顺利开设大学生法律援助课程

大学生法律援助课程是围绕法律援助实践，包括法律诊所课程在内的法学实践性课程。教师开设大学生法律援助课程，常常会遇到得不到学校支持的情况。因此，教师需要了解这类课程方面的政策文件。2017 年 7 月 20 日，国务院学位委员会办公室向社会公布了《关于转发〈法律硕士专业学位研究生指导性培养方案〉的通知》（学位办〔2017〕19 号），在该通知

指导性培养方案第四项“培养内容与学分”的第二部分“实践教学与训练”中，明确规定了法律写作、法律检索、模拟法庭、模拟仲裁、模拟调解、法律谈判，这些实践训练可以采取法律诊所方式进行。教育部、中央政法委员会《关于实施卓越法律人才教育培养计划的若干意见》(教高〔2011〕10号)明确要求“强化法学实践教学环节，加大实践教学比重，确保法学实践环节累计学分(学时)不少于总数的15%。加强校内实践环节，开发法律方法课程，搞好案例教学，办好模拟法庭、法律诊所等”。这两份关于法学教育的重要文件中均提到了法律诊所实践教学，由此可见其在法学实践教学中的特殊作用。

因此，新开设大学生法律援助课程的教师要取得支持，需要了解政策，找准时机后，可以结合教育教学改革向领导介绍诊所式法律教育课程，以获得支持；在遴选课程授课教师时，可以邀请一些德高望重且具有公益心的老师给予支持，最好是一起开设课程，形成一个有影响的团队；另外可以开设微信公众号，制作和印发一些图文并茂的宣传资料，也可以开设讲座，向老师和学生介绍和宣传这门课程的产生、内容、功能、和传统课程的主要区别、相关网站等，以便争取多方支持，顺利开设大学生法律援助课程。

2. 如何寻找适合大学生法律援助课程的案件

大学生办理的法律援助案件和课程教学案例不总是吻合的。课堂教学受时间和主题[①]限制，有些案件因为法律关系过于复杂，办案周期过长等原因不适合课堂教学。因此，教学案源不充足是大学生法律援助课程遇到的较为普遍的问题。

大学生法律援助课程可选用真实案例、真实案件，最好是本校大学生亲

---

① 这里的主题是指课程主题，以法律诊所课程为例，很多学校将法律诊所课程分为民事法律诊所课程、刑事法律诊所课程、婚姻家庭法律诊所课程、劳动法律诊所课程等多个主题，不同的主题诊所由不同专业的老师授课，课程需要的案例也不同。而大学生办理的案件大多不会区分主题，案件也不会按照课程主题来发生，有些案件往往涉及多个主题内容，如刑事附带民事案件就既包括刑事部分，又包括民事部分的内容，而高校法律诊所课程不大可能刑事法律诊所和民事法律诊所同时由一名老师一起开设。

自办理过的或正在办理的案件,条件不具备的高校也可以筛选政府司法部门指定社会律师办理的法律援助案件等。选取自己办理的真实案件进课堂,一方面,可以得到教师的指导和课堂集体讨论,使学生充分厘清案件法律关系;另一方面,进课堂的真实案例在经过老师指导和课堂讨论后,可以有效解决大学生在办案中遇到的难题,提升办案质量。

3. 在大学生法律援助课程中应该训练学生哪些法律技能

训练学生的法律技能是大学生法律援助课程的重要使命,也是其区别于其他课程的重要特征。由于实务中法律技能很多,大学生法律援助课程受课时的限制,不可能做到面面俱到,训练学生的内容就必须有选择。在课程中教师应该重点训练学生哪些法律技能呢?不同的老师可能有不同的回答,笔者认为,教师在作出选择时,应该遵循以下原则。一是考虑社会需要。社会尤其是法律实务部门的需要是高校人才培养重点考虑的因素。对社会需要和学生需求,最好采用社会调查方法进行考察。调查的对象可以是法官、检察官、政府人事部门的官员、在校学生和已经毕业的学生等。法治人才首先要适应社会需求,离开了社会需求培养的学生就不会受欢迎,也就失去了大学生法律援助课程的现实依托。二是考虑学生的需求。学生的需求对课程的影响很大,对学生而言,"我要学"始终比"要我学"来的更有效,学生对课程不感兴趣,就不会全力配合老师授课,其课程教学效果必然不理想。三是要考虑教学时限的约束。教学时间和教学空间是课程教学的现实约束条件。很多法律技能离开了一定的教学条件可能显得很空洞,又回到了传统的纯理论教学,例如法庭辩论、谈判,如果没有场景,教师单纯地讲授,必然会使课堂效果大打折扣,反而影响了该门课程的正常评价。

4. 如何处理大学生法律援助课程学习与参加考试的关系

对一个法科学生来说,在大三时基本上会面临三种选择:考研、参加法律职业资格考试和就业。而大学生法律援助课程一般适合在大三学生中开设,因为参加这类课程学习的学生必须有法律专业知识的积淀,不能被安排在大一、大二阶段开设；大四学生要撰写毕业论文和进行毕业实习，根本没有时间进行这类课程的学习和处理真实的案件。由于直接就业的学生不涉及考试时间冲突的问题，剩下的就是那些同时学习法律援助课程与准备考研和参加法律职业资格考试的学生了。大三学生要进行考研和法考准备，这无可厚非，这在一定程度上存在时间上的冲突。教师和学生都必须认真面对和处理这一矛盾。

笔者认为，大三学生学习法律援助课程与准备考试的时间冲突问题在现有的体制下无法调整，但我们可以在课程教学内容设计上作出有利于学生参加考试的调整。对于考研的学生，老师在授课时可以突出一些案件分析的理论分析，提升案件涉及的法学理论和法学原则，在很多高校考研也越来越重视考察学生的案例分析能力的大背景下，考研学生完全可以在此类课程中学习到考研的方法，提升考研成绩。对于那些准备法考的大三学生，教师可以针对法律职业资格考试容易出题的案例和司法文书类型，按照法考要求来教授和指点学生，在教授案件策略拟定的方法技能课时，可以针对法考中的案例分析题强调法律思维技能的训练，提高学生分析案件的能力。此外，教师还可以在参加考研和法考的非智力因素诸如沉着冷静、认真观察、准确记忆、深度把握等方面教会学生这些能力，而这些能力的训练均可以在法律援助案件代理中，比如在法律咨询、会见当事人、事实调查、法律研究、调解谈判的技能等法律援助课程中得到锻炼和熏陶。因此，法律援助课程和考研、法律职业资格考试只是学生在职业素养的养成和法律技能的培养的两个训练营地而已，二者不存在根本冲突。

第六章　大学生法律援助的监督管理

——立德树人的监督机制

第一节　大学生法律援助的监督管理定位

大学生法律援助是高校利用自身资源开展公益性的法律援助志愿活动,虽然没有法律明确规定,但被普遍定位为政府法律援助的补充力量。目前,对大学生法律援助的监督管理由于在立法上尚没有明确规定,司法上也没有对大学生法律援助机构性质及人员身份进行定位,各大高校普遍将大学生法律援助视为其教学体系的重要组成部分,因此,政府对大学生法律援助进行监督管理是一件富有挑战意义的工作。政府要对大学生法律援助进行监督管理,首先要厘清大学生法律援助在立法上和司法上的性质定位,其次要了解大学生法律援助在教育和社会服务上的功能和定位,才能依法履行监督职责,促进大学生法律援助事业的健康发展。

一、立法定位

法律援助制度作为一项法律制度,在法律体系中占有重要的位置,被全世界 140 多个国家普遍采用,是一项国家保障社会的贫、弱、残者平等地实现其合法权益的司法救济制度,[1]2015 年 6 月,中共中央办公厅、国务院办公厅印发《关于完善法律援助制度的意见》,对完善法律援助制度作出了全面部署,其中将法律援助[2]工作定位为一项重要的民生工程,该意见还指出“鼓励和支持人民团体、社会组织开展法律援助工作。多渠道解决律师资源短缺地区法律援助工作力量不足问题,充实县区法律援助机构办案人员,在农村注重发挥基层法律服务工作者的作用,加大力度调配优秀律师、大学生志愿者等服务力量支持律师资源短缺地区法律援助工作。深入开展法律援助志愿服务行动”。

法律援助制度的重要性不言而喻,国家对大学生法律援助始终是鼓励和支持态度。[3] 然而,我国立法层面始终没有确认承担政府法律援助事务的大学生法律援助机构的性质和作为机构人员的法律地位,在行政法规、规章以及各类规范性文件中也未得到确认。

大学生法律援助机构性质和人员法律地位得不到立法层面的确认,将直接或间接地导致实践中不少大学生法律援助机构存在感低,诸多法律援助活动,尤其是诉讼活动的开展,举步维艰,大学生法律援助的积极功效得不到充分发挥,不少大学生法律援助机构存在组织管理松散,社会公信力低,人员稳定性差,流动性强,无力吸纳优秀人才,无力提供专业的法律援助服务,甚至存续困难等问题。

因此,立法定位是对大学生法律援助进行监督管理的前提,大学生法律援助的有序开展需要立法给予回应,大学生法律援助活动才有依据,对大学生法律援助进行监督管理才能依法进行。

---

① 2006 年 7 月 24 日,赵大程同志在全国法律援助处长(主任)座谈会上的讲话。

② 中共中央办公厅、国务院办公厅《关于完善法律援助制度的意见》将法律援助定义为:法律援助是国家建立的保障经济困难公民和特殊案件当事人获得必要的法律咨询、代理、刑事辩护等无偿法律服务,维护当事人合法权益、维护法律正确实施、维护社会公平正义的一项重要法律制度。

③ 《法律援助条例》第 8 条规定:“国家支持和鼓励社会团体、事业单位等社会组织利用自身资源为经济困难的公民提供法律援助。”司法部颁布的《关于贯彻落实〈法律援助条例〉促进和规范法律援助工作的意见》(司发〔2003〕18 号)第 5 条第 11 项规定:鼓励和支持法律院校高年级学生在教师的指导下为经济困难的公民提供与其业务知识和工作能力相适应的法律援助。

二、司法定位

在司法上,中国对大学生法律援助定位不清,致使大学生法律援助机构及其人员在司法活动中得不到法院的认可。在司法定位上,法院普遍没有认识到大学生法律援助的专业性,认为大学生法律援助机构与普通民间非营利组织相同,志愿者与普通公民一样,其志愿服务行为并不是在履行政府法律援助职责。

2012 年《民事诉讼法》《行政诉讼法》相继修改,明确限制可以被委托为诉讼代理人的人员范围,除律师、基层法律服务工作者,当事人近亲属,得到当事人所在社区、单位,以及有关社会团体推荐的人之外,不得作为当事人的代理人出庭诉讼。大学生法律援助面临前所未有的困境。自此,大学生法律援助机构人员若要出庭为受援人代理案件必须得到受援人所在社区、单位或有关社会团体的推荐。

两部法律修改之前,法律允许公民代理,大学生法律援助机构可以承办案件,指派大学生出庭代理案件,两部法律修改之后,公民代理受到严格限制,大学生面临很难出庭代理案件的困境。大学生很难出庭代理案件,那就意味着大学生法律援助机构直接受理案件的范围大大缩小,其法律援助活动可能仅限于开展法治宣传、法律咨询、法律文书代写等,极大地影响了大学生志愿者对法律援助的主动性与积极性,大学生法律援助志愿者也缺少实务操作的机会,在培养其独立思考、分析推理和事务处理的能力大大减弱,大学生法律援助机构社会服务价值与实践教学价值必然受到减损。

三、政府定位

由于立法和司法对大学生法律援助机构及其人员没有定位或定位不清,导致政府在大学生法律援助机构设置各种各样:有的地方将大学生法律援助机构作为社会公益组织来设置;有的地方作为高校学生社团来设置;有的地方作为政府法律援助机构的内设机构或分支机构来设置，与一般的有关机关设置的法律援助机构无异。由于机构设置方式不同，政府对大学生法律援助机构的监督管理也不相同。

2017 年 9 月 4 日，司法部发布《关于推进公共法律服务平台建设的意见》指出，大力发展志愿服务，招募高等院校法律专业师生、退休政法干警、社区力量等参与法律志愿服务，推动志愿服务与政府服务优势互补、有机融合，多渠道解决基层法律服务力量短缺问题。该意见实际上肯定了高校在公共法律服务尤其是法律援助志愿服务中的作用。但是，由于没有对大学生法律援助机构进行立法和司法定位，给大学生法律援助机构实际运行管理带来不利影响，很多大学生法律援助机构被视为高校学生社团，政府没有进行任何监督管理，机构的日常管理均是由高校内部机构和人员进行运行管理，有的干脆都交给大学生自主管理，导致有的运行得很好，有的运行的则不是很理想，管理松散，资金匮乏，法律援助志愿者缺乏主动性和积极性，大学生法律援助机构应有的作用与价值没有发挥出来。

四、服务定位

《法律援助条例》明确规定法律援助是政府的责任。① 然而，《法律援助条例》第 6 条②和《律师法》第 42 条③都规定了法律援助是律师的义务，导致很多地方政府部门工作人员误认为法律援助是律师或公证员、基层法律工作者的服务义务。

由于缺乏法律的明确规定，政府一般不会赋予大学生法律援助志愿者

---

① 《法律援助条例》第 3 条规定：法律援助是政府的责任，县级以上人民政府应当采取积极措施推动法律援助工作，为法律援助提供财政支持，保障法律援助事业与经济、社会协调发展。

② 《法律援助条例》第 6 条规定：律师应当依照律师法和本条例的规定履行法律援助义务，为受援人提供符合标准的法律服务，依法维护受援人的合法权益，接受律师协会和司法行政部门的监督。

③ 《律师法》第 42 条规定：律师、律师事务所应当按照国家规定履行法律援助义务，为受援人提供符合标准的法律服务，维护受援人的合法权益。

法律援助义务，与此同时，包括政府人员在内的很多人却将大学生法律援助视为一种志愿服务。

大学生法律援助到底是在履行一种政府责任，还是一种志愿服务，这实际上涉及对大学生法律援助的服务定位问题。笔者认为，不能将大学生法律援助视同为一般大学生社团性质的志愿服务，大学生法律援助是一种专业的志愿服务，是履行政府法律援助职责的专业志愿服务行为，这种服务必须由特定的主体来履行，是在维护国家的司法公正，代表的是政府形象和国家形象。

五、教育定位

教育部、中央政法委于2011年发布的《关于实施卓越法律人才教育培养计划的若干意见》中提出，法学教育要强化法学实践教学，培养学生法律实务技能。大学生法律援助以法学实践教学的方式已经成为各高校培养卓越法律人才的优先选择。在法学教育改革上，自2000年开始，风行全国的诊所法律教育在200多所学校施行，大学生法律援助成为诊所法律教育开设的各类法律诊所课程的重要载体和不二选择。

高校通过设立大学生法律援助机构，开展法学实践教学，开设法律诊所课程，向社会提供法律援助服务，学生亲自参与到一个个真实案件中去，迅速掌握办案技巧，提高办案技能，形成独立分析问题和思考问题的能力，这是大学生法律援助在教育教学价值的具体体现。

除了在法学实践教学改革、法律诊所课程以及法律援助服务上，我们对大学生法律援助寄予厚望外，在思想品德培育、培养德法兼修法治人才以及全面推进依法治国大背景法治人才培养机制上，我们也对其寄予厚望。在大学生法律援助志愿活动中，大学生将良好的法律职业道德和公平、正义的社会责任感潜移默化地“内化”于内心，而不再仅仅表现为一种“外化”的行为。学生无偿为社会弱者办理真实的案件，没有经济利益的驱动，本身就是一种法律职业道德的培养过程，是社会奉献精神的具体体现，学生服务社会弱势群体过程中体会到利用自己专业知识服务社会的艰辛和乐趣，感受到专业的力量，社会责任感得到极大增强，公平正义之心得到彰显，思想道德得到普遍提升，从而真正做到了“德法兼修”。

法治人才培养是推进全面依法治国基础性工程，通过大学生法律援助，高校培养一批批德法兼修的法治人才，为全面依法治国提供了人才保障。

因此，大学生法律援助在教育定位上是多元的，与一般的大学生社团相比，大学生法律援助机构具有多重身份，多重价值，需要得到学校与政府的合力支持，最大限度地发挥大学生法律援助的价值和功能。

第二节 对大学生法律援助的监督

一、对大学生法律援助监督的含义及必要性

（一）对大学生法律援助监督含义

对大学生法律援助监督是指有关部门对高校自主设立和经批准或备案设立以及经民政部门设立的大学生法律援助机构及其人员进行业务指导和帮扶，并依法行使监督管理权，促使其规范化和专业化，履行相关职责的行为。

（二）对大学生法律援助进行监督的必要性

目前，中国大学生法律援助机构大多是由各高校自主设立，经过有关司法行政部门审批或备案的占比很小，各省也鲜有对高校设立大学生法律援助机构的规范性文件出现，①大学生法律援助普遍未被纳入司法行政机关的

① 目前，笔者能够查找到专门对高校有规范性文件的有湖南省 2012 年 9 月 4 日发布的《湖南省社会团体和高等法律院校法律援助工作管理办法》（湘司发〔2012〕68 号）以及黑龙江省司法厅 1999 年 4 月 30 日发布的《关于黑龙江省法律援助中心各分支机构组织实施法律援助工作意见》（黑司通〔1999〕41 号）。

法律援助系统之内。在参与法律援助的过程中，各高校法律援助志愿组织活动的形式比较多样和灵活，但也存在人员不稳定、流动性高的问题，在缺乏法律统一规定的情况下，对大学生法律援助的监督主体、监督程序等尚未明确，使大学生法律援助机构处在无人监督或监督机制不健全的状态。无人监督和监督机制的不健全既不利于确保大学生法律援助案件的质量，也不利于大学生法律援助机构自身发展的规范化和专业化。

应当借鉴有关部门对其他民间组织的监督机制，增加和完善对大学生法律援助的监督，促进高校开展法律援助工作的规范化和专业化，不断完善和发展我国法律援助制度。

二、大学生法律援助的监督主体和监督范围

大学生法律援助的监督主体和监督范围因为大学生法律援助机构性质的不同而有所不同，下面以国内常见的三类大学生法律援助机构分别进行阐述。

（一）高校自主设立的机构的监督主体与监督范围

没有经过有关司法行政部门审批或备案的情况下，高校自主设立的大学生法律援助机构的监督主体应该是有关司法行政机关或由其委托的法律援助机构，监督依据是《法律援助条例》第 4 条："国务院司法行政部门监督管理全国的法律援助工作。县级以上地方各级人民政府司法行政部门监督管理本行政区域的法律援助工作。"根据本条规定，省属或中央部属高校自主设立的大学生法律援助机构应由中央部属高校所在地省级司法行政部门作为监督主体。

由于设立这类大学生法律援助机构的主要目的是实践教学，很少承担办理案件的法律援助职能，其主要工作内容是开展义务法治宣传、法律援助调查等，因此，司法行政机关的监督范围应该是加强对这些机构的法治宣传指导，帮助有条件的高校实现办理法律援助案件业务，引导其向政府法律援助机构转交法律援助申请，同时帮助其做好机构的规范管理等。

（二）经审批或备案而设立的机构的监督主体与监督范围

有些大学生法律援助机构是经过有关司法行政机关审批[①]或设立后进行了备案，由于这类机构被纳入政府法律援助机构的分支机构，可以按照法人与分支机构的关系进行管理，依照法律规定，其监督主体应该是批准设立的政府司法行政机关或由其委托的同级法律援助机构。监督范围应该主要集中在案件受理登记、审查指派、补贴发放、卷宗档案等履行政府法律援助职能的行为，当然对大学生法律援助机构及其志愿者的其他法律援助志愿行为，也都应该在监督、指导和帮扶的范围。

（三）经民政部门批准设立的机构的监督主体与监督范围

如果大学生法律援助机构是经过民政部门批准设立[②]的民间组织，则这类机构有了独立的法人资格，可以以自己的名义开展活动，也可以独立承担法律责任。这种情况下，其主管单位是其监督主体：如果它的主管单位是举办它的单位——高校，那么他的监督主体是高校和设立它的单位——民政部门，此时司法行政部门则是它的业务指导部门，也就是司法行政部门只是在法律援助范围内行使业务指导；如果它的主管单位是司法行政部门，那么它的监督主体便是司法行政部门和设立它的单位——民政部门。因此，要看这类机构在向民政部门提出设立申请时以谁作为主管单位。之所以出现这种情况是因为现行《社会团体管理条例》和《民办非企业单位登记管理条例》笼统地规定了社会团体的业务主管部门是国务院有关部门、县级以上地方各级人民政府有关部门、国务院或者县级以上人民政府授权的组织。而

---

① 如哈尔滨商业大学设立的大学生法律援助机构是经过黑龙江省司法厅正式批准设立，批复号为黑司函〔2001〕100 号。

② 如武汉大学社会弱者权利保护中心（现已更名为武汉大学法律援助中心）1992 年 5 月 20 日正式挂牌成立，经过 10 多年发展后，于 2003 年 1 月 24 日在湖北省民政厅正式注册，成为湖北省第一家注册的提供法律援助的民办非企业单位。

对于具体由哪一级的哪一个业务部门主管则没有进一步明确。

至于监督主体对这类机构的监督范围，则要看设立时的经营范围而定。而司法行政部门的监督范围则是严格依照《法律援助条例》所确定的监督范围，即监督管理该类机构所开展的法律援助工作。

值得一提的是，现行《律师法》、《合同法》及地方的规范性文件对一般法律援助工作人员的责任给予了相应的规定，而对大学生法律援助机构而言，一般认为是属于社团的无偿服务行为，所以对大学生法律援助机构人员的监督似乎缺乏明确的法律依据，没有将其相应地纳入管理体系。因此，对大学生法律援助机构人员的监督及其监督范围尚需进一步研究。

此外，2019 年修正的《行政许可法》第 17 条规定："除本法第十四条、第十五条规定的外，其他规范性文件一律不得设定行政许可。"①结合《行政许可法》第 12 条、第 14 条及第 15 条的规定，今后，各省级或省级以下司法行政部门无权审批设立大学生法律援助机构，设立改为事后监督，即更改了原先事前审批的要求，规定大学生法律援助机构只需到相关行政司法部门备案

---

① 《行政许可法》第 12 条规定：下列事项可以设定行政许可：(1) 直接涉及国家安全、公共安全、经济宏观调控、生态环境保护以及直接关系人身健康、生命财产安全等特定活动，需要按照法定条件予以批准的事项；(2) 有限自然资源开发利用、公共资源配置以及直接关系公共利益的特定行业的市场准入等，需要赋予特定权利的事项；(3) 提供公众服务并且直接关系公共利益的职业、行业，需要确定具备特殊信誉、特殊条件或者特殊技能等资格、资质的事项；(4) 直接关系公共安全、人身健康、生命财产安全的重要设备、设施、产品、物品，需要按照技术标准、技术规范，通过检验、检测、检疫等方式进行审定的事项；(5) 企业或者其他组织的设立等，需要确定主体资格的事项；(6) 法律、行政法规规定可以设定行政许可的其他事项。

第 14 条规定：本法第十二条所列事项，法律可以设定行政许可。尚未制定法律的，行政法规可以设定行政许可。必要时，国务院可以采用发布决定的方式设定行政许可。实施后，除临时性行政许可事项外，国务院应当及时提请全国人民代表大会及其常务委员会制定法律，或者自行制定行政法规。

第 15 条规定：本法第十二条所列事项，尚未制定法律、行政法规的，地方性法规可以设定行政许可；尚未制定法律、行政法规和地方性法规的，因行政管理的需要，确需立即实施行政许可的，省、自治区、直辖市人民政府规章可以设定临时性的行政许可。临时性的行政许可实施满一年需要继续实施的，应当提请本级人民代表大会及其常务委员会制定地方性法规。地方性法规和省、自治区、直辖市人民政府规章，不得设定应当由国家统一确定的公民、法人或者其他组织的资格、资质的行政许可；不得设定企业或者其他组织的设立登记及其前置性行政许可。其设定的行政许可，不得限制其他地区的个人或者企业到本地区从事生产经营和提供服务，不得限制其他地区的商品进入本地区市场。

即可设立。

三、完善大学生法律援助监督体系的几点建议

司法部《关于贯彻落实〈法律援助条例〉促进和规范法律援助工作的意见》(司发〔2003〕18号)第5条第11项规定:鼓励和支持法律院校高年级学生在教师的指导下为经济困难的公民提供与其业务知识和工作能力相适应的法律援助。鼓励和支持大学生法律援助是各级司法行政机关的重要职责,同时要加强对大学生法律援助的监督,建立和完善大学生法律援助监督体系。

(一)尽快建立全国统一的大学生法律援助机构的登记备案制度

尽快确立由各级司法行政机关作为大学生法律援助机构申请、登记、备案机关,这意味着在全国范围内,司法行政机关是大学生法律援助机构统一的主管部门。司法行政机关成为大学生法律援助机构统一的主管部门之后,将大学生法律援助机构与需要到民政部门进行登记的其他民间法律援助组织进行了区分。司法行政部门可以为各高校搭建起有效衔接和相互交流、沟通的平台,帮助不同的高校大学生法律援助机构人员相互之间的交流与学习,从而实现司法行政机关对高校法律援助进行有效的监督。由司法行政机关作为全国范围内大学生法律援助机构统一的主管部门,可以将高校大学生法律援助机构与政府法律援助机构一同归于司法部门管理,有助于两者之间业务的对接,有利于大学生法律援助向规范化、专业化方向发展。

(二)加强对大学生法律援助人员的案件指导、岗前培训和服务监督

1. 做好案件指派和业务指导工作

有关司法行政机关及其所属法律援助机构要向所辖行政区域内条件成

熟的高校指派合适的法律援助案件，做好案件指派与指导教师衔接工作，做到一案一教师指导，同时加强对大学生法律援助机构及其人员的业务指导。合理向各机构分配法律援助案件，做到有序分配，跟踪到位，及时指导，公开透明，加强管理。

2. 建立和完善岗前培训制度

由于大学生法律基础知识与社会实践经验缺乏，为了保障大学生提供的法律援助的服务质量，有关司法行政机关及其所属法律援助机构应当建立和完善大学生法律援助志愿者岗前培训制度，聘请有经验的法律援助律师和法律援助机构的管理人员对大学生志愿者进行岗前培训，使大学生志愿者掌握法律援助基本法律和政策，熟悉办理案件的基本程序、办案注意事项等，培训结束后可以组织考核，考核合格的由组织培训的单位颁发合格证书，作为大学生办理案件的重要凭证，以保证案件由专业知识扎实和富有经验的大学生法律援助志愿者办理，确保法律援助案件办理质量。除此之外，有关司法行政机关及其所属法律援助机构还应该定期组织开展所辖行政区域内的大学生法律援助机构人员的学习交流活动，通过交流学习，分享办案经验，共同提高业务素养。

3. 加强法律援助服务监督

要建立大学生上岗后的法律援助服务监督机制。大学生法律援助机构自行受理案件或由政府法律援助机构指派案件后，要及时指定教师负责指导，指导教师应及时介入并作为大学生案件办理全程指导教师，使学生能够随时得到专业指导，司法行政机关及其所属法律援助机构的主要职责是对大学生法律援助案件进行服务监督，跟踪案件进展，并进行业务指导，保证机构及其人员依法履行法律援助职责。

另外，由于大学生执业经验和能力尚有不足之处，对大学生直接提供法律援助的案件范围应予以适当限制，尤其是复杂疑难民事案件、复杂的劳资纠纷以及刑事附带民事案件，这类案件不宜由大学生直接独立代理，应由具有律师执业资格的指导教师来代理,大学生可以承担辅助性工作。大学生法律援助机构如果出现上述情况应当及时纠正或提供业务帮助。

(三)建立大学生法律援助服务质量评价体系

法律援助服务质量是法律援助的生命线,也是大学生法律援助事业的获得可持续发展的关键。由于大学生社会阅历浅、经验少、专业知识不足,高校法学教育的存在一定弊端等,中国大学生法律援助在案件代理质量上普遍不高,这会成为制约我国大学生法律援助制度健康发展的重要因素。因此,应当完善大学生法律援助各项机制,通过建立大学生法律援助服务质量评价体系等方法,提高大学生法律援助服务质量,促进其健康发展。

要将大学生所提供的法律援助案件质量与数量与对其表现的评价相结合,对于表现突出的大学生予以适当的奖励。同时建立受援人投诉机制,如果大学生在提供法律服务的过程中存在明显错误或受援人对大学生提供的法律服务不满意,则应该建立处罚和淘汰机制,取消不合格的大学生法律援助志愿者资格并视情况给予一定的处罚。

当然,对大学生法律援助的评价模式应该是一种动态的评价方式,而不是静态的,评价体系要充分考虑我国法学教育的特点,作出较客观、全面的评价。评价体系还要符合法治人才的职业性、应用性特点,具有科学性。通过细化大学生法律援助评价标准,建立处罚和淘汰机制,从而衡量和考核大学生法律援助工作是否真正有效的落实。既能保证法律援助的服务质量,又能合理的对大学生法律援助进行评价,从而完善对大学生法律援助的监督机制。

第三节　大学生法律援助的法律责任

大学生为当事人提供法律服务是存在风险的,他们年龄尚小,社会阅历少,且仍处在学习法律阶段,失误在所难免,也可能存在越轨行为。在当事人的权益由于大学生法律援助服务而受到损害时,是否应该承担责任,承担什么类型的责任,由谁来承担责任以及大学生法律援助志愿者的越轨行为是否应当承担刑事责任等是值得认真探讨的问题。

一、大学生法律援助法律责任概论

(一)概念

大学生法律援助的法律责任是指由高校自主设立或经批准设立的大学生法律援助机构及其人员违反相应的法律法规所应该承担的法律责任。大学生法律援助的法律责任有民事责任、行政责任和刑事责任三种类型。

(二)责任配置原则

大学生法律援助机构的成立目的主要是实现其教育目标,让在校大学生利用专业知识为需要援助的人提供服务,壮大法律援助队伍。大学生在专业服务弱势群体的过程中得到很好的实践锻炼。高校的法律援助是一项社会公益性事业,不以营利为目的,资金来源主要依靠社会捐赠或公益基金支持,组织成员是无偿从事法律服务,区别于其他有偿的法律服务行为。因此,在进行责任配置也就是适用归责原则时应充分考虑大学生法律援助的特殊性,在民事责任适用时,不应适用严格的过错原则,也不适用公平原则,更不能适用无过错原则,笔者认为,可考虑借鉴保险法中补偿性原则。

《保险法》上的补偿性原则是指投保人与保险人订立保险合同,将特补偿原则定的危险转移给保险人承担,当保险事故发生时,保险人给予被保险人的经济赔偿恰好填补被保险人遭受保险事故的经济损失。补偿性原则的关键在于"填补损失",就是赔偿额以能够弥补受害人所受的实际损失为限,即支付赔偿费用是为了使受害人恢复到受到侵害之前的状态。

大学生法律援助机构在承担民事责任时适用补偿性原则是指赔偿额以

能够弥补受援人实际损失为限,也就是只需要"填补损失"即可。

(三)责任承担主体

目前,中国大学生法律援助机构主体性质共分为三类:一是高校自主设立,没有经过有关司法行政部门审批或备案,大多数高校属于这类情况,它们依托于高校法学院系,因为实践教学需要而成立,一般很难承担办理案件的法律援助职能,可开展法治宣传、法律援助调查等工作,由于这类机构不是独立的法律主体,因而在法律上不能独立承担法律责任;二是经过有关司法行政部门审批或备案而设立的大学生法律援助机构,这类机构一般被纳入政府的法律援助机构的分支机构,因而其承担法律责任的是政府法律援助机构;三是经过民政部门批准设立的民间组织,这类机构全国范围内较少,由于有了独立的法人资格,因此该类大学生法律援助机构可以以自己的名义独立承担法律责任。

(四)责任承担范围

对大学生法律援助责任承担范围的划分应根据诉讼业务和非诉业务来进行划分。这种划分是以是否进入诉讼程序为界限标准,将大学生法律援助的范围分为诉讼程序中的法律援助和非诉程序中的法律援助两类。

大学生法律援助的诉讼业务是指公民申请的法律援助案件,已经进入司法途径,通过人民法院的裁决或者仲裁机构的仲裁得到解决的援助形式,其范围主要涉及民事、行政和劳资纠纷,也有个别学校的指导教师带领学生办理刑事案件,因此,大学生法律援助诉讼程序中的诉讼业务又可分为民事诉讼法律援助、行政诉讼法律援助和刑事诉讼法律援助;而大学生法律援助的非诉业务是指通过咨询法律咨询、文书代写、调解,在大学生法律援助组织成员的帮助下即可解决法律问题,而不需要通过司法途径的援助形式。

由于大学生法律援助的非诉业务出现的问题较少,其法律责任也基本上可以忽略，其责任承担主要涉及大学生法律援助的诉讼业务，下面将专门探讨大学生在诉讼程序中提供法律援助的法律责任类型。

二、大学生法律援助承担法律责任类型探讨

大学生法律援助机构的成员主要是以大学生为主，在法律实践方面的经验不足，对案件处理缺乏经验和应对手段，实践中可能产生问题的情况较多，因此，出现问题后应该尽快划分责任类型，作出相应处理，以防止高校因此而过分的束手束脚，保护大学生参与法律援助志愿工作的积极性，同时做到防微杜渐，维护受援人的合法权益。

（一）民事责任

民事责任是指公民或法人因违反法律或违反约定以及因法律规定的其他事由而依法应承担的不利后果。现行法律法规对大学生法律援助民事责任没有直接规定。在法律法规没有明确规定的情况下，对于大学生法律援助机构及其人员民事责任的划分可以参考《法律援助条例》规定的法律援助机构及其人员以及《律师法》规定的律师事务所及其执业律师的民事责任，这是参照依据。

在责任承担方式上，则可以参照《律师法》第54条的规定，[①]大学生法律援助机构成员为受援人提供法律援助由于具有无偿性，在一般情况下是不需要承担法律责任的，依照民事责任的基本原理，如果大学生法律援助机构成员实施法律援助过程中是因为故意或有重大过失的情况下，给当事人造成损失的，则应承担相应的民事责任，大学生法律援助机构是赔偿主体，机构赔偿后，可以向有故意或者重大过失的法律援助人员追偿。

在归责原则上，应该充分考虑大学生法律援助的特殊性，因为这些援助

① 《律师法》第54条规定：律师违法执业或者因过错给当事人造成损失的，由其所在的律师事务所承担赔偿责任。律师事务所赔偿后，可以向有故意或者重大过失行为的律师追偿。

人员一般为在校大学生而且出于自愿，所提供的法律援助又是无偿的行为，因此，在追究民事责任时，不应适用严格的过错原则，更不能适用无过错原则。由于大学生法律援助人员的权利和义务是不对等的，因而也不适用公平原则。笔者认为，出于正义和公平的考虑，大学生法律援助民事责任的归责原则可考虑适用补偿性原则，只需要“填补受援人损失”即可。大学生法律援助人员只有在法律援助过程中主观上确有明显过错而给受援人造成重大损失时才应承担民事法律责任：对于因故意而造成受援人损失的，不论损失大小均应赔偿；对于其他过错而导致的受援人损失，可以参照《合同法》规定的赠与合同和无偿委托合同的规定处理，即只有在援助人员故意或重大过失的情形下，并且造成受援人较大损失的，大学生法律援助机构才履行民事责任中赔偿义务。

（二）行政责任

行政责任是指单位或个人违反有关法律法规的规定，尚未构成犯罪的行为所依法应当承担的法律后果。行政责任主要分为行政处罚和行政处分两种方式。行政处罚是指行政机关或其他行政主体依照法定职权和程序对违反行政法规尚未构成犯罪的行政管理相对人给予行政制裁的具体行政行为。行政处分是对行政违法行为，给予的一种制裁性处理，包括警告、记过、降级、降职、撤职、开除等。

现行法律法规对大学生法律援助行政责任也没有直接规定。在法律法规没有明确规定的情况下，笔者建议，对于大学生法律援助机构及其人员的行政责任可以参照《法律援助条例》第 28 条规定①中对律师事务所及其律师

① 《法律援助条例》第 28 条：律师有下列情形之一的，由司法行政部门给予警告、责令改正；情节严重的，给予 1 个月以上 3 个月以下停止执业的处罚：(1) 无正当理由拒绝接受、擅自终止法律援助案件的；(2) 办理法律援助案件收取财物的。有前款第 (2) 项违法行为的，由司法行政部门责令退还违法所得的财物，可以并处所收财物价值 1 倍以上 3 倍以下的罚款。

承担行政责任的情形。大学生法律援助机构应该在批准其设立或本级法律援助机构的监督、管理之下开展相应的活动,并接受其业务指导,一般情况下,机构组织成员应该在司法行政部门备案。大学生法律援助机构人员应当遵守法律援助人员的基本义务,按照规定向受援人提供相应的法律服务,以充分保障受援人的合法权益。

对于大学生法律援助机构已经受理的法律援助案件,如果机构人员无正当理由擅自终止法律援助案件或在办理法律援助案件过程中收取受援人财物的,有关司法行政部门①有权作出责令退还违法所得的财物、罚款等行政处罚决定。

《律师法》第48条中关于律师执业过程中违反律师职业道德的行为给予行政处罚的规定②对大学生法律援助机构人员追究行政责任也有一定的参考价值。大学生法律援助机构人员不得私自接受委托、收取费用,接受委托人财物或者其他利益;不得接受委托后,无正当理由拒绝代理,不按时出庭参加诉讼或者仲裁;不得利用提供法律服务的便利牟取当事人争议的权益;不得泄露商业秘密或者个人隐私。如果大学生法律援助机构人员有上述行为,应当参照《律师法》第48条的规定对有关人员进行警告、罚款没收违法所得或给予停业等行政处罚。

当然,《律师法》第48条的规定对大学生法律援助机构人员追究行政责任仅仅是参考价值,不具有严格意义上的规范价值,也就意味着不能完全用律师的标准去衡量大学生法律援助机构人员,因为这些人员以在校的大学

---

① 这里有权进行行政处罚的是设立大学生法律援助机构的司法行政机关或同级司法行政机关,而不是相应的法律援助机构。

② 《律师法》第48条:律师有下列行为之一的,由设区的市级或者直辖市的区人民政府司法行政部门给予警告,可以处一万元以下的罚款;有违法所得的,没收违法所得;情节严重的,给予停止执业三个月以上六个月以下的处罚:(1)私自接受委托、收取费用,接受委托人财物或者其他利益的;(2)接受委托后,无正当理由,拒绝辩护或者代理,不按时出庭参加诉讼或者仲裁的;(3)利用提供法律服务的便利牟取当事人争议的权益的;(4)泄露商业秘密或者个人隐私的。

生为主，准确的是以在校的法律系的学生为主，他们尚处在学习阶段，社会阅历少，应以教育为主，不能以执业律师的标准程度去衡量大学生法律援助机构的人员。

笔者认为，不应让大学生法律援助机构人员特别是在校大学生承担过高的行政责任，否则，不仅不利于高校法治人才培养，实现其教育功能，而且会大大降低了在校大学生积极参加法律援助的热情。对于大学生法律援助机构人员应当降低适用行政责任标准，至少应该低于执业律师。

（三）刑事责任

刑事责任是指犯罪人因实施犯罪行为应当承担的法律责任。《法律援助条例》第 26 条[①]规定了法律援助人员的刑事责任，《律师法》第 49 条规定有下列九种情形且构成犯罪，律师应当承担刑事责任：一是违反规定会见法官、检察官、仲裁员以及其他有关工作人员，或者以其他不正当方式影响依法办理案件的；二是向法官、检察官、仲裁员以及其他有关工作人员行贿，介绍贿赂或者指使、诱导当事人行贿的；三是向司法行政部门提供虚假材料或者有其他弄虚作假行为的；四是故意提供虚假证据或者威胁、利诱他人提供虚假证据，妨碍对方当事人合法取得证据的；五是接受对方当事人财物或者其他利益，与对方当事人或者第三人恶意串通，侵害委托人权益的；六是扰乱法庭、仲裁庭秩序，干扰诉讼、仲裁活动的正常进行的；七是煽动、教唆当事人采取扰乱公共秩序、危害公共安全等非法手段解决争议的；八是发表危害国家安全、恶意诽谤他人、严重扰乱法庭秩序的言论的；九是泄露国家秘

---

① 法律援助机构及其工作人员有下列情形之一的，对直接负责的主管人员以及其他直接责任人员依法给予纪律处分：（1）为不符合法律援助条件的人员提供法律援助，或者拒绝为符合法律援助条件的人员提供法律援助的；（2）办理法律援助案件收取财物的；（3）从事有偿法律服务的；（4）侵占、私分、挪用法律援助经费的。办理法律援助案件收取的财物，由司法行政部门责令退还；从事有偿法律服务的违法所得，由司法行政部门予以没收；侵占、私分、挪用法律援助经费的，由司法行政部门责令追回，情节严重，构成犯罪的，依法追究刑事责任。

密的。

笔者认为,《法律援助条例》和《律师法》规定的几类刑事犯罪情形均不应当适用于大学生法律援助机构的人员,对于大学生法律援助志愿者的法律责任应当严格限制在民事责任和行政责任之内,应将刑事责任排除在外。

首先,从主体上看,大学生法律援助机构不符合犯罪主体资格。与政府法律援助机构和律师事务所相比,大学生法律援助机构一般依托于高校法学院系而设立,大多数机构均没有进行登记,也没有到有关司法行政部门进行审批或备案,而是由高校自主设立,一般不是独立的法律主体。中国部分高校设立的大学生法律援助机构尽管经过了相关司法行政部门批准,有的也进行了备案,但仍不具有独立的法人资格,不能独立承担法律责任。只有少数高校设立的大学生法律援助机构,如武汉大学社会弱者权利保护中心(现已更名为武汉大学法律援助中心)经过了民政部门批准设立,成为有独立法人资格的民间组织。

其次,从目标上看,大学生法律援助是高校利用自身资源开展公益性的法律援助志愿活动,是弥补政府法律援助力量的不足。大学生法律援助的机构人员主要是在校的大学生,而在校的大学生大部分是刚刚达到刑事责任年龄,他们出于自愿和公益的心态,满腔热情地加入法律援助机构的目的是学习法律,运用法律解决实际问题,但是刑事责任是比较严重的法律责任,刑罚一旦进入大学生法律援助视野,势必会给对学习法律的大学生加重心理负担,正如在实习期间不要给学医的学生太大压力一样。即使大学生真的有《法律援助条例》和《律师法》规定的越轨行为,我们应该本着拯救青年人的心态,"惩前毖后、治病救人",要建立一个容错机制,毕竟,教育目标才是大学生法律援助要实现的第一目标,其次才是服务目标和司法目标。笔者相信,民事责任和行政责任足以维护大学生法律援助的正常秩序。

最后,从后果来看,刑事责任对于在校的大学生来说太过于严苛,后果太严重。刑罚是一个人人谈之色变的词汇,更何况是年少的大学生。如果是因为一次行为越轨，便要求大学生承担刑事责任，其所要承担的责任远远超出其可承担的范围，势必会影响其一生的职业发展和规划，也会严重阻碍大学生法律援助的发展势头，因此，无论从哪个角度来说，刑事责任都不应当适用于大学生法律援助。

因此，对于大学生法律援助的责任，应当严格限制在民事责任和行政责任之内，将刑事责任排除在外。而对于民事责任和行政责任也应当严格的限制在一定的范围之内，不可以随便适用。这将有利于我国大学生法律援助的发展，有利于高校法治人才的培养。

值得一提到的是，有一种例外情形，那就是大学生法律援助机构的指导教师如果以兼职律师身份办理法律援助案件则只要直接适用《法律援助条例》第 26 条和《律师法》第 48 条和第 49 条规定即可。

第七章　大学生法律援助的美好愿景

——构建立德树人法治人才培养机制

第一节　大学生法律援助的现实困境

一、对法律职业道德和社会责任意识培养重视不够

法治社会中的法律职业是一个享有很高社会地位的职业,作为这种良好社会地位的一个重要保证,是因为其具有较高的职业道德。一个职业的社会地位的高低,取决于其是否拥有以及在多大程度上拥有社会公信和社会尊重,而这在很大程度上又取决于社会对它的道德评价。法律职业道德不仅使法律职业具有足够的职业道德内涵,而且还因为这种职业道德所贯穿的服务于社会的精神,而使它同时具有充分的社会道德内涵。正是这种充足的道德内涵,才有效地支撑和巩固了法律职业的社会地位。

目前,各高校在法治人才培养中,法律职业道德和社会责任意识培养被普遍忽视,教育培养手段单一且不被年轻人接受,教学过程往往是通过一门"法律职业道德课程"简单取代对学生法律职业道德的培养,且教学方法和教学手段单一,大多是简单重复的"书面"教育,效果极其不理想,导致在法治人才培养模式中法律职业道德教育被严重忽视,降低了法律职业实际的社会地位。

二、普遍存在重理论、轻实践倾向，难以实现职业教育目标

法学理论教育和法学实践教育是法学教育的两块基石。目前，中国高校法治人才培养中重理论、轻实践倾向严重，表现在两个方面。一是在教学方法上，教学手段大多仍沿袭传统的教学方法，以讲授为主，“填鸭式”的教学方法还很普遍，尽管在有些课程中，教师会引导学生参与讨论，有学生主题发言，但这种参与式、研讨式的教学方法仍属于法学理论教育，与实践教育性质有明显区别。实践教学与理论教学最大的不同是引导学生解决一个个鲜活的现实法律问题或社会问题，而理论教学解决的是逻辑问题和判断问题。二是法学实践课程普遍流于形式，不能达到实践教育的目的，不能实现职业教育目标。比如模拟法庭和法律文书，有些学校甚至在学生本科期间没有举办过一次模拟法庭，学生接受完本科教育后，连基本的法庭程序都不了解，职业应用能力得不到有效训练，缺乏对法律职业领域中的许多技能，如接待、咨询、谈判、起草法律文书等多个方面的必要训练。在课堂上讲解的案例，事实与证据都在一定范围内确定，不像真实案件中会遇到许多未知情况和突发事件，无法锻炼学生的应变能力，也难以激发学生兴趣。此外，随着考研和就业压力的驱动，有些学校大学生的必修实习环节也都流于形式，导致学生实践能力普遍薄弱，无法实现法律职业教育目标。法学教育与实践严重脱节问题严重。

三、法治人才培养效果的评价标准难以实现法治人才的培养目标

在现有的法治人才培养模式中普遍存在对学生评价标准过于片面和单一的问题。学校教学行政主管部门以教学大纲和教学目标为参照，只关注终期教学进度的完成情况、教师和学生的课堂表现、科研成果等静态结果，对学生知识、技能的掌握和职业伦理道德的训练以及实践性教学活动等动态结果无法做到准确考核。目前，各大高校都有期末学生评教环节，看似客

观、全面,实则流于形式。此外,评价内容单一,主要体现在以下三个方面:一是对教学结果的评价仅仅关注如考试卷面成绩等静态的内容,而无视像大学生法律援助这样的案件代理过程、学生职业技能提升情况等动态内容;二是在对学生的评价上,更多关注学生知识储备的增量,而忽视对他们职业伦理道德和职业技能的评价;三是在对教师的评价上,更多关注他们的科研成果和教师课堂表现,而对其实践教学评价很少。笔者认为,现行法学人才培养模式中对培养效果的评价标准不符合法治人才职业性、应用性特点,这种标准评价下,高校很难培养出学生独立思考判断的能力和辨识能力,很难实现法治人才的培养目标。

四、大学生法律援助机构人员流失严重且稳定性不强

法律援助体现的是一种专业性的服务,需要专业人才。大学生法律援助同样需要稳定的专业人才队伍,但根据现有的实际情况,在大学生法律援助机构人员上各高校普遍面临如下几个问题:一是指导教师短缺,大学生法律援助实施过程中需要教师的指导,教师是开展大学生法律援助活动的关键要素,由于理论与实务的高要求,指导教师需要具备一定的理论功底和熟练的实践技能,而目前中国法学院校的教师大多理论知识渊博,却没有熟练的实践经验,这直接导致大学生法律援助的指导教师短缺现象严重;二是专业人才流失严重,各高校对于教师的职称评定往往实行"一刀切",作为从事大学生法律援助工作的指导教师,他们的工作性质与从事理论教学的教师有着很大的区别,案件指导虽然也要求有一定的理论基础,但更多的是需要实务经验,办理一个案件往往周期长,费时费力,指导教师的科研成果很难达到理论教学教师的数量和质量,影响了指导教师参与法律援助工作的积极性,久而久之,便离开了大学生法律援助志愿队伍;三是大学生志愿者稳定性不强,大学生虽然对法律援助工作有很高的积极性,但由于低年级学生缺乏必要的专业知识无法办案,而高年级学生往往面临考研、参加法律职业

资格考试和就业压力，不得不淡出法律援助工作，接替他们的则是另外一群人员，又需经过一段时间磨合和锻炼，造成大学生法律援助工作始终无法连续，人员的流动性大，固定的、有经验的人员相对少，再加上专业教师的缺乏和流失使大学生在提供法律援助时得不到应有的指导，成为大学生法律援助亟待解决的一个问题。

五、大学生法律援助受案范围和权利义务边界不清

目前，《法律援助条例》规定的“经济困难”还没有全国统一标准，由省、自治区、直辖市人民政府根据本行政区域经济发展状况和法律援助事业的需要规定。笔者认为，这样规定的结果必然带来各地经济困难标准不同，困难标准的不统一会使弱势群体在享有法律援助资源方面存在差距，实际上造成弱势群体之间新的相对不平等，从长远来看，容易形成社会矛盾，与此同时，由于经济困难标准的不统一，也给大学生法律援助受案范围带来一定困扰。

此外，《法律援助条例》虽然支持和鼓励社会团体、事业单位等社会组织利用自身资源为经济困难的公民提供法律援助，但由于高校大学生与其他社会团体和事业单位的职员还是有较大的区别，而其他相关规章和文件以及地方性法规、规章也并没有专门规定大学生法律援助机构的法律地位、职能及其志愿者的权利义务。大学生在办理法律援助案件时和律师一样工作，但我国有关法律法规未明确大学生法律援助志愿者能否以独立身份进行法律援助事务，在 2012 年《民事诉讼法》和《刑事诉讼法》相继作出修改后，很多高校大学生的办案身份得不到有关机关的承认。不可否认，为当事人提供法律服务是存在风险的，大学生尚处于学习阶段，失误在所难免，在当事人的权益由于大学生法律援助服务而受到损害时，责任由谁来承担，目前尚无明确规定。

第二节 对大学生法律援助的美好期待

尽管中国大学生法律援助存在着种种现实困境，但我们欣喜地看到大学生法律援助工作仍然取得了拓展。如今，学习法学的大学生遍布大江南北。中国诊所法律教育网在其会员学校一览显示共计 205 个会员学校，其中华中地区 24 个，华北地区 62 个，华东地区 45 个，华南地区 24 个，西北地区 18 个，东北地区 21 个，西南地区 11 个[①]。这意味着全国有 200 多所高校在开展大学生法律援助工作。法律院系的学生都具有一定的法律基本知识，在教师的指导下能够合理地处理部分刑事、民事案件。最重要的一点在于，学生们把为弱者提供法律援助看作学习的机会、神圣的社会责任、使命。学生们都会尽心尽力，力求把案子做到最好。与专职律师相比，学生没有经济利益冲突，不期待物质上的回报，与社会团体相比，学生具有较扎实的理论功底，又能得到富有经验的教师的指点，必定会为法律援助事业注入新鲜血液，带来崭新面貌。我们有理由相信中国大学生法律援助将给我们带来美好期待。

一、在立德树人法治人才培养机制中发挥独特作用

大学生法律援助在德育培养上发挥了独特作用，借助大学生法律援助平台，法学教育实现了在课堂内外将思想品德教育贯穿于法律援助实践教学活动全过程，法学教育真正落实了立德树人根本任务。

二、全面提升大学生的法学实践能力

在实施大学生法律援助志愿活动中，学生与当事人是委托关系，教师进

---

① 资料来源：中国诊所法律教育网：http://www.cliniclaw.cn/，最后访问日期：2020 年 3 月 25 日。

行具体指导,学生直接接待当事人。在这一过程中,学生不得不学会运用综合法律专业知识进行实战,突破了在课堂上仅从本课程所属部门法的角度来分析问题的局限,而必须综合考虑各部门法之间的关系,将“死的法律”转化为“活的法律”。学生的综合判断能力、应变能力、创造能力、逻辑思维能力、语言表达能力以及文书写作能力等随之提高。学生的态度也将从“让自己学习”转变为“自己需要学习”,可以全面提升大学生的法学实践能力。

三、实现教学评价标准的科学化

对大学生法律援助课程①的教学评价模式是根据法律诊所课程教学的任务和目标开创的一种全新的考核模式,是对传统评价模式弊端的纠正。这种教学评价模式具有参评主体多元化、评价内容多样化、评价方法科学性、评价具有全程性等特征。在对学生评价方面,因为课程结束没有考试,所以不以成绩作为评价标准,学生自评成为评价模式中至关重要的一环。无论是教师评价还是学生自评,都更多地关注学生在解决一个案件中所收获的思维、技能、方法和情感体验。所以,即使学生代理的案件败诉了,学生也有可能会得到好评,在办理法律援助案件中逐渐培养独立思考判断的能力、辨识能力,这也是对传统教学评价只看结果不看过程弊端的纠正。

传统的教学评价模式因为评价主体设定单一,评价内容单一,评价缺乏系统性、全面性等缺陷,导致很难培养学生独立思考判断的能力和辨识能力,很难达到法学专业培养目标。由于这种教学评价模式可以做到参评主体多元化、评价内容多样化、评价具有全程性,以更好地适应法学教育教学的特点并作出客观、全面的评价,符合法律人职业性、应用性特点,能够实现法学教育改革的目标。

---

① 这里的大学生法律援助课程主要指法律诊所课程,其采用的评价标准即法律诊所课程评价标准,目前这一标准被广泛应用于国内高校法律诊所课程中,其教学评价模式得到广大诊所教师的认同和采纳。

四、搭建交流互动平台,提升师生专业知识结构

2011 年,国家启动卓越法律人才教育培养计划,2013 年国家实施高等学校和法律实务部门人员相互聘用的“双千计划”。2017 年 5 月 3 日习近平总书记在考察中国政法大学时强调:“法学学科是实践性很强的学科,法学教育要处理好知识教学和实践教学的关系。要打破高校和社会之间的体制壁垒,将实际工作部门的优质实践教学资源引进高校,加强法学教育、法学研究工作者和法治实务工作者之间的交流。”①

通过上述举措和重要讲话指示,法学教育、法学研究工作者、法治实务工作者之间进行了较好的交流互动,取得了一定成绩。但也要看到,随着全面依法治国的实施,特别是司法改革的强力全面推进,法治实务工作者自身部门的工作任务极其繁重,已经无暇顾及法学教育和人才培养,高校教师也忙于教学科研,真正到实务部门进行实质工作的不多。导致实际工作部门的优质实践资源引进高校存在一定障碍,法学教育、法学研究工作者和法治实务工作者之间的有效交流缺乏持续动力。大学生法律援助课程无疑能够架起法律界与实务界有效交流互动的桥梁,高校成立大学生法律援助机构后,教师需要指导学生办案,通过学生到实务部门办理真实案件为纽带,教师在具体指导案件过程中,可以就个案与实务部门进行沟通、交流和协调,同时能够实现法学教育工作者与法治实务工作者之间相互了解和尊重各自的职业,相互学习,取长补短,同时能使专业教师知识结构得到有效改善。

五、缓解政府法律援助的压力

中国法律援助目前的主要问题在于供需矛盾突出,由于资金、人员等方面的限制,光靠政府提供的法律援助,还不能满足社会日益增长的法律援助

---

① 《立德树人德法兼修抓好法治人才培养,励志,勤学刻苦磨炼促进青年成长进步》,载《人民日报》2017 年 5 月 4 日,第 1 版。

需求。况且,政府在提供法律援助之前,对申请人要进行严格的审查,对不符合条件的公民不能进行法律援助。在这种情况下,就需要重视大学生法律援助机构等民间法律援助的力量,一则可以解决政府法律援助供需矛盾问题;二则可以为不符合政府法律援助条件而又确实经济较困难的当事人提供服务,扩大接受法律援助的人员范围。

六、促进社会公平正义

建立法律援助制度有利于实现司法公正和“法律面前人人平等”的原则,司法公正是“社会正义的最后防线”,这是“司法”的本质要求,司法公正不仅在于立法机关制定公正的“善法”,更重要的是有公正的程序。司法人权是人权的重要组成部分。法律援助要以公正的司法程序来保证适用公正的法律规定,作出公正的司法裁判,法律援助本质上是保障司法人权的一项重要制度,是促进司法公正、维护社会正义的重要措施。因此,法律援助是司法公正原则的外在体现。

因此,实施法律援助制度,就是完善平等程序权利的实施机制,是实现“法律面前人人平等”原则所必需的重要法律机制。法律援助事业的发展,有力地促进了司法公正,维护了经济困难公民的合法权益。

大学生法律知识较为丰富、从事法律援助工作的热情高涨,具有很强的社会责任感,众多学生们的热情是高等院校法律援助事业的有力保证。大学生参与法律援助事业不仅可以有效缓解我国法律援助的供需矛盾,具有重要的现实意义,更为重要的是大学生参与法律援助可以为弱势群体伸张正义,增强学生社会责任感,将公益的种子埋藏于心,并在走出校门时将公益的种子撒向世界,可以传播正义,有力地促进社会公平正义。

第三节 大学生法律援助的理想追求：构建立德树人法治人才培养机制

一、大学生法律援助的根本任务：立德树人、德法兼修

《宪法》第46条规定："国家培养青年、少年、儿童在品德、智力、体质等方面全面发展。"党的十九大报告指出："要全面贯彻党的教育方针，落实立德树人根本任务，发展素质教育、推进教育公平，培养德智体美全面发展的社会主义建设者和接班人。"①"十九大报告"明确了"落实立德树人根本任务"，并将"立德树人"的定位置于"全面发展"之上。

立德树人既是《宪法》的规定，也是"十九大报告"作出的明确要求。教育的本质是培养人，将立德树人作为教育的根本任务，表明党对教育如何培养人这一教育本质的新认识。将立德树人的定位置于"全面发展"之上，德育在学校教育中的突出地位，强调促进人的德性成长是教育的首要任务，体现了党对人的全面发展的最新要求，揭示了道德发展与人的全面发展的辩证关系，强调德性成长是人的全面发展的根本保障，体现了党对教育规律的深刻认识。②

把立德树人作为教育的根本任务，具有鲜明的时代特征。为了提高我国的软实力，实现中华民族的伟大复兴，加强德育工作、提高全民族的道德文明素养已成为我国教育战线面临的一项重大而紧迫的战略任务。③

开展大学生法律援助志愿活动，可以实现多种目标，如教育目标、社会

---

① 《党的十九大报告学习辅导百问》，党建读物出版社（学习出版社）2017年版，第36页。

② 教育部课题组：《深入学习习近平关于教育的重要论述》，人民出版社2019年版，第47～48页。

③ 教育部课题组：《深入学习习近平关于教育的重要论述》，人民出版社2019年版，第49页。

目标和司法目标,但大学生法律援助的首先目标是教育目标即培养人。法学教育通过大学生法律援助,可以将德育融入法学实践教学全过程,努力培养德法兼修的法治人才。

在课堂外,在专业教师的指导下,大学生办理真实法律援助案件,可以有效训练学生的法学专业能力,牢固树立以专业奉献社会的理念;在参加庭审活动中,学生可以了解法律的运行状态,补法学教育的短板;在维护社会弱势群体合法权益过程中,学生可以感受公平正义。

在课堂上,教师通过讲授与法律援助相关的课程如民事法律诊所、劳动法律诊所等实训课程,将社会主义法治理念和法律职业伦理培育其中,采取互动式和诊所式教学方法,进行“晚餐式”教学,做到以学生为本,以学生为主体,学生成为课堂的主人。

因此,借助大学生法律援助平台,教师引导学生用爱心关爱弱势群体,用道德滋润民心,用专业奉献社会,着力培育学生的合作精神、团队精神和奋斗精神,在教学中不断提升学生的道德素养、法治信仰和专业水平,从而真正做到培养德法兼修的法治人才。法学教育实现了在课堂内外将思想品德教育贯穿于法律援助实践教学活动全过程,法学教育真正落实了立德树人根本任务。

二、大学生法律援助的发展动力:理论联系实践

2017 年 5 月 3 日,习近平总书记在中国政法大学考察时强调,法学教育要处理好知识教学和实践教学的关系。这实际上是要求法学教育要理论联系实践。法学专业教师要坚定理想信念,带头践行社会主义核心价值观,在做好理论研究和教学的同时,深入了解法律实际工作,促进理论和实践相结合,多用正能量鼓舞激励学生。①

---

① 《立德树人德法兼修抓好法治人才培养,励志,勤学刻苦磨炼促进青年成长进步》,载《人民日报》2017 年 5 月 4 日,第 1 版。

法学是一门实践性很强的社会科学,高校是法学人才培养的主要阵地,法学教育要处理好知识教学和实践教学的关系。知识教学与实践教学是法学教育的两翼,两者相辅相成,缺一不可:一方面,知识教学是教育教学中普遍使用的一种手段,一般是在课堂内完成,是教师给学生传授知识和技能的全过程,知识教学是学生获取专业知识和技能的主渠道,但单纯的知识教育并不能对学生接受知识和掌握知识技能的程度进行全面检测,学生解决实际问题的能力常常被忽视;另一方面,实践教学是巩固理论知识和加深对理论知识理解的有效途径,学生通过实践教学,增强了感性认识,掌握了科学方法,提高了动手能力,拓宽了学生将所学的理论知识与实践相结合的学习途径,突出了学生的主体地位和学习能动性,更加直观了解所学理论知识,能够激发学生的创新能力。

大学生法律援助既是知识教学又是实践教学:大学生法律援助可以设置为一门课程如民事法律诊所、劳动法律诊所,实现课堂教学,完成专业知识教育;大学生法律援助又是实践教学,教师指导学生办理真实案件,进行法治宣传等活动,是对学生的一种专业训练。大学生法律援助实现了法学教育理论联系实践的完美结合。

对教师来说,可以通过大学生法律援助机构,直接参与指导学生办理法律援助真实案件、接待真实当事人等活动,运用法学理论知识解决实际案件,做到理论联系实践,从而丰富其教学内容,提高课堂教学效果。

对学生来说,大学生法律援助为学生搭建了一个理论联系实践、全方位提升自己综合能力的舞台。学生运用所学法学理论知识处理真实案件,理论与实践相结合的能力得到提升。

通过课堂外承办真实案件和课堂上与同学讨论案件以及教师课堂内外的启发式指导,学生能够获得更多的技巧训练,在会见当事人、分析案件事实、收集证据、出庭诉讼、起草法律文书等技能方面的训练得到强化。

此外,大学生法律援助还可以有效培养学生的合作精神,提高学生的品德修养，树立正确的人生观，成为立德树人法治人才培养重要机制。

三、以大学生法律援助为平台，构建立德树人法治人才培养机制

“中国特色社会主义法治道路的一个鲜明特点，就是坚持依法治国和以德治国相结合，强调法治和德治两手抓、两手都要硬。法学教育要坚持立德树人，不仅要提高学生的法学知识水平，而且要培养学生的思想道德素养。”

2018 年 5 月 2 日，在北京大学师生座谈会上的讲话中，习近平总书记指出：“大学是立德树人、培养人才的地方，是青年人学习知识、增长才干、放飞梦想的地方。”“要把立德树人内化到大学建设和管理各领域、各方面、各环节，做到以树人为核心，以立德为根本。”①

大学法学教育首先要解决一个前提问题，那就是培养什么样的人，为谁培养人，怎样培养人的问题。思想道德培育是法学教育不可或缺的内核，它与法学专业教育一道构成完整的法学教育。习近平总书记的系列讲话已经很好地给出了答案，那就是：立德树人，培养德法兼修的法治人才。

法治人才培养是全面依法治国的重要组成部分，是基础性、先导性工作。创新法治人才培养机制，培养造就一批熟悉和坚持中国特色社会主义法治体系的卓越法治人才，是全面推进依法治国的重要保障。

大学生法律援助实践教学活动中，将良好的法律职业道德和公平、正义的社会责任感潜移默化地“内化”于学生的内心，而不再仅仅表现为一种“外化”的行为。学生的法律职业道德和社会责任感在法律诊所实践教学中得以养成，其教育效果比课堂上“讲授式”的教学效果好很多。学生无偿为社会弱者办理真实的案件，没有经济利益的驱动，本身就是一种法律职业道德的培养过程，是社会奉献精神的具体体现，学生通过直接办理真实案件，了解社会弱势群体的法律诉求，体会到利用自己专业知识服务社会的艰辛和

① 习近平：《在北京大学师生座谈会上的讲话》，载《人民日报》2018 年 5 月 3 日，第 1 版。

乐趣，感受到专业的力量，在法学实践能力得到有效训练的同时，社会责任感得到极大增强，公平正义之心得到彰显，思想道德得到普遍提升，从而真正做到了"德法兼修"。

大学生法律援助不仅符合政策要求，[①]也日益成为政府法律援助的重要补充。高等学校法学院系以教师、学生、科研等优势成为提供法律援助的重要力量。大学生法律援助是高等学校充分发挥法学专业力量服务社会的重要方面，也是开展法学实践教学，培养学生服务意识、公益精神和扶贫济困传统美德的重要载体。通过培育学生的法律职业道德，树立公平、正义观念，培养学生社会责任感，实现"立德树人"的教育目标。

"立德树人，德法兼修"是在全面推进依法治国，建设法治中国的大背景下正式提出的法治人才培养机制。立德树人是我国教育工作的总方向，是党和国家对人才培养的总要求，也是我国高等教育的根本使命。立德树人、德法兼修是我国法治人才培养和法学教育的总方向、总要求和总纲领。法学教育和法治人才培养必将以此为指引，把法治精神的培养和道德品格的养成紧密结合起来，着力培养德法兼修的高素质法治人才，构建立德树人法治人才培养机制。

---

① 中共中央办公厅、国务院办公厅《关于完善法律援助制度的意见》提出：鼓励和支持人民团体、社会组织开展法律援助工作。深入开展法律援助志愿服务行动。

第二编　调 研 报 告

引　　言

2003年实施的《法律援助条例》规定，法律援助是政府的责任，政府应当采取积极措施推动法律援助工作，为法律援助提供财政支持，保障法律援助事业与经济、社会协调发展。然而，单靠政府推动法律援助工作还是显得力不从心，必须发动社会力量参与法律援助工作，支持和鼓励社会团体、事业单位等社会组织利用自身资源为经济困难的公民提供法律援助。大学生法律援助应运而生，业已成为中国法律援助事业的重要组成部分。高校是我国法律知识人才的集聚地，截至2017年，我国设立法学本科专业的高等院校已达627所，在校法学各类学生超过40万人，目前，已有205所高校正在开设或准备开设与大学生法律援助相关的法律诊所课程，大学高年级法科学生法律知识较为丰富，对法律援助工作热情高，具有很强的社会责任感。[①] 鼓励和支持大学生参与法律援助工作，可以有效弥补政府法律援助力量的不足，缓解我国法律援助的供需矛盾。

为了解中国大学生法律援助机构当前的设立情况、人员结构、经费来源、监督管理、援助方式、案件代理情况以及社会对于大学生法律援助机构的满意度情况，笔者组织成立了"中国大学生法律援助实施状况调查组"，对

① 张文显：《中国法学70年的回顾与前瞻》，载中国法学教育网：http://new.cupl.edu.cn/info/1015/9069.htm，最后访问日期：2019年10月10日。

上述问题开展调研。由于本次调研时间短,笔者决定先调查国内正在实施司法部中国法律援助基金会中央彩票公益金法律援助项目的高校,这些高校均在开展大学生法律援助工作,办理法律援助案件。除上述高校外,我们还把调查对象扩展到笔者联系较为紧密的高校,通过对全国近 40 所大学生法律援助机构进行网上问卷调查,获取有效问卷 38 份。2019 年 1 月,笔者还前往部分高校,对大学生法律援助机构进行实地考察,采取面对面访谈、电话交流等方法开展调研。本调查报告就是依据上述调查方法取得的数据和采集的信息撰写而成,笔者试图依据第一手资料,包括调查数据和信息,对大学生法律援助的实施状况进行分析说明,为大学生法律援助的发展贡献绵薄之力。

第一章　大学生法律援助机构设立分析报告

第一节　机构设立的时间分析

一、背景分析

司法部在1994年开始实施法律援助试点工作,1996年建立司法部法律援助中心以领导和推动全国法律援助工作,1996年颁布的《刑事诉讼法》和《律师法》以国家立法的形式对我国法律援助制度作出明文规定。[①] 大学生法律援助是中国法律援助制度的重要组成部分,以包括本科生、硕士生、博士生在内的高校大学生为主体,以所在学校为平台,面向社会无偿为弱势群体提供法律服务。在校大学生通过自己的理论知识、资源优势在教师的指导下,为寻求帮助的弱势群体提供诉讼代理、法律文书代写,无偿法律咨询等法律服务。

(一)武汉大学

大学生法律援助率先在武汉大学开展,1992年5月武汉大学成立了“社

---

① 唐炳洪:《建立与完善我国法律援助制度的思考》,载《甘肃政法学院学报》1998年第2期。

会弱者权利保护中心”。这是一个由法学教师、律师和青年大学生组成的提供法律援助服务的社会公益性服务组织。该中心自成立以来，无论是培养学生实践能力还是培养学生社会责任感都取得了卓越成效，赢得了广泛赞誉。中心的指导教师除了传统的课堂讲述之外还注重对学生的实践教学，从接待当事人到出庭进行诉讼代理，对学生办案全过程进行指导。在武汉大学的社会弱者权利保护中心，学生在提供法律援助的过程中灵活运用知识，具备了基本的实务技能。

（二）北京大学

北京大学法律援助活动最早起源于1994年，北京大学法律系学生成立了北京大学法律救助协会。北京大学法学院的学生在低年级阶段通常先参与法律援助协会的法律援助活动，形成对法律援助实践的初步认识；在高年级阶段参与北京大学法律诊所课程，通过诊所式法律教学指导向社会提供专业化法律援助。北京大学法律救助协会主要接办的案件类型包括合同纠纷、房屋产权关系、婚姻家庭财产与继承纠纷、抚养与赡养、继承、交通事故、医疗事故、消费者权益保护、劳动权益保护、土地权益保护、行政诉讼案件、民事赔偿执行案等。

（三）南京大学

南京大学法律援助中心的志愿者全部由大三和大四的学生组成，大三、大四的学生经过几年的专业学习与训练，已经基本具备法学素养，并已经确定研究与发展方向，在此基础之上具体参加法律援助中心的实践活动。这种人员结构能保证法律援助的质量，真正起到架构实践平台的作用，南大法律援助中心开展活动的效果与质量得到了社会各界广泛的认可。

（四）山东大学

山东大学学生法律援助中心严格按照《中央专项彩票公益金法律援助

项目实施与管理办法》的要求实施项目，并结合《山东大学学生法律援助中心代理诉讼策划方案》的具体要求执行对农民工、残疾人、老年人、妇女家庭权益保障和未成年人五类困难群体的诉讼代理工作。山东大学以《中央专项彩票公益金法律援助项目实施单位申请书》所确立的预期目标和实施计划作为工作指南，结合山东大学法律援助中心自身特征，确立项目实施的目标。

（五）北京航空航天大学

北京航空航天大学法学院成立于2002年，并于同年设立北京航空航天大学法学院法律援助中心，面向社会公众开展公益法律援助活动。2009年法律援助中心正式改组更名为北京航空航天大学法学院公益法律服务中心（以下简称中心）。中心是一所为社会公众提供无偿法律服务的专业性公益机构，依托法学院丰富的师资、学术和学生资源，弘扬"乐于奉献、扶困济弱"之精神，践行北航"德才兼备、知行合一"的校训，捍卫法治"公平正义"的理念，为广大群众特别是社会弱势群体答疑解惑，排忧解难，尽己之力贡献于公益事业。

中心由北京航空航天大学法学院院长龙卫球教授任名誉主任，副院长付翠英教授任主任，陈巍博士任执行主任，并由多名具有司法实务经验及博士学位的教师担任督导老师。中心还邀请多位知名法学教授组成学术专家顾问团，并邀请法律实务部门资深人士组成实务专家顾问团，为中心提供强大的智力支持。中心工作人员由在校研究生和本科生组成，现有一百余名专职工作人员。中心精心选拔并培养素质高、能力强、富有公益心和责任感的优秀学生，其中近半数是通过国家司法考试（法律职业资格考试）的硕士研究生。中心由专任教师担任负责人，形成了以学生办案，教师负责组织管理和指导监督运作模式。中心有12名具有司法实务经验的法学院教师负责指导和监督学生承办法律援助案件，还聘请了8名致诚公益团队的优秀律师作为校外兼职督导教师。中心每年9月选拔80余名责任心强、素质高、富有公益心的高年级本科生和硕士、博士研究生。中心为社会公众提供完全免费的法律服务，服务对象为妇女、未成年人、残疾人、老年人、学生、农民工等社会弱势群体。中心积极开展接待来访、电话咨询、网络咨询、代写文书、法律援助和普法宣传等形式多元的法律服务工作，业务领域包括民事侵权、劳动者、消费者、婚姻家庭等方面的权益保护。

中心的法律援助工作得到了中国法律援助基金会的大力支持。2010年4月，中心获批成为“中央专项彩票公益金法律援助项目”高等法学院校社团组织实施单位。该项目是贯彻落实中央“保增长、保民生、保稳定”决策部署的一项重要举措，充分体现了党中央、国务院对法律援助工作的高度重视和亲切关怀。依托项目支持，中心引入专业律师事务所的案件管理机制，建立健全规章制度，实行岗前培训、团队合作、教师监管、案件汇报、文书审批制度，确保高质量的承办法律援助案件。

中心与地方政府、司法行政部门建立密切合作关系，扎根基层，服务社区，积极开展形式多样的社区法律服务活动，为社会的稳定和谐贡献一份力量。中心作为北航法学院开展诊所式法律教育的基地和平台，遵循法律诊所课程的特点和规律，寓法律教育于公益服务，积极探索法学教育模式的改革。

（六）哈尔滨商业大学

哈商大法援是黑龙江省法律援助中心下设在哈尔滨商业大学的分支机构，经黑龙江省司法厅（黑司函〔2001〕100号）批准，于2001年7月21日成立，是黑龙江省内高校设立最早、规模最大、组织最严密、运作最规范的学生法律援助机构。其接受黑龙江省司法厅、黑龙江省法律援助中心的领导，在司法行政机关的监督和指导下开展各项工作；工作部由律师、法学教师及众多专家学者组成顾问团，以法学院学生为主体并结合各院系优秀学生共同组成理论水平扎实、实践能力突出的法律援助队伍。

《民事诉讼法》修改后取消了公民代理，使学生及没有律师执业证的教师不能以公民代理的身份办理法律援助案件。一段时间内，工作部几乎无案可办。为了解决这一困扰工作部多年的难题，工作部部长石贤平副教授多次往返学校与省司法厅之间，汇报工作，提出困难，积极沟通，最后以黑龙江省法律援助中心推荐函的方式为师生解决办理法律援助案件身份问题。2016 年 10 月 27 日，哈尔滨市道外区人民法院正式下达了工作部大三志愿者代理的一起离婚案件判决书，自此，工作部成功解决了《民事诉讼法》修改后学生不能出庭应诉办理法律援助案件的困境，为中央专项彩票公益金法律援助项目在我校的开展奠定了坚实基础。

近年来，工作部承担了《法律诊所综合教实验基地运行机制研究》等四项与法律援助或法律诊所相关的省级教改课题，并与黑龙江省法律援助中心、哈尔滨市法律援助中心、哈尔滨市松北区委政法委、黑龙江义正律师事务所签订了长期合作协议。工作部还连续多年出版内部刊物《商大法援》，刊印了《学生视野中的法律之维——哈商大学生援助案件精编精析》等法援刊物。

二、问卷分析

我国大学生法律援助机构作为政府法律援助机构的有益补充，在我国法律援助事业中扮演着重要的角色，不仅成为我国社会弱势群体寻求法律援助的一条有效途径，而且成为高校法学专业教育中培养应用型法律人才开展实践教学活动的重要手段。为了解大学生法律援助机构的发展状况，哈商大法援理论研究中心在中国法律援助基金会的大力支持下，向目前正在开展法律援助工作的近 40 所高校进行了调查，通过网络调查，共获得 38 份有效调查问卷，初步了解了大学生法律援助实施状况，本调查报告将依据 38 份有效问卷进行具体分析。

通过表 1 – 1 我们可以看出，在 1990 年至 1995 年，只有一所高校成立了法律援助机构，占比 2.63%；1996 年至 2000 年，已经有三所高校创办了法律援助机构，占比 7.89%；2001 年至 2005 年，陆续又有 4 所高校加入法律援助的行列，占比 10.53%；2006 年至 2010 年，有 5 所高校建立法律援助机构，占比 13.16%；在 2011 年至 2015 年，21 所高校设立法律援助机构，占比 55.26%；2016 ~ 2019 年 4 所高校建立法律援助机构。

表 1 – 1　机构设立的时间分析

时　间	数　量(个)	比　例(%)
1990 ~ 1995 年	1	2.63
1996 ~ 2000 年	3	7.89
2001 ~ 2005 年	4	10.53
2006 ~ 2010 年	5	13.16
2011 ~ 2015 年	21	55.26
2016 ~ 2019 年	4	10.53
本题有效填写人次	38	100

国内高校的法律援助工作从 1990 ~ 1995 年属于起步阶段，此后虽然不断有高校设立法律援助机构，但总体发展比较缓慢，直至 2011 ~ 2015 年，大学生法律援助机构在全国大范围开展，在参与调查的高校中，超过五成的高校是在这一时期建立法律援助的机构。2010 ~ 2015 年这一时间段是全国开展大学生法律援助的黄金时期。进入 2016 ~ 2019 年这一阶段，新加入法律援助队伍的高校开始减少，大学生法律援助工作呈现出较为稳定的发展态势。

大学生法律援助与法律诊所同根同源，绝大多数的大学生法律援助机构是在法律诊所基础上发展而来。2002 年 7 月 28 日成立了“中国法学会法学教育研究会诊所法律教育专业委员会”，旨在团结和组织全国从事诊所法律教育的工作者，开展诊所法律教育的理论与实践研究，开展国内外诊所法律教育的交流与合作，推进诊所法律教育事业在中国的普及、推广、繁荣和发展。2011 年 12 月 23 日，我国政府决定正式启动“卓越法律人才培养计划”。为了实现上述目标，中国政府通过制定行政法律规范文件的方式，明确要求把培养应用型、复合型法律职业人才作为实施卓越法律人才教育培养计划的重点。在实施该计划过程中，要强化学生法律职业伦理教育和法律实务技能培养，提高学生运用法学与其他学科知识方法解决实际法律问题的能力，促进法学教育与法律职业的深度衔接。设有法学院系的高校需要在理论教育基础上提供实践教育。由法律诊所发展而来的大学生法律援助机构就成了最适合的实践平台，这也是大学生法律援助机构在 2011 ~ 2015 年设立最多的主要原因。

三、调研的不足

现阶段，由于调查数据具有局限性，还有很多设有法律援助的机构的高校并没有参与此次调查，笔者只能根据现有的数据和文献、专著以及中国法律诊所教育网的数据进行分析，因此，此次调研对于很多开展法律援助机构的高校的具体情况因资料有限没有进行更为深入的了解。

第二节　机构设立的性质分析

一、背景分析

高校的法律援助组织可分为以下三类：与法律诊所相结合的学生社团、政府法律援助机构下设的法律援助工作站和高校自行设立的法律援助中心。

学生社团形式的大学生法律援助组织是指依社团章程自主开展活动的学生群众组织，由法学院学生自主管理的组织形式，具有独立性较强、组织数量多、法学学生参与度大等优点，且设立程序简单。绝大多数大学生法律援助组织采取这种形式，虽然该类组织在名称上大多采用“法律援助中心”“法律援助协会”“法律诊所项目组”等，但其本质上还是由学生自愿组成的，按照既定的章程开展活动的公益性组织，受学校管理，仍然属于学生社团。

法律援助工作站是政府法律援助机构下设的组织，经司法部门批准设立，依托法律援助中心，面向基层，从事法律援助工作。之所以采取法律援助工作站的形式是因为学生以社团形式开展的法律援助组织在代理案件时，往往会遇到司法机关不配合的现象，并且现行法律规定对公民个人代理的行为有诸多限制，调查取证权、查阅案卷权利都无法得到有效保障，从而直接影响受援人的合法权益；若以大学生法律援助组织的身份参加诉讼，司法机关往往认为其未经注册登记，不具备诉讼主体地位。政府法律援助机构与大学生法律援助组织相结合，为高校师生参与社会公益性法律援助服务提供了更宽广的平台，援助工作站的师生凭借法律援助志愿者聘书，获得了“身份证明”，为代理法律援助案件提供了诉讼主体资格依据。

高校设立的法律援助中心不同于学生社团以学生自我管理为主的形式，它是为满足实践教学的需要而由学校法学院教师主导创办，由师生共同营运服务的组织形式。高校设立的法律援助中心作为大学生法律援助组织的一种，既不是学生社团，也非政府法律援助中心的下设组织，而是由法学院设立的教学实践基地。法律援助中心的业务主要在于开展普法宣传、法律咨询以及代理法律援助案件。与法律诊所教学相辅相成，既锻炼了法学院学生的实践能力，又丰富了大学生法律援助组织参与法律援助的形式。

二、问卷分析

通过表 1－2 可以看出，有 4 所高校是由政府批准设立的政府法律援助分支机构，占比 10.53%；有 31 所高校为高校法学院系设立并管理的大学生法律援助机构，占比 81. 58%；有 2 所高校为高校团委或学工部等设立的大学生法律援助社团组织，占比 5. 26%；有 1 所高校为其他性质的组织，占比 2. 63%，还没有出现有学生自行组织的宣传型法律社团组织。

表 1－2　机构设立的性质分析

选　项	小　计(个)	比　例(%)
政府批准设立的政府法律援助分支机构	4	10. 53
由高校法学院系设立并管理的大学生法律援助机构	31	81. 58
由高校团委或学工部等设立的大学生法律援助社团组织	2	5. 26
由高校科研机构设立的法律援助研究机构	0	0
学生自行组织的宣传型法律社团组织	0	0
其他	1	2. 63
本题有效填写人次	38	100

通过现有的数据并结合背景分析可以看出，现阶段大学生法律援助设立的性质主要有三类：一是政府批准设立的政府法律援助分支机构，二是由高校法学院系设立并管理的大学生法律援助机构，三是由高校团委或学工部等设立的大学生法律援助社团组织。

绝大多数的大学生法律援助机构由高校法学院系设立并管理，只有1/10的院校为政府批准设立的政府法律援助分支机构，只有个别的高校为学校社团组织和其他性质组织。

大学生法律援助作为中国法律援助制度的重要组成部分，它以包括本科生、硕士生在内的高校大学生为主体，无偿为社会弱势群体提供公益性法律服务。由于目前尚无明确的法律清晰地厘清其性质，对于定性也有不同观点和看法。对于政府批准设立的政府法律援助分支机构而言，大学生法律援助机构是在弥补现有政府力量不能满足社会上的法律援助的需求基础上设立的，可以视为准政府组织。对于高校法学院系设立并管理的大学生法律援助机构而言，其性质应为一般的公益性团体，在此类法律援助机构中,其组织设立一般附属于其所在的高校。而从现有的规范性文件可以看出,大学生法律援助被视为社会组织类型的法律援助。但是,大学生法律援助组织的合法性和权威性没有得到充分的认可,因此许多高校援助组织没有足够的实践机会,需要帮助的人由于组织合法性和权威性的缺失,并未被需要法律援助的人群所知晓,如此的恶性循环不仅无法充分发挥大学生法律援助组织的作用,更让需要法律帮助的广大人民群众缺少了寻求帮助的平台,在一定程度上影响着大学生法律援助的认可程度。

对于由法律援助机构高校团委或学工部等设立的大学生法律援助社团组织,此种性质的大学生法律援助机构在搜集到的数据中占比较少,可以将其认定为普通学生社团,主要由团委或学工部管理,在管理模式、管理理念上受到学校对于其他社团组织管理的经验影响,发挥法律援助机构应有的职能也会受到一定限制。

笔者认为,既然大学生法律援助机构作为政府国家法律援助的补充,那么对于这类法律援助组织应该有高级别的定位以方便大学生法律援助机构的工作人员开展工作,减少法律援助工作的阻碍,才能真正起到补充作用,真正为需要援助的群众排忧解难。

三、不足之处

大学生法律援助形式多样且十分灵活,现收集到的数据中,有一所高校的法律援助的性质由于采集方式受限,没有获知其性质。由于国内开展大学生法律援助机构的数量无法准确得出,所以只能依据现阶段设有法律诊所高校的数量加以推论。同时,许多高校并没有参与此次调查,其大学生法律援助机构性质可能有在本分析报告中提到的种类之外。

第三节　机构设立的地域分析

一、背景分析

1992 年 5 月 20 日挂牌成立的武汉大学社会弱者权利保护中心是我国第一家在高等院校设立的大学生法律援助组织。1994 年 1 月，司法部提出在北京、上海等地开展法律援助试点工作。1995 年 2 月，“北京大学法律援助协会”在北京大学成立。同一时期，一个专门从事妇女权益研究和为妇女提供专项法律援助的民间法律援助组织也在北京大学的法律系设立。1996 年 10 月，复旦大学成立“复旦大学学生法律援助中心”，其成员主要为复旦大学法律系的在校本科生，也是我国第一个以大学生志愿者的身份开展法律援助的高校法援组织。1997 年，华东政法学院（华东政法大学）成立“华东政法学院法律援助中心”；1999 年，烟台大学设立“学生法律援助志愿者活动中心”；1999 年 9 月 10 日，金陵科技学院作为首批获得江苏省法律援助基金会“法律援助资助项目”的高校，成立了金陵科技学院法律援助中心；2000 年 5 月，在中南财经政法大学和美国福特基金会的大力支持下，中南财大成立“法律援助与保护中心”。2000 年 9 月，北京四所高校（中国人民大学、清华大学、北京大学、中国政法大学）的数十名法律专业研究生自发成立了“My law 大学生法律援助中心”；[①]2001 年，哈尔滨商业大学成立工作部。该工作部是经黑龙江省司法厅批准的，是省法律援助中心在哈尔滨商业大学设立的法律援助工作机构，该机构在业务上接受省法律援助中心管理、指导和监督。2003 年国务院颁布《法律援助条例》后，我国大学生法律援助机构开始逐渐在全国开展。大学生法律援助机构成为各个地区不可缺少的法律

---

① 宫晓冰：《中国法律援助制度培训教程》，中国检察出版社 2002 年版，第 79 页。

援助力量。

我国大学生法律援助机构由武汉出发，经过北京、上海的试点，扩散到各个政法学院相继设立法律援助机构，随后在高校密集地区和经济发达地区开始逐步壮大。大学生法律援助机构的地域特点与高校自身密不可分，在法学学科中拥有强劲的实施力量的学校，其设立大学生法律援助机构往往较早。

二、问卷分析

根据对于大学生法律援助机构设立地域的分析，在38份有效数据中，有16所大学生法律援助机构来自河北，占比42.11%；北京、湖南、广西、河南每个省或是直辖市都有三所高校开展法律援助机构，占比均为7.89%；江苏与安徽分别有二所高校开展法律援助工作，占比5.26%；湖北、黑龙江、宁夏、山东则都有一所高校开展法律援助机构，占比2.63%。

通过上述数据的分析，除未参与本次调查的高校外，京津冀地区开展的最多，占比四成以上。其余的大学生法律援助机构主要集中于我国中部、东部人口稠密的省份。东部地区大学生法律援助开展较早，对于法律援助的规章制度以及管理安排也较为完善。而中部省份崛起也需要法治的健全，法律援助的深入。在本次调查中开展大学生法律援助最多的省份是河北省，在京津冀协同发展中，法治的发展也不能落后，设有法学院的高校基本都开展了法律援助，同时河北省人口基数也较大，高校开展法律援助也为政府法律援助的不足进行补充。

三、不足之处

本次通过网络问卷采集的有效数据较少，造成了现实情况与问卷数据脱离的现象。也未能从现有数据直观地感受到不同地域大学生法律援助的状态，但是可以肯定的是，大学生法律援助机构已在全国范围内生根发芽，砥砺成长。

第二章 大学生法律援助人员结构分析报告

第一节 人员结构的年龄分析

一、背景分析

大学生法律援助人员作为大学生法律援助的重要主体,其地位和作用都十分重要。法律援助是扶贫、扶弱、扶残,实现法律面前人人平等的法律制度,是人类文明的捍卫者,是实现“司法公正”的有效保障,是社会稳定、经济发展的客观需求,是民众合法权利的保护神。在当今和未来社会中,建立和完善大学生法律援助制度、明确大学生法律援助人员的概念,无不具有紧迫性和必要性。在许多国家和地区,法律援助能够覆盖广大的人口,其中一个重要原因就是有众多民间法律援助组织的积极参与,形成了各种非政府组织、社区以及志愿者组成的社会支持系统。社会支持系统的建立和运行,一方面缓解了法律援助人力资源的紧张状况,另一方面也解决了在扶助弱势群体过程中可能存在的“政府失灵”的问题。作为高等学校的法学院,在法学理论研究方面有着得天独厚的条件,对于复杂的社会生活中出现的各类问题和新矛盾,更能从普遍的法理中找到维护当事人合法权益的依据。我国现有普通高校大多都设置了本科法律专业,这些法律专业的在校师生是一支可以引导、培养的法律援助的后备力量。

大学生法律援助人员是指按照法律法规的有关规定，接受大学生法律援助组织的指派，向社会无偿提供法律援助服务的人员。大学生法律援助组织的服务人员主要以在校学生为主。首先，随着学生毕业离校或升入高年级后，志愿者们将主要精力转向了准备升学考试或就业等方面，在这种情况下，志愿者的服务热情锐减，纷纷退出志愿服务，导致志愿者流动性很大，志愿者队伍不稳定。其次，由于志愿者是在校大学生，专业知识不够全面，缺乏一定的实践和社会经验，人际交往和沟通能力也存在缺陷，致使工作难以顺利开展。此外，由于志愿者是在校大学生，从自身素质来看，大学生有热情、有朝气，希望能为构建和谐社会作贡献，但对法律问题的认识和思维方式还不够成熟，只是简单地把事物看成是与非、黑与白，不能很好地把握事物的本质，面对复杂问题束手无策，不能真正实现法律扶贫、扶弱的目标。加之目前志愿者体系不健全、人们对志愿者身份理解的不全面，导致大学生志愿者自我实现感受挫，积极性受到打击。

二、调研分析

通过对多所高校进行调研和访谈，受访大学生法律援助机构人员的数量从大学一年级到大学三年级逐渐减少，研究生则集中在研究生一年级和二年级，同样是低年级学生人数多高年级人数少。在参加法律援助活动的本科生中，能较为独立提供法律援助的人员主要为大二、大三年级学生，大一年级新生虽然人数最多，但由于刚刚进入大学校门，并不能单独提供法律援助服务。研究生不区分年级，均可单独提供服律援助服务。

在校法科生是大学生法律援助机构的办案主体，通过调查大学生参加法律援助机构的情况，看知大一、大二的学生对法律援助机构充满好奇，是大学生法律援助机构中人数最多的群体，但是他们刚刚接触法学课程，完整的法律知识框架还未形成，他们在法律援助机构中更适合做些辅助性的事务工作,很难在案件处理中独当一面。高年级的学生虽然掌握了一定的法律知识,却又面临着国家法律职业资格考试、考研、找工作等问题,很难将大部分精力投入大学生法律援助工作中来。研究生有较好提供法律援助的能力,但是也有较大的课业压力,同样也会受到就业等问题的影响。

综合实际情况与调研访谈结果,现阶段大学生法律援助机构人员的年级分布情况,为主要分布在本科一年级至三年级,能够提供较高质量法律援助服务的为大二、大三年级,研究生都可以较好地独立提供法律援助。

三、不足之处

本次调研的目标院校较少,虽然得出结论与当下实际情况相吻合,但是调研的学校数量有限,不能完整地反映当下大学生法律援助机构人员的年级分布情况,需要增加数据以保证得出的结论与实际相符。

第二节　人员结构的比例和规模分析

一、背景分析

大学生法律援助机构提供法律援助服务有其独特优势:首先表现在人力资源丰富,我国许多高校法学院教师理论知识深厚渊博,不仅具有律师执业资格,而且具有独立承办重大疑难案件的经验,法学院部分学生也有法律职业资格,高校法学院无疑是一支高素质的法律援助力量。其次是服务成本低,服务质量较高。大学生法律援助机构中的工作人员以学生为主,学生服务热情高,受援人普遍较满意,通过法律援助大学生获得实践锻炼,而且不收取任何服务费用,也无须支付工资且能实现对经济困难的当事人的援助作用。法律援助作为教学和科研途径,在老师指导下,学生办案质量与学习成绩挂钩,也保证了法律援助的质量。大学生法律援助机构与人员的特征主要表现在以下几个方面：

（一）社会性与公益性

高校设立法律援助机构，使得课堂上的法律教学能够服务于社会。同时，高校的参与，也使中国的法律援助事业增添了巨大的力量，并且吸引了更多的具有无私奉献精神的法律援助者参与进来，更好地促进知识与地方经济的结合。

（二）专业性与实践性相结合

法律援助工作的特殊性质决定了法律援助工作者的专业性。正是法律援助工作，锻炼了学生的综合能力和实践能力，使学生的专业性能够和社会实践相结合。在法律援助的过程中，一个案件从接待到取证、开庭、案卷整理归档，往往涉及多个法律部门、多门社会科学知识。通过法律援助，可以综合地培养学生运用各种法律知识、社会科学知识乃至社交知识的能力。

（三）缺乏法律规范和保障

现行法律援助的规定过于笼统，导致除上文中提到政府法律援助中心下设在高校的工作站以外的其他大学生法律援助机构无法依照法律规定以自己的名义独立地开展法律援助工作，以至于大学生法律援助机构为学生办理法律援助案件所出具的公函得不到公检法等机构的认可，学生只能以普通公民的身份承办法律援助案件。而根据《刑事诉讼法》《行政诉讼法》的有关规定，学生以普通公民的身份办理刑事案件、行政案件时，其享有的权利有限，比如他们不能到看守所会见在押的犯罪嫌疑人，不能到政府部门就行政案件进行调查取证等，这不仅损害了需要法律援助的社会弱者的诉讼利益，还导致学生无法锻炼自己的实践能力。

二、问卷分析

在本次调查中对大学生法律援助机构教师团队负责人情况进行分析发现,7 所高校的教师团队负责人为专职工作人员,主要由辅导员或政工干部组成,占比 18.42%;6 所高校的教师团队负责人为兼职教师,占比 15.79%;24 所高校的教师团队负责人为专职教师,占比 63.16%;1 所高校的教师团队负责人为其他类型,占比 2.63%;没有高校的教师团队负责人为返聘教师或社会聘请的工作人员(见表 2-1)。

表 2-1 大学生法律援助机构教师团队负责人情况

选项	小计(人)	比例(%)
专职工作人员(辅导员或政工干部)	7	18.42
兼职教师	6	15.79
专职教师	24	63.16
返聘教师或社会聘请的工作人员	0	0
其他	1	2.63
本题有效填写人次	38	100

通过表 2-2 可以看出,参与大学生法律援助机构学生人员数量在 10 以内的只有 2 所高校,占比 5.26%;11~20 人的有 1 所高校,占比2.63%;21~30 名学生的高校为 5 所,占比 13.16%;30 名学生以上的大学生法律援助机构为绝大多数,占比 78.95%。

表 2-2 大学生法律援助机构学生团队人数

选项	小计(个)	比例(%)
10 人以内	2	5.26
11~20 人	1	2.63
21~30 人	5	13.16
30 人以上	30	78.95
本题有效填写人次	38	100

通过以上数据可以看出,大学生法律援助机构教师团队以5~10名指导教师最为常见,有四成以上,其次则是由4~5人的教师团队数量最多,在两成以上。拥有10人以上的教师团队最少,只有6所高校。对于大学生法律援助机构学生团队来说,大多数高校的人数规模在30人以上,能够保证日常的工作运行,也有少量的学生团队规模在20~30人,在20人以下的学生团队比较少见。

教师团队的数量对大学生法律援助办案的质量有很大影响。当下大学生法律援助的困难之一就是高素质指导教师人员不足,法律援助作为一种专业性要求较高的服务,自然需要高素质的人才与之相匹配。如果提供法援服务的人员法律素养不高,则不能维护受援对象在实体法上的权利,也会影响大学生法律援助机构的社会评价。作为培养法律人才摇篮的高校法学院系,专门性法律人才最集中的地域,完全有实力为大学生法律援助事业提供最强大的人力资源支持,但是事实情况却与理想状态有一定的背离。虽然法学教师通常具有较高的法学理论功底,可以对法律援助成员提供专业的法律知识指导。但是我国高校法学教师本身教学任务繁重,法律实务经验方面较为欠缺。在我国目前的法学教育体制下,法学教师除了完成课程讲授工作外,更多的精力会投入学术研究中去,对于指导大学生法律援助机构学生参与法律援助的工作积极性不高。现阶段的教师职称评定通常以完成课程教学的质量、学术论文的发表数量、科研课题的结项数量等作为考核指标。法学教师指导、管理学生参与或亲自代理法律援助案件,不仅需要消耗大量课余时间,承担较大的诉讼风险,而且对于教师的工作考核、职称评定、评优选先等方面没有任何助力。

大学生法律援助学生团队从现有数据来看,当前大学生法律援助机构学生团队数量以30人以上为主,人数与现在高校社团规模类似,从参与大学生法律援助机构的人数方面考虑,学生有极大的可能性将大学生法律援助机构看作是学生社团。学生参与人数多的大学生法律援助机构大体上案件数量较多,管理相对稳定,并且已经有一定的知名度。对于学生团体规模,笔者认为,作为专业性较强的组织,人数不宜过少,人数过少会影响法律援助工作的效率,也会给参与工作的同学增加过度负担,也不利于激发学生的积极性,而学生数量过多则会使部分同对法律援助工作参与度过低,不宜产生归属感,并且不能真正起到锻炼学生的效果,反而脱离了机构本质,成为普通的校园社团。对于法律援助机构人数和规模的管理需要进一步研究,使其发挥最佳功效。

三、调研的不足

大学生法律援助机构人员的比例和规模大小与多种因素相关,所在高校支持程度、所在地区司法部门支持程度、该校法律援助机构本身的办案质量、是否具有品牌效应等,都会对大学生法律援助机构产生促进或阻碍的作用。现阶段采集的数据数量较少,还不能够准确地反映我国大学生法律援助整体的发展态势,加之各个大学生法律援助机构也具有其独特的特点,对于回收的 38 份有效问卷加以分析而得出的结论难免会有以偏概全之嫌。

第三节　人员结构的专业背景分析

一、背景分析

建立完备合理的法律援助体系,不仅需要法律援助机构,还需要一批高素质的法律援助人员为当事人提供法律援助服务。大学生法律援助人员在大学生法律援助制度中有着重要的地位和作用,因此,厘清大学生法律援助人员的概念与特征,对大学生法律援助机构的制度建设有着重要意义。

国务院颁布的《法律援助条例》第 8 条规定,国家支持和鼓励社会团体、事业单位等社会组织利用自身资源为经济困难的公民提供法律援助,由此,在制度层面上，由政府主导、社会力量广泛参与的法律援助模式已经确立。高度重视和充分利用社会资源，尤其是吸纳具备一定法律素养的人员及所在组织参与，是弥补法律援助力不足的现实路径。

据此，大学生法律援助人员是指按照法律法规有关规定，接受大学生法律援助机构的指派，向社会无偿提供法律援助服务的人员。

大学生法律援助人员具有以下特征：

1. 援助服务的无偿性

大学生法律援助是一种司法救济行为，因此在办理这类案件时，提供的服务是无偿的。《法律援助条例》第 22 条明确规定："办理法律援助案件的人员，应当遵守职业道德和执业纪律，提供法律援助不得收取任何财物。"如果有收取财物的情形，条例规定由司法行政部门责令退还违法所得。

2. 法律责任的严格性

大学生法律援助为社会贫弱者免费提供的法律服务，大学生法律援助志愿者代表所在高校和院系履行法律援助的职责。为保证法律援助工作的依法进行，保障其目的、任务的有效实现，《法律援助条例》专章规定了法律援助人员要严格遵守的法律准则，如对于收取财物的违法行为，要责令其退还违法所得财物，并可处 1 倍以上 3 倍以下的罚款等。

3. 提供法律援助的义务性

每位法律援助人员都应当按照规定承担法律援助义务，尽职尽责，依法为受援人提供符合标准的法律服务，依法维护受援人的合法权益，接受司法行政部门的监督。同时国家也支持和鼓励社会团体、事业单位等社会组织，利用自身资源为经济困难的公民提供法律援助。

4. 具有法律知识的专业性

法律援助的宗旨是为了帮助社会弱势群体，其宗旨往往通过办案质量获得直观反映，法律援助人员的业务素质是案件质量的决定性因素，因此必须掌握相当水平的法律知识，具备一定的办案经验、深厚的文字功底、流畅的表达能力、敏捷的应变能力和科学的思维模式。此外，由于我国当前民主法制建设尚处于发展阶段，立法速度快，新法数量多，因此，大学生法律援助人员只有不断地学习业务知识，才能适应新形势的需要，跟上发展的步伐。

二、问卷分析

通过表2-3可以看出，有19所高校的法律援助机构学生志愿者全部由法学(律)专业组成，占比50%；有12所大学生法律援助机构由八成以上的法学(律)专业得学生组成，占比31.58%；3所学校法律援助机构志愿者占比六成以上不足八成的为法学(律)专业同学组成，占比7.89%；六成以下的法学(律)专业背景的大学生法律援助机构有4所，占比10.53%。

表2-3　人员结构的专业构成

选　项	小　计(人)	比　例(%)
全体人员由法学(律)专业学生组成	19	50
80%以上的人员由法学(律)专业学生组成	12	31.58
60%~80%的人员由法学(律)专业学生组成	3	7.89
60%以下的人员由法学(律)专业学生组成	4	10.53
本题有效填写人次	38	100

通过对以上数据的分析，大学生法律援助机构以法学专业背景学生为主。大学生法律援助对志愿者的要求与其他学生组织或学会其他社会团体和学生组织不同，有较高的专业要求。

当前高校法学院对于学生的实践经验和水平越来越被看重，只注重对学生基础知识的培养是远远不够的，大学生法律援助机构恰好是高校法学生良好的实践平台。法学生和高校老师逐步认识到大学生法律援助提供实践的重要性，大学生法律援助机构可以为法学生提供实践平台，正是这样互利共赢的局面促使当前主要以法学生为主提供大学生法律援助。即使其他专业的学生加入，由于专业限制，大多只能从事辅助工作。还有部分其他专业同学加入法律援助机构的目的则是想考研时跨考法律专业,想要提前对法律实务有所了解。通过对更多其他专业背景的学生走访调查可知,他们对于法律援助的认识有限,同样认为只有法学专业的同学才能加入,很多其他专业的同学甚至都没有听说过法律援助,不知道法律援助的作用。

笔者认为,法律援助事业一方面需要专业的人才发挥作用,重视起专业性,另一方面也要重视吸收其他专业的学生进入法律援助机构。法律援助事业不仅需要法律人才,还需要其他领域人才发挥作用。以大学生法律援助机构为例,不仅需要在法律专业人才,同样需要管理人员进行管理和人力安排。同时,在特殊案件中还需要对当事人进行安抚、沟通,心理疏导也必不可少。吸纳不同专业的人才参与到法律援助事业也是当前需要关注的问题。

三、调研的不足

对于大学生法律援助机构人员结构的专业背景,由于所收集的调查文件份数较少,不能涵盖全国所有大学生法律援助机构的人员专业背景情况。现阶段只能就当前已有的数据进项整理分析。就现阶段的情况来看,可能还有其他的人员组成模式尚未被统计在内。

第三章　大学生法律援助经费来源分析报告

第一节　经费来源的渠道分析

一、背景分析

大学生法律援助机构作为我国法律援助体系重要的组成部分，经过20多年的发展取得了长足的进步，得到了社会的广泛认可。但是，高校本身具有灵活性的特点，其独立于政府部门，大学生法律援助的经费问题一直制约着其进一步发展。如何开拓大学生法律援助经费来源，如何加强大学生法律援助经费保障，已经成为目前大部分大学生法律援助机构发展亟待解决的难题。

所谓法律援助经费，是指法律援助机构开展法律援助工作所支出的一切必要费用，目前大学生法律援助经费来源渠道大体分为四类，包括：政府投入、基金组织的支持、高校投入、其他渠道。

政府投入是法律援助的主要资金来源渠道，法律援助经费往往可以突破预算，实报实销，每年用于法律援助的费用约占财政总预算的5%，自从法律援助项目启动以来，政府投入不断加大，尤其自2003年颁布《法律援助条例》以来，政府对法律援助的投入力度越来越大，2000年全国法律援助经费仅为2123.52万元,2002年为8443.33万元,2010年全国法律援助经费为10.06亿元。[①] 法律援助经费的增长速度越来越快,甚至一度超过了国民生产总值的增长速度。2019年司法部财政部印发《关于完善法律援助补贴标准的指导意见》的通知,继续加大了法律援助工作的财政补贴力度,制定了比较详细的补贴标准。中央和地方政府都建立了法律援助专项经费,政府投入在整个法律援助经费来源中占绝对比重。但是政府对大学生法律援助稍显不足,政府对高校的投入主要分为直接投入和间接投入两种,直接投入即政府直接划拨资金;间接投入即政府划拨给公安、法院、检察院的资金必须留有余地,用以减免大学生法律援助工作中产生的部分费用。基金组织的支持也是比较重要的资金来源渠道,例如,财政部、司法部印发了《中央专项彩票公益金法律援助项目实施与管理办法》(财行〔2014〕1号),"中彩金"为大学生法律援助提供了强有力的支持,也是我国大学生法律援助经费的重要来源渠道。除此之外,很多大学生法律援助机构还得到了国外的支持,例如,国内多所大学生法律援助机构得到美国福特基金会的支持;南京大学法律援助中心得到世界银行的支持。但是,国外资金支持往往只是短期投资,缺乏长期稳定的经费来源;同时国外组织审核极为严格,只有具有一定影响力和规模才施加援助,这使大部分刚建立的、尚不成熟的大学生法律援助机构陷入僵局。我国绝大多数大学生法律援助中心所依赖的经费源于学校自身的支持,具体包括学校的专项固定拨款、给予报销支持、教师经费等方式。因学校和地域的差别,往往各个学校能提供的资金也千差万别,通常大部分学校对此不太重视,经费往往严重不足。

二、问卷调查

通过表3-1可以看出,有23所高校有"中彩金"法律援助项目案件补

---

① "2010年全国法律援助经费达10.06亿元,同比增长32.8%",载国务院网:http://www.gov.cn/gzdt/2011-02/10/content_1801061.htm,最后访问日期:2011年2月10日。

贴支持，占比60.5%；14所大学生法律援助机构资金来源有司法行政机关、法律援助中心以案件补贴等形式提供支持，占比36.84%；11所高校有学校视活动开展情况专项报销支持，占比28.95%；8所高校有学校按年度或学期直接固定拨款进行资金支持，占比21.05%；6所高校是有其他基金会资金支持，占比15.79%；6所高校有校友捐款支持，占比15.79%；4所高校有教师课题经费支持，占比10.53%。

表3－1　经费来源的渠道分析

选　项	小　计(个)	比　例(%)
司法行政机关、法律援助中心以案件补贴等形式提供支持	14	36.84
学校按年或学期直接固定拨款支持	8	21.05
学校视活动开展情况专项报销支持	11	28.95
教师课题经费支持	4	10.53
“中彩金”法律援助项目案件补贴支持	23	60.5
其他基金会资金支持	6	15.79
校友捐款支持	6	15.79
本题有效填写人次	38	

由表3－1可以看出，大多数大学生法律援助机构资金源于“中彩金”法律援助项目案件补贴支持，除“中彩金”外，隶属于省司法厅、当地法律援助部门或校、院团委等的大学生法律援助机构或有来自司法厅、当地法援的拨款，或可由学校、学院承担开销和活动场地，或由公益基金会承担了大部分的资金支持。但是对于其他高校法援机构来说，经费则仅来自学校每学年提供的部分社团活动报销资金或者其他外界资本如律所的援助。

现阶段，由于高校的法律援助机构没有确定其性质与管理部门，国家也没有相应的财政政策向大学生法律援助机构进行拨款支持，导致当前的法律援助组织资金严重缺乏，从而极大地限制了法律援助工作的开展。虽然参与调查的多数高校法律援助机构有中彩金的案件经费支持，但是就大学生法律援助机构实践而言，经费短缺仍然是较大的问题。办案经费没有一个固定、稳定的渠道，资金来源不稳定，在这种情况下，会使不少大学生法律援助机构由于无法负担代理案件所需资金而选择放弃某些自身有能力办理的援助案件，转而只进行普法宣讲的工作，也导致机构的发展难以有效进行。

经费不足的情况一方面限制了大学生法律援助的活动范围与形式，使大学生法律援助机构的工作仅停留在法律援助的表层，如普法宣传、设点咨询、走访社区、代写文书，而这些工作只是辅助性的工作，对纠纷的解决只是隔靴搔痒，起不到实质性的作用；另一方面也会打击同学参与法律援助工作的积极性，高校法律专业学生参与法律援助工作并不是一种义务，本身需要花费一定的时间和精力，如果为了受援人，而让经济本身并不独立的他们自掏腰包，则会使难得的实践机会变成了办案人的负担，降低其积极性。

三、调研的不足

组织机构的资金来源一般都是有多重渠道的，当前作为信息采集依据的问卷设计涉及的资金来源方式不足以涵盖所有大学生法律援助机构的资金来源情况，现阶段还有很多资金来源方式并没有被一一列举，在分析上有遗漏之处。

第二节　经费来源的年均额度分析

一、背景分析

高校开展法律援助活动需要一定的资金，主要用于文印、交通、差旅、办公耗材以及援助人员的补贴等方面。缺乏资金支持的大学生法律援助工作就如无源之水、无本之木。有关数据显示，经费的投入量与援助案件的成功率成正比。司法部法律援助中心调研处郑自文处长在接受采访时承认，法律援助的经费问题是制约法律援助的瓶颈问题。我国大学生法律援助机构的经费除部分高校得到诸如基金会等社会捐助外，大部分是依靠司法行政部门和所在高校的资金支持。

在实践中，作为政府法律援助中心工作站的大学生法律援助组织，一般也采取逐案申报的模式。实际只有极少的大学生法律援助组织在其所承办案件结案后能够向政府法律援助中心提供相应的案卷，经过其审查通过，再根据当地经济发展情况合理确定相应标准后向承办案件的组织发放办案补贴。

我国公办高等院校在法律上定性为全额拨款的事业单位，高校经费总体上来讲是紧张的，能够为法援组织提供必要的办公场所和办公设备已实属难得，要想在原本已捉襟见肘的科研经费中划拨一部分给大学生法律援助组织基本上取决于校领导个人的重视程度，具有不稳定性。

二、调研访谈分析

虽然从全国角度来看，大学生法律援助经费呈现相对拮据的态势，但也不能排除有部分大学生法律援助机构有稳定充足的经费开源。在对部分大学生法律援助机构进行调研时，我们发现不同的高校在经费年额度方面有着悬殊的差距。在调研中，有部分高校法援经费的年均额度不足5000元，部分高校的经费在10,001～30,000元，部分高校的经费可以达到30,000元以上。在此次调研中，我们发现当前大学生法律援助机构中，经费较少的院校开展的法律援助工作的方式基本上以普法宣传为主，并没有承担其他职能，学校和参加法援的同学对其重视程度较低。相反地，经费充裕的学校开展的法律援助的形式较为多样，且大多具有代理案件的能力，在重视程度上，学校与学生双方都对该校法律援助机构较为重视，得到其他组织部门较好的配合。部分高校的法律援助机构已经成为该校法学教育的重要组成部分，由此在经费上也会得到更多的支持。此外，大学生法律援助机构经费额度的问题在一定程度上与当地经济发展水平、法律援助的需求量也呈正相关的关系，可以说在经济发达地区的大学生法律援助机构的经费年均额度往往比经济欠发达地区高校宽裕。

三、调研的不足

当前走访调研的高校数量上仍存在不足，对于大学生法律援助机构的经费所采集的数据也不够全面，并不能以现在采集的数据推论全国各高校的情况。同时，对于大学生法律援助经费额度的分析需要就和多种因素加以分析，不能以单一角度进行分析，此项工作还需要进一步加以分析整理。

第三节　经费来源的用途分析

一、背景分析

法律援助的经费问题一直以来都是困扰我国法律援助工作的主要问题，有人曾说，没有法律援助经费的支持，法律援助势必成为无源之水、无本之木。最严重的还会使法律援助雪中送炭的初衷不攻自破。诚然，仅靠一副热心肠是掀不起轰轰烈烈的法律援助活动热潮的，如大学生法律援助也需要经费以满足相关开支。可见，高效、优质的法律援助背后必然是充裕的资金支持。法律援助经费包括用于法律援助机构的办公经费、工作人员的薪金和福利，以及办理法律援助案件所需要的其他经费。我国《法律援助条例》明文规定受指派办理法律援助案件的律师或接受安排办理法律援助案件的社会组织人员在案件结案时，应当向法律援助机构提交有关的法律文书副本或者复印件以及结案报告材料。法律援助机构收到前款规定的结案材料后,应当向受指派办理法律援助案件的律师或者接受安排办理法律援助的社会组织人员支付法律援助办案补贴。法律援助办案补贴的标准由省、自治区、直辖市人民政府司法行政部门会同同级财政部门,根据当地经济发展水平,参考法律援助机构办理各类法律援助案件的平均成本等因素核定,并可以根据需要调整。这一条款规定了我国法律援助经费的使用去向,但过于笼统,并未将实际工作中的各种支出包括在内。大学生法律援助的经费的用途总的来说大致是办公经费,包括纸、墨、笔,办公场所租金、装修、设施等基础建设费用;人员经费,包括学生补助、交通补助等;办案补贴,包括办案差旅费、交通费、文印费、通信费、调查取证费等;宣传和培训费用等。

二、调研访谈分析

通过对设立大学生法律援助机构的院校进行调研访谈,对于大学生法律援助机构的经费开支虽不是完全相同,但是主要开支大体上是相同的。其中包括办公费用、办案费用、教育培训费用、表彰奖励法律援助工作中突出个人以及不同院校特有的经费支出。对于部分高校来说,现有的经费只能保障基本的办案费用的开支,其他教育培训经费等是短缺的,缺乏经费支持。

从政府拨款情况来看,大学生法律援助机构的补贴一般都采用逐案申报的模式,每个案件在结案后再向政府的法律援助机构提交案卷,经法律援助机构审查合格后,按照补贴标准确定具体的补贴数额。从各地方政府的补贴标准来看,每个援助案件的补贴从 250 元到 2800 元不等,而且通常是在结案一个月后才能拨付到位。政府的补贴往往不足以支付援助案件的交通、通信、文印等成本开支,即便如此,在案件办理过程中还得由援助人员垫付费用直到案件审结经费报批。而从高校的拨付情况来看,高校本身是非盈利性机构,高校的运转也依赖于政府的拨款,除能为法律援助提供必要的场地和办公设备外，高校对法律援助的经费投入也是相当有限的，而且很多高校都是以报销必要的办案交通费作为唯一的补贴方式。

大学生法律援助机构中的办案人员主要由在校学生组成，为弱势群体提供帮助是他们加入法律援助中心的初心，其无偿性、公益性的特点使各项开支已经降到最低，通过进一步对部分大学生法律援助机构的调研，可以发现受访的院校基本上只保持最低限度的经费开销，也就是办公与办案费用，受访学校中还有部分学校的宣传培训费用来自指导教师和高年级学生负责人自掏腰包。经费开支的情况可也以反映出大学生法律援助机构的经费支持水平，经费到位的高校在开支上更加的合理，不会为节约经费而减少或是取消培训宣传，鼓励先进个人的开支合理，收支均衡的大学生法律援助机构在发展运转上也更加稳定。

三、调研的不足

在本次调研中，由于时间有限，只对部分高校的具体情况进行调研，得到的可利用的数据较少。同时，各高校也有其自身特点与传统，不能保证所有高校的开支情况完全一致。对于现阶段的经费开支问题，在调研的高校中就有不同的意见，即对于办案人员是否需要额外的补贴，增加补贴后会提高办案人员的积极性还是会改变其公益的性质，添加“私益”的办案是否有利于高校法律援助机构的发展，同样也值得我们深思。

第四章　大学生法律援助监督管理分析报告

第一节　监督管理的主管部门分析

一、背景分析

法律援助是维护法律援助对象法律权利的基本制度，司法部出台的《办理法律援助案件程序规定》等一系列规章制度表明，我国已经建立起相对完善的法律援助制度，但是由于受到社会、经济、文化以及地区发展不平衡等因素的影响，我国法律援助制度也存在一定问题。这些问题的解决需以法律援助监督管理机制作为基础，法律援助的监督管理是司法行政机关的主要职责，是保障法律援助有效实施的基础。

法律援助的监督管理机制是司法行政机关对法律援助机构及法律援助活动进行有效监督和管理而形成的基本制度。监督效果直接决定了法律援助的效果，所以法律援助监管对法律援助的有效实施具有非常重要的作用。

（一）大学生法律援助监督管理关系

法律援助监督管理关系是司法行政机关与法律援助机构及法律援助人员之间形成的行政管理关系。在该关系中涉及司法行政机关、法律援助机构及法律援助者三个主体,其中司法行政机关是法律援助的监督管理者,法律援助机构是法律援助的组织实施者,法律援助者是法律援助的具体实施者。从行政法律关系的角度来看,司法行政机关的行政主体地位不容置疑,其是法律援助国家责任的直接承担者,直接对法律援助活动进行管理,然而法律援助对于受助者而言体现为某种法律援助服务,从此意义上讲,法律援助机构是履行政府责任的具体实施者,也是法律援助服务的提供者。而高校作为大学生法律援助的载体,大学生法律援助则是在司法行政机关、高校、大学生法律援助机构及大学生法律援助人员之间形成的行政管理关系,受到司法行政机关和高校的双重领导,在行政主体到大学生法律援助机构的流程上多了一个环节。

大学生法律援助机构是具体组织实施法律援助的主体,确定大学生法律援助机构的性质是主管部门落实监管责任的前提。需要针对不同的性质的大学生法律援助机构采用不同的管理监督方法。在很大程度上,适当的监管会让大学生法律援助发展得到保障,通过合理的监管提升法律援助质量。

(二)大学生法律援助监督管理责任的形式

明确监管者的责任和监管方式,首先必须要确定该责任的主体,虽然高校在大学生法律援助中处于载体地位,但单纯从法律援助质量的角度来定义谁是监管者,司法行政机关是大学生法律援助机构监督责任的当然主体。从法律援助的性质看,这两者亦应属于法律援助监督管理的责任主体。理由有三,其一,大学生法律援助机构是组织开展大学生法律援助的机构,负责法律援助的申请、受理及指派,在此过程中要保障法律援助案件的质量就必须使大学生法律援助机构承担监督管理的责任。其二,大学生法律援助机构的自我监管是有必要的。其三,法律援助实施者的自我监管对案件质量的提升起着重要作用。虽然大学生法律援助机构及法律援助实施者也有监管责任，但这种责任形态主要表现为行业责任与综合性法律责任，这与司法行政机关的责任内涵有很大区别。而法律援助实施者监管责任则表现为道德义务和职业法律者责任。由此可见，大学生法律援助监督管理责任的内容与形式具有一定的广泛性，且呈现多层次的特点，法律援助监管责任的实现途径亦呈现为立体化的机构。

二、调研访谈分析

通过调研，笔者发现不同大学生法律援助机构的性质不尽相同，承担的职能也因所在学校等因素有所区别，因此，在没有相关规定的情况下，大学生法律援助机构主管部门尚未有一个确定的部门进行管理，可以说不同高校各自为战。

当下大学生法律援助机构的管理主要包括高校法学院系主管、学工部或团委主管、学工部与高校法学院系共同管理及司法行政机关主管这几种情况。大学生法律援助机构首先需要依托所在高校，其主管部门与法律援助中心有天然不同。

就现阶段来看，首先，大学生法律援助机构的成立具有特殊性，其依托的是高等院校，因而其首要的管理机构也是高等院校。其次，由于司法行政部门统一领导全国法律援助工作，故大学生法律援助机构又应受司法行政部门的领导和监督。这种双重管理模式有可能造成因管理权限不明确而带来的管理缺失或管理冲突。其负面效应在于，一方面使大学生法律援助机构运作缺乏合理规制，导致无序发展；另一方面也造成了“支持真空”，即管理和监督的不明确，会导致大学生法律援助机构缺乏社会支持而生存艰难。鉴于我国大学生法律援助机构发展的现状，笔者认为可以采取司法行政机关和高校共管模式，双方在范围和管理权限上应有所分工。司法行政部门一般对法律援助机构的设立、工作范围、人员资格等方面行使管理和监督职能，而对于法律援助的日常工作、内部人事制度、具体操作程序则应以高校职能部门管理为宜。双方应当互相沟通协调,确保法律援助工作畅通无阻。对于内部管理机制问题,我们认为应当建立一套分工明确、管理到位、运行科学的管理模式。具体而言,应当制定明确的章程,明确援助者之权利和义务,明确管理职责,制订年度和季度计划,对援助工作进行系统的安排。

三、调研的不足

本次调研所依据的信息来源为事先设定的网上调查问卷中涉及的问题、实地考察与电话访谈较少,其中网上问卷选项中列举的主管部门有限,还不能涵盖所有情况,同时采集到的有效信息较少,调研结果还不足以作为大学生法律援助机构的主管部门的具体情况来下定论。

第二节　监督管理的规章制度分析

一、背景分析

《法律援助条例》全文共六章 31 条,对于指导、规范我国的法律援助发挥了十分重要的作用。但是该条例的规定较原则性,对于法律援助案件办理的具体程序、质量监控及评价等规定不够完善。因此在《法律援助条例》颁布后,2004 年 9 月,司法部颁布了《律师和基层法律服务工作者开展法律援助工作暂行管理办法》,简单规定了律师与基层法律服务工作者办理法律援助案件的质量要求、法律援助机构对案件办理的评估和监管。由于各地的经济发展、法治程度、法律援助开展的实际情况不同,不少地区都根据条例的规定,结合本地情况,自行制定或是修订法律援助规定或办法,细化法律援助制度。

2012 年 7 月起施行的《办理法律援助案件程序规定》从法律援助工作机制、受理、审查、承办等方面,进一步完善了法律援助案件办理的程序。这一规定并不是《法律援助条例》的简单重复，而是在总结法律援助制度实施过程中存在的程序问题的基础上，结合法律援助实践过程中的有效举措，对法律援助案件办理程序的细化及补充规定，包括要求法律援助机构进行援务公开；为被羁押的被告人、服刑人员，劳动教养人员、强制隔离戒毒人员申请法律援助指明了法律途径；规定紧急情况下，法律援助机构先行法律援助后补充审查的制度；确立了法律援助机构异地协作机制；明确赋予受援人申请更换承办人员的权利。

通过前文笔者对我国法律援助制度的梳理可以看出，当前我国法律援助制度在援助程序方面规定得较为细致，但是对于案件办理过程中的监督及事后评估则规定得较为原则笼统，国家层面的立法缺乏系统完善的监控体系以及评估机制的规定。法律援助机构只负责将案件派发给律师以及卷宗的归档、补贴的发放，对案件的办理过程基本不闻不问；对于办案结果，立法仅规定了在法律援助案件结案时，办理法律援助案件的律师或法律工作者应该提交相关书面材料，缺乏系统的评估机制及科学合理的奖惩考核办法。

监控及评估机制的不完善，导致法律援助案件办理的质量很大程度上取决于提供法律援助的律师和法律工作者的社会责任感的高低和法律职业素养的程度。而由于办理法律援助案件本身就是低经济回报，律师和法律工作者在完成法律援助案件后，成就感主要来自提供法律援助的律师或是法律工作者个人社会责任感的体现和满足。对于律师而言，需要舍弃一定的经济利益以使其他利益需求得以满足，在律师工作、生活压力较小的情况下，这一制度尚可以运行。对于大学生法律援助机构来说，参与办案学生的回报则是在学生阶段开始积累的代理案件的经验、法律文书写作的技巧，这些经验虽然对于在校学生来说是弥足珍贵的，但是，在校学生经验不足，可课业压力、就业压力可能会让法律援助案件办理质量大打折扣，这就更加需要有力的监督管理避免出现“好心办坏事”的状况。

当前大学生法律援助制度还没有形成体系,需要有区别地参考法律援助制度中出现的相关规定进行监督管理,只有对法律援助业务流程、内部制约、质量监督、反馈研究等制定切实可行、操作简便的规章制度,实施制度化、标准化、规范化管理,并建立内外的监督考核制度,才能形成对法律援助全过程的有效覆盖和全面管理,从而最大限度地保障大学生法律援助实施质量和效率。

二、调研访谈分析

在调研中笔者了解到,现阶段《法律援助条例》是各大学生法律援助机构进行监督管理都需要遵守的规章制度,有能力代理案件的大学生法律援助机构还需要遵守地方性法律援助条例或办法,对于法律援助机构发展较为完善、管理体制健全的高校一般还需要遵守本校法律援助机构制定的管理办法。可以说越是发展完善的高校在监督管理中需要遵守的规章制度越多,这也体现出多个部门都在关注法律援助机构的工作。但是现行的监督管理的规章制度并非针对大学生法律援助机构设定的。很多高校在监督上虽然采用了《法律援助条例》中的规定,但是没有发挥实效。在调研中,也有高校表示,本校法律援助机构还没有达到需要监督管理的规模,对此不够重视。大部分大学生法律援助机构制定的管理办法借鉴了《法律援助条例》与普通社团管理的监督规章。怎样根据大学生法律援助机构的特点制定出合理的监督管理规章制度仍需解决。

三、调研的不足

在本次调研中笔者发现很多大学生法律援助机构的监督管理意识不强,还没有认识到监督管理对于大学生法律援助机构发展的积极意义,加之调研高校数量有限,不能全方面反映当前具体的监督管理的规章制度是何种模式。只能大体推测出现阶段的采用的规章制度多数出自《法律援助条例》,还需要加大调研力度和范围得到更加准确的信息再加以分析。

第三节　监督管理的效果分析

一、背景分析

监督与管理是法律援助工作的重要内容,它与组织开展法律援助业务、办理法律援助案件、依法维护社会弱势群体合法权益、促进司法公正与社会和谐共同构成了我国现阶段完整意义上的法律援助工作。从《法律援助条例》可以看出,鼓励和允许法律院校等社会组织参与法律援助活动已经成为我国法律援助制度的一大特色。

在供需矛盾大、组织管理体制不畅以及经费保障严重不足的复杂背景下,法律援助的办案质量长期被忽视。但在新时代下,不仅要扩大法律援助的覆盖面,更要注重提高法律援助的质量与监管机制。

做好法律援助质量管理,应该从人员管理、标准制定、全程监管等方面出发,建立“三位一体”的综合体系。“综合性”是对立法科学性的要求。对此,有不同的观点:

(1)大学生法律援助人员的选拔机制。在人力资源不足的情况下,扩大提供法律援助人员的范围尤为迫切。大学生法律援助机构作为政府法律援助的有力补充参与进来,扩大了法律援助的范围。但是,扩大法律援助服务范围,不等于过低地设置大学生法律援助人员的准入条件。只有制定符合实际情况的准入机制,才能确保法律援助人员的业务素养等,这是对法律援助质量的最基础保障机制。大学生法律援助机构同样需要进行业务水平、思想道德水平的测试才能将其吸纳进来。

(2)大学生法律援助办案质量考核与保障体系。对于法律援助服务而言,无论是诉讼服务还是非诉讼业务,办案质量的好与坏是最终的检验标准。从法律援助服务的动态过程来看,质量考核、质量保证体系是一项系统的工程,因此,保障机制至少应当包括:第一,服务过程的监督机制。从案件承办、调查取证到庭审、案卷归档等,建立统一的全过程控制标准。第二,建立旁听制度。对于普通案件确立旁听比例,法律援助机构工作人员每年必须按比例旁听案件,随时掌握援助案件的发展情况,对于重大、疑难、复杂和群体案件等必须进行听审;规范案卷归档,建立一整套对案卷归档的制度,作为过程控制结果的文件,便于监督抽查。第三,完善监管机制。在案件结束后,由大学生法律援助机构的人员在一定时期内对所办理的法律援助案件当事人进行回访,询问受援人在案件办理过程中的满意程度,以了解案件办理的真实情况。同时审查相关手续是否办理,是否符合法定程序,受援人是否符合要求,法律文书是否符合标准等。

二、调研访谈分析

通过调研发现,大学生法律援助机构中主管单位尚不明确、监管部门监管职能薄弱、重办案轻管理等现象十分普遍。很多大学生法律援助机构的指导教师都对监督管理缺乏重视,对工作的同学不够重视也在意料之中。此外,大学生法律援助机构在监管效果上仍有不足之处,主要表现在:一是案件质量监督人员主要是法律援助机构工作人员,其自身的业务、法律、服务等素质水平有限,因此不能确定被监督案件质量是否达到最优化、最合理化。二是法律援助服务受案件的类型、诉讼阶段、当事人配合程度、案件审办机构及人员配合程度等多种内外因素影响较大,法律援助服务标准和服务质量评估体系很难确定并分类细化,造成仅停留在以检查卷宗、旁听案件、回访当事人等有限形式开展监督。三是对监督结果的处理力度不够,监督的多,处理的少,加上法律援助机构对监督结果只有处理建议权,没有处理的决定权,影响整个法律援助机构对服务质量监督的公信力和威信力。

总结调研的情况不难看出,大学生法律援助的监督有利于保证法律援助工作的质量。高校参与法律援助的形式具有多样性和灵活性,并不像政府法律援助机构那样必须严格遵守相应的程序。此外,加强对大学生法律援助活动的监督,将其活动纳入国家法律援助发展的总体规划中,要求必须遵循政府法律援助机构制定的统一运作程序和监督机制,严格按照法律规定的形式和手段开展相应的法律援助活动,杜绝以法律援助的名义开展有偿的法律服务,切实保证其法律援助活动符合国家法律援助的质量要求。

由哪个部门具体承担监督职能也是值得深思的问题。由大学生法律援助机构加以监督还是由司法机关进行监督?大学生法律援助机构虽然在行政上受所在法律院校的领导,但在法律援助业务上需接受所在地司法行政机关的监督管理。目前,因为种种原因,我国各级司法行政机关和政府法律援助机构对大学生法律援助的监督是不够的,监督渠道不畅通,监督手段乏力。随着国家法律援助制度的不断完善,有必要通过立法形式,对大学生法律援助有关问题作出明确的规定,为高校开展法律援助活动提供明确的依据和准则。

三、调研的不足

本次调研中,大学生法律援助机构监督管理领域尚未引起足够重视。现阶段采集到的有效信息较少,不能准确地反映出当下大学生法律援助机构真实的情况,只能就当前收集的信息加以整理分析,难以避免信息错误的情形。

第五章 大学生法律援助的方式分析报告

第一节 援助方式的类型分析

一、背景分析

在我国现行的法律援助体制下，绝大多数大学生法律援助机构还属于民间法律援助组织。由于在校学生有其独特的学习和生活特点，高校的法律援助机构无法像政府设立的法律援助机构那样提供形式多样、种类齐全的法律援助，主要是在自己力所能及的范围内提供多种形式的法律援助，像法律咨询、代写法律文书、案件调解等，不包括仲裁和公证；有部分高校还可以提供诉讼代理这种法律援助。鉴于此，作为整个社会法律援助体系中不可或缺的一部分及政府法律援助机构的有力补充，大学生法律援助机构可采用以下方式提供法律援助服务。

（一）法律咨询

法律咨询是指法律援助工作人员就受援人已提出的有关法律询问作出解释和说明，或者提供法律方面的解决建议或意见的一种法律援助形式。这种援助形式在大学生法律援助中最为常见，原因在于这种援助形式方便、快捷、高效,无论有没有办公场所都可以提供咨询服务。可以在法律援助机构的办公室,也可以在田间地头。另外,这种法律援助形式相对来说时间成本低并且方便、快捷;对援助人员来说简单、高效。正是基于以上特点和优点,法律咨询是大学生法律援助机构广为采用的最基本的一种法律援助形式。

法律咨询的形式可分为当面咨询、书面咨询、电话咨询等,其中当面咨询是最经常采用的,因为这种咨询方式最直接。对于因时间、健康或其他各种原因不能当面来咨询的当事人来讲,可采用微信公众号咨询、打电话等方式。各种咨询方式都有其特点,当事人应根据自己的特点选择其中一种形式或将数种形式结合。一般来说,法律咨询适用于各类案件,如民事案件、刑事案件、行政案件。

(二)代写法律文书

代写法律文书也是常见的一种法律援助形式。从受援人角度讲,可以弥补其在专业知识上的不足,并且非常经济。从法律援助人员的角度讲,代写法律文书也能锻炼工作人员处理实际问题的水平,提高专业素养。由于这些优点,实践中各个法律援助机构一般也都提供这种形式的法律援助。

(三)调解

调解是指由第三者出面,依据一定的道德和法律规范,对发生纠纷的双方当事人进行劝说,使之达成谅解和让步,从而消除争端,改善彼此关系的一种活动。调解是非诉讼纠纷解决方式的一种,其纠纷解决效果有时比诉讼好得多。调解是在第三方参与下进行的,以当事人自愿为前提,具有灵活性和便利性。大学生法律援助机构虽然可以提供这种援助方式,但是法律援助人员多为在校大学生,社会经验少,难以满足这种素质要求;同时,调解一旦失败,再次进入诉讼程序,会使纠纷解决的成本在原来的基础上增加,反而给当事人造成了更大的负担。最后，调解作为一种非诉讼纠纷解决方式，有着固有的缺陷，如人民调解委员会的调解不具有强制执行力，这些因素都限制了调解这种法律援助形式在大学生法律援助机构的应用。

(四)诉讼代理

大学生法律援助组织对于诉讼代理有比较严格的程序，主要流程包括接案、立案、办理、结案四个环节。对于拟受理的案件，接案的援助人员应当先填写受案审批表，拟写受理意见书，对符合援助标准的案件，将材料和审查意见上报援助组织负责人或老师，经批准后方可立案，案件承办人还应事先拟定详细的调查计划和方案，经批准后实施。与此同时，受民事诉讼法的限制，很多大学生法律援助机构工作人员也并没有代理案件的身份。在上述双重限制下，能成功代理案件的大学生法律援助组织不多。诉讼代理的援助形式使高校援助组织人员直接参与司法程序，与其他援助形式相比能更大地提高实践能力，因此，要鼓励和引导大学生法律援助组织在力所能及的范围内代理案件参加诉讼，需要通过相关法律法规的完善，给予大学生法律援助组织合法的法律地位和学生法律援助机构的成员合法的代理资格。

二、问卷分析

通过表5－1可以看出，普法宣讲、案件代理、法律咨询是高校提供法律援助的最主要的方式，均占比100%；代拟写法律文书是高校提供法律援助的主要方式，占比92.11%，仅次于普法宣讲、案件代理、法律咨询；公证、鉴定法律援助也是高校提供法律援助的方式之一，占比15.79%；其他类型的法律援助方式占比5.26%。

表5－1　援助方式的类型分析

选　项	小　计(件)	比　例(%)
普法宣讲	38	100
案件代理	38	100
法律咨询	38	100
代拟写法律文书	35	92.11
公证、鉴定法律援助	6	15.79
其他	2	5.26
本题有效填写人次	38	

大学生法律援助机构开展法律援助的方式很大程度上是由受援群体决定的,法律援助的受援群体多为经济困难群众、农民工、老年人、残疾人群体、盲、聋、哑群体、未成年人等,这些群体普遍缺乏相关法律知识,可寻求帮助的途径较少,且经济方面有一定困难,向法律援助机构寻求帮助,请求代理案件、提出法律咨询、请求代拟写法律文书是最方便快捷有效且经济的选择。由于公证、鉴定专业性较高,大学生法律援助机构很难提供这类法律服务。而受援群体对于公正等法律帮助不了解,也很少提出需要该类援助。

因此,大学生法律援助机构根据受众需求也主要提供普法宣传、案件代理、法律咨询、代拟写法律文书等法律援助。普法宣传有利于向缺乏法律知识的群体普及法律基本常识,使受众更好地保护个人合法权益,法律咨询有利于受众解决日常工作生活中的纠纷烦恼,代拟写法律文书可以让受众无偿获得专业的法律文书来应对问题,代理案件更是能直接有效地帮助需要进行司法诉讼的民众寻求有效解决路径。

三、调研的不足

从调研获取的数据来看,当前的大学生法律援助形式主要为普法宣讲、案件代理、法律咨询、代拟法律文书、公正、鉴定法律援助这五种方式,还有其他情形由于并未在问卷中设置相关选项,在参加调研的高校中是否还有其他的援助方式不得而知。这也说明,大学生法律援助的方式多样灵活,能根据受援人需求提供不同的帮助形式,各校也会根据其不同的教学特点提供差异化的法律援助,使援助形式更加灵活多样。现有数据较少,尚不能将现有的援助方式一一列举加以归类整理。

第二节 援助方式的人员规模分析

一、背景分析

法律援助工作的特殊性质决定了法律援助工作者的专业性。我国大学生法律援助机构的成员主要由在校大学生和有法律实务经验的指导教师组成,他们践行维护社会弱势群体合法权益的承诺同时,也是法学教学改革、培养卓越法律人才的推进力。通常学生在专业教师的指导下为受援人提供法律咨询、代写法律文书、代理调解纠纷、代理诉讼等法律服务,在使受援人得到专业的法律服务的同时也让学生有机会参与法律实务中,锻炼专业技能、积累社会经验,从而达到双赢的社会效果。

大学生法律援助机构的主要力量以在校法学本科低年级学生为主,高年级同学较少。多数大学生法律援助组织的成员以大一、大二的学生为主,但是由于低年级法学生刚学习法律知识不久,很多知识尚未掌握牢固,加上所学的专业科目较少,知识体系并不完整,在面对复杂的实际法律问题时,不能有效承载法律援助的需要,在进一步学习专业知识后能够独立地处理援助案件,成为成熟的法律援助力量时已经进入大三、大四,面临升学、就业等各种压力,导致大学生法律援助机构人员流动性较大、人员构成不稳定的情形。

高校的法学院系是培养法律人才的重要平台,更是专门性法律人才最集中的地域，完全有实力为大学生法律援助事业提供最强大的人力资源支持。事实却恰恰相反，虽然法学教师通常具有较高的法学理论功底，能对援助成员提供专业的法律知识指导。但是我国高校法学教师多为理论性人才，法律实务经验方面较为欠缺。在我国目前的法学教育体制下，法学教师除了完成课程讲授工作外，更多的精力会投入学术研究中去，对于指导大学生法律援助机构的学生参与法律援助工作积极性不高。现阶段的教师职称评定通常以完成课程教学的质量、学术论文的发表数量、科研课题的结项数量等作为考核标准。法学教师指导学生从事法律援助工作不仅需要消耗大量课余时间，承担较大的诉讼风险，而且对于教师的工作考核、职称评定、评优选先等方面没有任何助力。因此，他们的积极性难以调动起来。面对巨大的教学压力，在原本法学教师就很稀缺的情况下，给大学生法律援助机构安排专职的指导教师更是不现实的。诚然，在高校也有不少教师具备法律实务经验，但是面对指导学生耗费的大量时间成本与兼职律师自己办案子的不菲收入的冲突面前，在没有任何激励机制的情况下要求教师加入大学生法律援助队伍中来也是强人所难的。

二、问卷分析

通过表5－2可以看出，高校提供法律援助的人员规模中，在校本科生占比最大，为81.58%；其次是兼职律师，占比68.42%；再次是在校研究生，占比47.37%；专职律师占31.58%；未获得法律职业资格的教师较少，占比10.53%；其他志愿者占13.16%。

表5－2　援助方式的人员规模分析

选　项	小　计(人)	比　例(%)
在校研究生	18	47.37
在校本科生	31	81.58
兼职律师	26	68.42

续表

选　项	小　计(人)	比　例(%)
专职律师	12	31.58
未取得法律执业资格的教师	4	10.53
其他志愿者	5	13.16
本题有效填写人次	38	

大学生法律援助机构是推动我国法律援助事业的重要力量,可以为社会弱势群体提供无偿的专业法律服务。大学生法律援助机构一方面能够促进高校法学院将法学理论与实践教学相结合,提高教学质量;另一方面又能服务于社会。高校是优秀法律人的摇篮,拥有理论水平高的教师队伍和朝气蓬勃的大学生,是大学生法律援助工作的智力支持和人才支持,所以高校应当充分利用好自身法律人才资源优势,对接社会需求、服务民生需要来满足人民群众日益增长的法律需求。在校本科生、在校研究生、未获得法律职业资格的教师是高校自身的法律人才资源,在法律援助的人员里分别占有一定比例。这其中,在校本科生占比最大是因为,首先在校本科生人数基数大,其次在校本科生对自身快速成长为理论水平高、实践能力强的法律人才需求高,拥有充足的时间精力去献身法律援助事业。在校研究生占比相比在校本科生为较少,这可能是因为研究生群体在人数上少于本科生。未取得法律职业资格的教师占比最少,一方面是因为未取得法律职业资格,另一方面来说,教师繁重的课业任务和科研任务使其并无足够的时间去提供法律援助。

兼职律师与专职律师占有一定比例,其中兼职律师的比例仅次于在校本科生。兼职律师指取得律师执业证书,在不脱离本职工作的情况下兼职从事律师执业的人员。高等院校、科研机构中从事法学教育、研究工作的人员,符合《律师法》第 5 条规定条件的,经所在单位同意,依照相关程序,可以申请兼职律师执业。专职律师指取得律师资格或法律职业资格证书者、在律师事务所实习 1 年后，领取专职律师执业证、专门从事律师工作的人员，专职律师必须在律师事务所执业。无论是兼职律师还是专职律师都应当按照律师法和法律援助条例的规定履行法律援助义务，为受援人提供符合标准的法律服务，依法维护受援人的合法权益，接受律师协会和司法行政部门的监督。由此，根据本题的调查数据可以看出律师群体履行法律援助义务的积极性。

三、调研的不足

当前大学生法律援助机构的人员结构通过收集的数据可以看出，人员组成较为简单，基本以法学院师生为主，专职律师参与为辅。笔者了解到，有的大学生法律援助在进行法律援助的同时还进行专业的心理辅导与治疗。而大学生法律援助机构也应该能与本学校办学特色相连接才能更有效地打造法律援助品牌。由于现阶段数据较少，还有多种大学生法律援助机构的人员构成没有涉及。但从理论上和对专著相关文献的资料收集中，本次调查虽有数据较少之嫌但是能与相关文献中的观点相呼应。

第六章　大学生法律援助案件代理分析报告

第一节　案件代理的类型分析

一、背景分析

需要法律援助的事项首先应限于法律事项。法学学科划分中，最主要是根据调整对象划分为民法、刑法、行政法这三大部门法，其对应的纠纷类型为民事纠纷、刑事案件、行政案件。法律援助机构对这三类纠纷如何处理还需要分别讨论。

（一）民事纠纷

民事纠纷是发生在平等主体之间的，因民事法律关系而产生的纠纷。这类纠纷在人们日常生活中最为常见，具有主体平等、范围广、易发生等特点，如请求给付赡养费、抚养费、扶养费的；请求支付劳动报酬的；主张因见义勇为行为产生的民事权益的。针对这类纠纷，大学生法律援助机构既可提供非诉讼形式的法律援助，也可提供诉讼代理的法律援助。

而法律咨询、代写法律文书、主持或参与调解、接受当事人委托进行仲裁等非诉讼代理则可适用于几乎所有类型的民事纠纷。对于大学生法律援助机构而言，受自身知识、能力所限，现阶段所代理的法律援助案件以民事案件为主。

（二）刑事案件

从犯罪嫌疑人或被告人的角度来看，刑事案件主要包括以下类型：犯罪嫌疑人或被告人可能被判处死刑的重刑案件；未成年人犯罪的案件；被告人是盲、聋、哑人的犯罪案件；女性犯罪案件。从被害人的角度来看，刑事案件包括：虐待妇女、儿童和老人的犯罪案件；以暴力干涉婚姻自由的犯罪案件；遗弃老人、儿童、残疾人和精神病人的犯罪案件；其他侵犯未成年人、妇女、儿童和老人人身权利、民主权利的犯罪案件。《法律援助条例》第 11 条、第 12 条对此作了相关规定。实践中，大学生法律援助机构一般并不代理刑事案件，只有极少数大学生法律援助机构代理过刑事案件，但也只为轻微的刑事案件提供刑事代理或刑事辩护这种法律援助服务，重刑案件和盲、聋、哑人犯罪案件通常由政府设立的法律援助机构为其指派辩护律师。大学生法律援助机构为刑事案件当事人提供法律咨询、代写法律文书的法律援助时，则不限于以上《法律援助条例》的规定。

（三）行政案件

行政案件是一种特殊类型的案件，其特殊性在于主体中一方是公民、法人和其他组织，另一方是行政主体，两者地位悬殊。由于行政权力日益扩张，行政相对人通常处于弱势地位，其权利常遭受行政权力的侵害。我国《行政诉讼法》第 11 条和第 12 条对行政诉讼案件范围进行了界定。《法律援助条例》第 10 条也作出了相关规定。可以看出，这与行政诉讼案件类型相比，范围很窄。对于这些行政案件，大学生法律援助机构对于行政案件的援助方式主要为提供法律咨询、代写法律文书的法律援助，大多数高校很少为行政案件提供诉讼代理的法律援助。这和行政案件本身的特殊性、大学生法律援助机构性质定位的局限性，以及大学生法律援助机构人员的不稳定性、非专职性有很大关联。因此,行政案件中的法律援助仍主要依靠政府设立的法律援助机构。

(四)其他类型纠纷

除以上三大部门法外,近年来法学核心课程中又增加了环境与资源保护法、劳动和社会保障法这两门,与此相关的纠纷涉及广大社会公众,影响面大。大学生法律援助机构理应站在这样一个时代潮流的风口浪尖上,肩负起其应承担的社会责任,为这类纠纷提供法律援助。在这方面,哈商大法援朝专业化方向发展,与哈尔滨市劳动人事争议仲裁委员会合作,在哈尔滨商业大学下设工作站,提供劳动人事争议的法律援助,将法律援助工作向专业化进程推进。

二、问卷分析

在目前获取的有效数据中,参与调查的高校皆代理过民事案件。通过表6-1可以看出,22所高校代理的案件中涉及行政案件,17所高校代理的案件中涉及刑事案件,16所高校代理过非诉案件。行政案件、刑事案件、非诉案件相较于民事案件所占比例偏低,仅有过半数高校代理过行政案件,所占比例为57.89%。刑事案件、非诉案件代理比例均未过半,所占比例分别为44.74%、42.11%。

表6-1 案件代理的类型分析

选　项	小　计(件)	比　例(%)
民事案件	38	100
行政案件	22	57.89
刑事案件	17	44.74
非诉案件	16	42.11
本题有效填写人次	38	

从调查数据可以看出，目前大学生法律援助机构代理最多的案件类型是贴近群众日常生活的民事案件，导致大学生法律援助机构代理案件多为民事案件，行政案件、刑事案件、非诉案件较少的原因有：

第一，被调研的大学生法律援助机构均代理过民事案件，民事案件又以交通事故纠纷、房屋纠纷、合同纠纷、侵权、离婚等为主要案件代理类型，民事纠纷相较于行政案件、刑事案件而言更为简单及普遍，所以无一例外地成为所有被调研对象的主要受理案件类型。

第二，57.89%的高校会代理行政案件，这与法律援助机构的性质有较大关系，部分高校即使有代理民事案件的资质，但是根据我国相关规定，学生无法独立代理行政案件；44.74%的高校会代理刑事案件，这也是大学生法律援助机构的突破，并且所占比重接近半数，说明大学生法律援助已经向刑事领域发展了，这说明大学生法律援助在越来越多的领域能为维护当事人合法权益作出贡献；42.11%的高校会承接非诉案件，大学生法律援助志愿者在服务社会的时候，其领域不仅仅是诉讼业务，也包括一定数量的非诉业务。

第三，随着公民法律意识的不断加强，民众更愿意通过法律的途径解决纠纷。多样化的案件种类，给大学生法律援助机构提出了更高的要求。大学生法律援助机构要全方位、多层次的增强法援参与人员的素质，培养、吸纳复合型的法学在校生，为代理行政、刑事、非诉案件夯实基础。此外，还应加大对大学生法律援助机构的宣传，让更多的人知晓大学生法律援助机构可代理的案件并非局限于民事案件，对行政、刑事、非诉案件皆可以提供法律援助。

三、调研的不足

通过调研可知，所有的高校均代理过民事案件，代理过行政案件和刑事案的高校也不是少数。由于在问卷中设置的问题分类过于笼统，没有将问题细化，对此还需要进一步收集资料，例如，学生独立代理的案件有几类，能否代理刑事或行政案件。从现有数据来看，大学生法律援助机构的案件类型已经涉猎到刑事案件，但是在全国范围内，对此数据还需要进一步查明证实。

第二节　案件代理的年均数量分析

一、背景分析

现如今，大学生法律援助机构大致存在三类案件来源：一是由政府法律援助机构所指派的案件；二是由司法实务部门所指派的案件；三是当事人直接向大学生法律援助机构提出援助请求的案件。有些民众甚至是本校的教职工并不知道有大学生法律援助机构的存在，还有一部分民众认为其与律师事务所的性质相同，也要收取高额的费用，进而对大学生法律援助产生了误解。案源的缺乏导致大多数大学生法律援助机构选择将重心放在普法宣传上，而缺乏实践性案件的办理，成员们接触法律实务的机会相应减少，也导致机构内部因为案源少引发分配问题，对机构的管理造成很大的影响。

前两类案件大多已经进入司法程序当中，具有周期短、案情简单等特点，案件的结果基本会按照司法机关的意志裁判结案，此类案件对于尚处在初创阶段的大学生法律援助组织来说有利于其更快地了解司法程序，达到培养应用型法律人才的目的。但这类案件大多被律所的实习律师截留，高校法援组织自行受理的案件成为主要办案来源。当事人直接找到高校法律援助机构的案件大部分都是经过多次审理作出了终局裁判，或者已经过了诉讼时效，或者当事人不服判决而多次上访的，这类案件已经超过了大学生法律援助机构的办案能力，如果强行代理不仅浪费司法资源、增加诉讼风险，还有可能使高校成为“信访机构”，干扰学校正常的教学管理秩序，更无法达到锻炼学生法律实践能力、培养法律职业素养的目的。

大学生法律援助工作不能冲击正常的法律服务市场，代理的案件大多是被政府法律援助中心拒绝受理而又确实处于弱势地位群体的法律纠纷。按照我国目前的法律规定，在校大学生绝对不能办理刑事案件，仅能办理的民事、行政案件中却又往往集中在离婚、劳动争议、人身损害赔偿等法律关系较为简单的领域，一些较为复杂的房地产纠纷、公司合同纠纷等通常较少承办，受案类型的单一性必然使大学生法律援助组织的成员难以获得全方位的锻炼。

二、问卷分析

目前有效调查问卷共38份，通过表6－2可以看出，有13所高校年均代理案件的数量在20～30件，所占比例最高，为34.21%；案件年均代理数量排在第二位的有12所高校，数量为10～20件，所占比例为31.58%；排在第三位的有9所高校，年均案件代理数量为30件以上，所占比例为23.68%；排在最后一位的有4所高校，年均案件代理数量为0～10件，所占比例为10.53%。从宏观来看，大学生法律援助机构办理案件数量偏低，也就是说案源不足。根据调查数据中可知，超过70%的大学生法律援助机构年均代理案件数量在30件以下，多数年办理案件的数量仅为10～30件，甚至存在部分高校年办案数量是个位数。案源不足的问题也恰好从侧面说明，目前部分大学生法律援助机构未能充分发挥为社会提供法律援助的作用。

寻找拓展案源的渠道、探求新的运行模式是大学生法律援助机构目前亟须解决的问题。案源的拓展需要通过得当的宣传，让更多人知晓高校建立了法律援助机构，同时配备了专业服务人才，能够较好服务于受助人，解决机构公信力的问题，案源缺少的难题便能随之解决。解决案源问题的方式有利用微信公众号、微博等互联网模式宣传大学生法律援助机构，把这些技术和大学生法律援助机构的建设和宣传结合起来，一是能高效、便利地建设机构品牌，沉淀资源积累人脉；二是便利机构工作，机构可以通过微博文章、微信推送等形式进行普法宣传，同时提高案件分流、与受援人沟通等其他方面的工作效率。或者，定期开展“法律服务团队进社区”的活动，通过向社区居民开展日常法律知识讲座、“你问我答”以及相关普法法律宣传工作，向社区群众宣讲日常法律知识，并就居民自身面临的法律纠纷进行详细解答，将学生法律服务推广到千家万户。

“酒香也怕巷子深”，大学生法律援助机构作为兴起不久的产物，除了要具备高质量的法援人员，还要利用多种手段进行宣传，使大学生法律援助为公众所知晓，进而促进案源的拓展，推动大学生法律援助机构的进一步发展。

表 6-2　案件代理的年均数量分析

选　项	小　计(件)	比　例(%)
0~10 件	4	10.53
10~20 件	12	31.58
20~30 件	13	34.21
30 件以上	9	23.68
本题有效填写人次	38	100

三、调研的不足

通过现有的数据可知，大学生法律援助机构普遍的年办案量是在 10~30 件案件，因参与高校有限，无法将国内大学生法律援助机构的年办案量认定在上述数据之间，还需要进一步加深了解才能得到更加真实的代理案件数量。

第七章　大学生法律援助案件办理满意度分析报告

第一节　大学生法律援助社会认可度分析

一、背景分析

社会组织要在社会环境中生存与发展，需要社会对组织具有认同感，当认同感较低的情况下，认同的缺位将会对该社会组织生存环境造成恶劣的影响。目前我国在政治法律、民众群众、与其他组织协作等三方面存在对大学生法律援助组织认同的缺位。

第一，法律援助是政府国家责任。目前国家只是模糊地确立鼓励各种社会力量参与法律援助这样的政策，例如，《法律援助条例》第 7 条规定："国家鼓励社会对法律援助活动提供捐助。"第 8 条规定："国家支持和鼓励社会团体、事业单位等社会组织利用自身资源为经济困难的公民提供法律援助。"虽然依据我国现有条件，不可能完全依靠国家，但政府并没有确立清晰的法律援助发展规划，对各种法律援助力量的认识也没有完全到位。限于这样的政策性规定，对以大学生法律援助组织为代表的社会力量的定位、审批资质、经费来源等不做规定，直接导致制度的缺失，最终影响大学生法律援助组织的进一步发展。

第二,在民众群体性认识缺位方面,主要表现在大学生法律援助机构的社会功效不能得到社会大众的认同,并且对高校法律援助的认识上具有很大的偏差。部分群体直接将高校法律援助与高校学生直接挂钩,错误地认为这些仅仅是学生组织,大学生不谙世事,也没有能力去提供法律服务,他们通常冷漠地对待这些组织和人员,对大学生法律援助持有不信任的态度。部分人群则完全相反,过高地估计大学生法律援助机构的作用,认为自己不获得援助的话就是社会不公、律法不明,在他们的案件已经失去了胜诉的可能或不应该通过法律救济的方式实现的情况下,仍然坚持要求获得代理,最终形成“缠讼”。他们认为,大学生法律援助机构承担了与政府法律援助组织一样的法定义务,必须为他们“排忧解难”,而这样的责任却不是一般的组织所能承受的。

第三,法律援助是国家政府的责任,更是社会的责任。推进法律援助事业的过程中,社会各界的公益性组织、各个团体的权益维护组织都有着各自的责任。社会各界的公益性组织在社会生活中发挥着非常重要的作用,法律援助事业需要依赖这些组织的扶持,如消费者权益保护协会、妇女权益保护协会。这些组织在相应社会群体内的社会影响力巨大,拥有的社会资源也非常丰富。如果法律援助机构能够与这些组织保持良好的合作关系,对于法律援助的发展具有非常巨大的促进作用。现状是,无论是社会一般法律援助机构还是大学生法律援助机构,均与这些社会组织没有联系,而这些组织常常需要法律援助机构的帮助,但是因为对法律援助的认同缺失,他们很少寻求法律援助机构的帮助,这也是制约法律援助机构发展的不利社会因素。

其实,上述三个方面是相互联系、相辅相成的。国家对法律援助的制度保障,能够提高法律援助机构在人民群众和社会组织中的权威性和信赖程度,而人民群众和社会组织对法律援助机构的信任和依赖,也是对国家制度的支持。大力发挥这三面的共同推进作用,建立一个良好的相互促进的循环系统,才能为法律援助机构的发展建立良好的社会环境。

二、问卷分析

通过表7－1可以看出,社会对大学生法律援助的认可程度,持“认可”态度的所占比例最高(25所高校),为65.79%;持“非常认可”态度的所占比例排在第二位(9所高校),所占比例为23.68%;持“不认可”“非常不认可”态度的较低,所占比例分别为10.53%、0%。根据调查数据可知,大学生法律援助得到了的社会一定认可,但是,社会接纳度、社会认可度仍然有待提高。

表7－1　大学生法律援助社会认可度分析

选　项	小　计(人)	比　例(%)
非常认可	9	23.68
认可	25	65.79
不认可	4	10.53
非常不认可	0	0
本题有效填写人次	38	100

影响大学生法律援助机构的社会认可度的原因是多方面的,如泆律援助的质量、法援人员专业化程度、社会知晓度。受高校培养方案的影响,大学生法律援助机构大多数成员是初入大学校园的学生,这部分成员对于法律援助的积极性高涨但专业性有所欠缺,特别是部分不吸纳研究生成员的法律援助机构的缺陷尤为突出。法律援助对专业性的要求较其他的学生组织更为严格,成员需要一年至两年的成长期,而在学员成长起来后,按照各高校人才培养方案,高年级学生往往会选择退出法律援助机构,这就导致大学生法律援助机构虽然有新鲜血液不断得到补充但根基并不牢固。在实践中,大学生法律援助组织囿于案件来源和学生提供法律援助的能力所限,因而社会影响力低,公众认可程度不高。因此,提高大学生法律援助组织的专

业化水平、提高社会认可度、增强案件当事人的信任感势在必行。

提升大学生法律援助组织专业化水平的路径有二：一是吸纳研究生力量，二是与社会力量对接，争取有实务经验的法律工作者指导。目前，大学生法律援助机构大部分是由本科生尤其是低年级学生组成，而法律援助的专业性要求相较其他学生组织更高，吸收已经有一定知识储备的研究生势在必行。结合实践经验，可以在大学生法律援助机构中推广“研究生＋本科生”的模式，研究生的知识储备较本科生而言更为丰富，且部分学生已经有了一定的实践经验，本科生对于学生组织工作的热情又远大于研究生，二者可以优势互补。目前，绝大多数高校研究生培养实行的是导师责任制，研究生与导师的沟通相较于本科生更为便利，在疑难案件的处理上更具优势。应定时对大学生法律援助行为进行跟踪评价，通过电话、信件等对登记在案的已处理案件的当事人进行咨询，通过制定“意见反馈表”“案件接待量汇总”等形式及时汇总意见，进行监督和评价。应不断加强法律援助者能力建设，提升专业水平，以提高公众认可度，扩大社会影响力。

三、调研的不足

对于大学生法律援助社会认可度的调查，社会对大学生法律援助的认可程度最有发言权的应当是受援群体。但是由于受援群体过于分散，其认可度不易采集，加之现阶段还不能确定各个开展法律援助的高校都已进行对受援人的回访，所以当前对于社会层面的认可程度还没有一个准确的数据加以佐证。如何对受援群体进行认可度抑或是满意度的调查也是大学生法律援助机构需要在今后工作中加以注意并加强的。

仅对大学生法律援助机构进行数据收集难免有失偏颇。正如不能既作运动员又作裁判员一样，对于受援人的满意程度，大学生法律援助机构应当尽力避免将自己对案件估计的认可程度视为受援人的想法。囿于本次调研参与院校数量，加上主观推测过多，对于社会认可度的分析仅能在部分领域提供参考。

第二节　大学生法律援助专业从业者认可度分析

一、背景分析

大学生法律援助机构的发展需要依靠高校、司法行政机关等多部门共同努力。大学生法律援助是一项系统性的工作，要想持续性开展优质高效的法律援助工作，离不开与校内外相关部门的协调与配合。大学生法律援助机构的认可程度，需要多方位、采用立体的视角观察其认可度。这就要求在对认可程度进行考量时，不仅需要从受援人角度加以考量，同时还需要从法律从业者这一专业角度听取专业人士对于大学生法律援助机构是否认可的意见。

大学生法律援助机构在日常工作中需要校内校外多部门的配合帮助，他们对于大学生法律援助机构认可程度可以直接反映对于大学生法律援助机构运行的态度。

在校内的法律援助需要高校内相关部门的配合。大学生法律援助的服务群体除符合条件的受援人外，在高校内急需法律援助的学生也是重要的受援群体，这些学生还没有走出社会，没有收入，没有充分的能力维护自身合法权益，这些以学生群体为代表的校内法律援助的申请人与校内成员或者主体产生纠纷的概率较大，针对其开展法律援助工作，在申请人基本信息的了解、案件事实的调查、证据的收集等方面，都需要校内相关部门如教务部、学生工作部、后勤管理中心等机构的有效配合，学校应做好统筹协调工作，必要时给予大学生法律援助工作的全力支持。

普通法律援助案件则需要司法行政机关的配合。在大学生法律援助的实施过程中，往往需要与当地的公检法等司法行政机关打交道，当地的公检法等部门应结合本地高校的实际，联合发文以统一的标准、详尽的实施细则为校内法律援助提供便利依据，并在具体的实施过程中，对经验不足的大学生法律援助人员给予特殊的指导和帮助，在程序上尽量以繁化简，共同助力大学生法律援助工作。

二、调研访谈分析

在本次调研中，参考的法律从业者的范围包括司法机关和高校法学教师。司法机关在法律援助中扮演着相当重要的角色，司法机关管理全国的法律援助工作，管理刑事、民事法律援助，在法律援助工作中配合法律援助机构的工作，还要在进行法律援助中，及时总结经验教训，向立法机关和行政机关提出司法建议，以求完善国家的法律援助制度，进一步保护公民的司法人权。最重要的是，司法机关对于大学生法律援助机构的认可程度直接影响法律援助机构的学生工作人员能否顺利进入诉讼程序。

在调研中笔者发现，很多大学生法律援助机构都遇到类似情况，前期准备工作都已经完成，证据材料、法律文书准备充分，但是在开庭前，审判人员对大学生的代理资格产生怀疑，最终不能允许受援人的代理人参与诉讼。调研受访中的一所高校为避免这种情况继续发生，在开庭时会携带该校法援机构曾经在开庭法院代理案件的生效判决书。

电话访谈了几位曾经处理过代理人是大学生法律援助机构案件的法官，向他们询问了对大学生法律援助机构的认可度，笔者得到了对于大学生法律援助机构的两种不同看法：一种观点认为，大学生法律援助机构的学生代理案件是十分有益的，一方面缓解了法律援助的压力，另一方面为受援人提供更多的帮助，对于学生而言也是极好的锻炼机会，现在的学生对于实务想象的过于简单，需要让学生们了解真正的诉讼情况，但需要在有教师指导的情况下进行；另一种观点则认为，学生代理的案件首先在办案质量上得不到保证，学生可以通过实习积累经验，不能用法律援助案件作为锻炼学生的工具,其次对于学生代理案件的身份还没有明确的依据,有很大的风险,对于大学生法律援助机构的普法宣传等活动有很高的评价,但是对其代理案件的认可度较低。

在对高校的法学院教师进行调研中,教师对于大学生法律援助机构的认可度非常高,也希望更多的学生能够加入法律援助队伍作出贡献,同时要保证案件的质量,就需要更多教师、兼职律师、专职律师投入大学生法律援助工作中来。

三、调研的不足

调研中的受访群体较少,样本采集较少,同时在调研中过高估计了专业人员对于大学生法律援助的了解程度,导致调研访谈的对象对于该问题只有最直接的印象,由此也可以看出现阶段的大学生法律援助的影响程度有待提升,才能进一步了解出对于大学生法律援助的认可程度。

附　　录

附录一　中国大学生法律援助机构规章制度（全国部分高校）

中国人民大学大学生志愿者法律援助中心章程

第一章　总　　则

第一条　名称是中国人民大学法律援助中心。

第二条　中心是中国人民大学法学院团委的隶属单位，是以中国人民大学法学院学生为主体、组织广大青年学生服务社会的学生公益性组织，是我校学生进行法律实践活动的基地。

第三条　中心的宗旨是深入开展学术实践和社会实践，运用法律专业知识服务社会，无偿帮助社会弱势群体维护其合法权益。

第二章　援助对象和工作方式

第四条　本中心的服务对象主要是经济困难、无力支付法律服务费用的下岗职工、农民工、残疾人、孤寡老人及其他需要法律帮助的弱势群体人员。

第五条　本中心以下列形式实施法律援助：

（一）来访接待、当面解答法律问题、代拟法律文书；

(二)网上咨询;

(三)书面咨询;

(四)组织流动法律队伍,义务普法,不定期为城乡居民服务;

(五)向社区的法律服务部门派出挂职青年志愿者;

(六)向中学、小学及残疾人特教学校学生提供义务法律普及教育;

(七)对于请求代理诉讼的案件,可以转审查委员会审查后由诉讼代理部提供免费代理。

第三章 组织机构

第六条 中心设主任、顾问委员会、办公室、诉讼代理部、案例研究部、司法局项目组、组织策划部、外联部。

第七条 中心主任、副主任、办公室主任和各部部长均由内部民主推选后由团委任命;顾问委员会由中心聘请知名学者与老师组成。

第八条 中心主任行使下列职权:

(一)全面负责中心工作;

(二)召集部长会议,探讨工作思路,统筹工作计划;

(三)对中心骨干进行考评和奖励;

(四)提名副主任、各部部长,办公室主任的人选;

(五)根据各部部长和办公室主任的提名,任命各部副部长和办公室副主任。

第九条 副主任协助主任管理中心内部各项事务,中心各部实行部长(主任)负责制,各部部长(主任)向中心主任负责。

第十条 办公室负责中心内部联系、外部联系、经费管理、文件归档、值班监督等。

第十一条 组织策划部负责活动的设计、组织、宣传、现场协调、总结等。

第十二条　诉讼代理部负责代理符合本中心条件要求的案件代理活动。

第十三条　案例研究部负责按照一定形式整理汇编司法局项目组的网上答疑、海法和消协的咨询及诉讼代理部经办的案件。

第十四条　司法局项目组负责在司法局安排下回答网上的法律咨询。

第十五条　外联部负责本中心与校内、校外等有关组织和各界人士的联系。

第四章　成　　员

第十六条　凡中国人民大学法学院及校内其他各院系本科生、第二学位学士、硕士研究生和博士研究生等均可自愿报名,经考核后成为中心成员。

第十七条　本中心各机构成员数额基本保持稳定的数目,视情况可略有上下浮动,具体组成如下:

(一)主任一名,副主任五名;

(二)办公室主任一名,副主任一名,成员:本科生十五名;

(三)组织策划部部长一名,副部长两名,成员:本科生十五名;

(四)诉讼代理部部长一名,副部长一名,成员:研究生二十名,本科生十名;

(五)案例研究部部长一名,副部长两名,成员:研究生二十五名,本科生十名;

(六)司法局项目组部部长一名,副部长一名,成员:研究生五十人,本科生六名;

(七)外联部部长一名,副部长一名,成员:研究生五名,本科生十名;

第十八条　中心成员的权利与义务:

(一)参加中心组织的有关会议和活动;

(二)接受中心组织的教育和培训;

(三)接受中心各项奖励;

(四)维护中心形象;

(五)对中心的各项工作提出批评、建议;

(六)接受并认真完成中心安排的各项工作和任务;

(七)退出后获得中心成员及学生活动证明。

第十九条 成员应负责地完成所承担的工作任务,否则按照内部规定进行处理。

第二十条 中心对成员工作情况建立相关档案,档案管理办法由办公室具体负责制定和执行。

第五章 经费来源及管理

第二十一条 中心的经费主要来自社会捐助和有关单位的赞助。

第二十二条 经费管理办法由赞助单位和本中心共同制定,或由办公室另行制定。经费管理由办公室具体负责执行。

第六章 内部考核和奖惩制度

第二十三条 中心对成员的工作业绩进行考核。成员工作业绩突出,中心应给予奖励;工作中违反章程,中心应予以惩罚。

考核、奖励的具体办法另行规定,并报团委批准或备案。

第七章 日常工作制度

第二十四条 每两周召开一次部长会议,有需要时可增加临时会议。

第二十五条 各部依据自身情况定期召开例会,有需要时可增加临时会议。

第二十六条 各部定期汇报工作并进行总结,每学期结束之前中心主任组织各部汇总工作报告,由办公室整理中心本学期工作总结,报团委老师审核。

北京大学法律援助协会简介

★机构设置★

☆管理委员会

组成:会长、各部部长和负责人
职能:决策及监督执行

☆会长

组成:会长一名,副会长三名,会长助理两名
职能:以分职主管形式执行管委会决议,协调各部门运作

☆业务部

定位:进行职业化的法律援助
咨询分部
组成成员:部长一名,研究生负责人一名
职能:组织日常咨询、职业培训
诉讼分部
组成成员:部长一名,研究生负责人一名,案件复核审查委员会
职能:审查代理申请,组织代理,职业培训

☆研究发展部

定位:以深度研究拓展中国法律援助事业

职能:理论研究(组织内部研究、外部交流)
项目发展(迁西社区、城市社区调研,新项目开发)

☆社区建设部

定位:社区法律服务与建设
农村社区(北大——迁西学生法律诊所):推进
城市社区:开发

☆秘书部

定位:畅通人流物流事流
职能:办公室(会议组织,外事接待,设备维护,活动组织)
财务管理(法律援助基金管理,会计,出纳)
资料管理(业务档案,会议档案,参考资料,会志整编)
考思督(组织考核,管委会决议执行情况备案)

☆外联部

定位:争取资金支持、组织支持、项目交流合作
职能:外事联络(法律援助机构、其他法律机构,有关组织机构、媒体)
校内联络(主管部门、媒体)
法律援助基金会(律所、公司、基金会)

☆文化部

定位:沉淀和传承北大法援的精神气质,增强内聚力
职能:《北大法律援助》编辑部(会刊编辑,会志编撰)
网络组(法援进行时)
宣传组(采写,文化活动)

★工作内容★

☆日常业务:义务为民事案件、标的额较小的经济案件、行政案件以及其他案件的当事人提供法律咨询、代写法律文书、代理诉讼等法律援助。

☆社会服务:不定期在校外开展法律咨询、普法宣传以及其他形式的法律援助服务。

☆理论研究:进行中国法律援助的理论研究,翻译、介绍和研究国外的法律援助理论。

☆社区法治建设:与城市社区主管部门合作,进行社区法律服务建设,实现城乡社区法制事业共建。

☆对外交流合作:与国内外法律援助机构进行各种形式交流合作,共同探索法律援助事业。

法律援助案件的标准

根据协会章程的工作宗旨,对贫困的当事人及具有典理性代表性的公众普遍关注的重要案件的当事人提供援助性法律服务。协会代理的案件只收取办案必需费用,一律免收代理的服务费用。

办案必需费用包括:诉讼费、交通费、联系费、诉讼材料准备成本费和其他可能的费用。但在当事人自愿并在其经济条件许可的情况下,可在签订赠予合同后,向协会捐赠一定款项,专用于协会开展目常活动。

法律援助案件的重点范围

法律援助案件的重点范围包括:劳动权益案件(劳动保护、同工不同酬、劳动关系中的性别歧视、外来务工权益保护特别是和北京市外来人口劳动权益有关的案件、下岗职工权益等),家庭暴力案件,消费者权益案件,维权案件,损害赔偿案件,集体民事诉讼案件,行政诉讼案件和其他典型性、代表性、具有研究价值的案件。案件的类别为调解案、仲裁案、诉讼案、执行案等。

协会原则上不办理刑事案件。

法律援助案件的限量

根据协会人力、精力和经费情况,协会一定阶段内办理法律援助案件的总数由协会业务部综合控制,并报协会主管主席按协会规定程序随时调整。

南京大学法律援助中心章程

为了充分利用南京大学的人才优势,弘扬真正的法律援助精神,我们于1998年12月创立了南京大学法律援助中心。在此,我们郑重地向社会作出承诺:

1. 以事实为根据,以法律为准绳,严格恪守法律工作者的职业道德和执业纪律,全力捍卫受援人的合法权益和社会公正。

2. 本着无私奉献、真诚服务社会的主旨,在力所能及的范围内,最大限度地减轻受援人的经济负担。

援助中心全体教师和研究生、本科生将以我们满腔的热忱、扎实的法律功底、丰富的办案经验和高度的社会责任感扶助弱者,伸张正义,确保承诺的实现,为每一位因经济或其他原因无法享有、实现、恢复其合法权益的社会成员无私地提供法律咨询及法律援助,让每一名社会公民,无论性别、年龄、职业、宗教信仰、教育程度、财产状况,都能获得法律平等而公平的保护。我们期望全社会的关心、支持和监督。

我们坚信:真诚的法律援助,必将有助于我们的社会步入全新的、真正的法治时代!我们期盼着这一时代的到来,也期待着迫切需要法律援助的您的到来!

南京大学法律援助中心 1998 年 9 月

第一章　总　　则

第一条　为贯彻“公民在法律面前人人平等”的宪法原则,保障公民享有公正、平等的司法权利,根据有关法律和司法部关于开展法律援助工作的有关规定,发扬南大广大学生、共青团员服务人民与回馈社会的精神,依托于南京大学法学院的师资力量设立本中心。

第二条　本中心所提供的法律援助活动是指在国家司法机关、国家法律援助机构的指导、监督和统一协调下;在南京大学法学院及南大团委的直接领导下,为经济困难或特殊案件的当事人给予减、免收费提供法律帮助,以保障其合法权益得以实现。

第三条　本中心及承办法律援助事务的法律服务人员,必须遵守国家的法律,恪守职业道德和有关纪律,以事实为依据,以法律为准绳,及时有效地为受援人提供法律援助。

第二章　法律援助中心的职责

第四条　在国家司法机关、国家法律援助机关的指导、监督和统一协调下,在南京大学法学院及南大团委的直接领导下,贯彻执行国家有关建设法律援助制度的法律、法规和规定;研究制定有关法律援助制度的发展规划和模式。

第五条　统一受理、承办本地区法律援助案件或事项,并指派中心有关法律服务人员提供法律援助。

第六条　承办法律援助案件或事项。

第七条　在条件允许的情况下进行法律援助制度的理论研究、资料收集和人员培训,组织法律援助的宣传及交流活动。

第八条 承担与法律援助有关的其他工作。

第三章 法律援助对象

第九条 下列人员可以申请法律援助：

(一)有理由证明为保障自己合法权益需要获得法律帮助，但因经济困难，无能力或无完全能力支付法律服务项目，住所地在本市或持有本市暂住证的中国公民；

(二)盲、聋、哑人和未成人为刑事被告人或犯罪嫌疑人，没有委托辩护律师的；

(三)其他残疾人、老年人为刑事被告人或犯罪嫌疑人，因经济困难没有能力聘请辩护律师的；

(四)可能被判处死刑的刑事被告人没有委托辩护律师的；

(五)刑事案件中的外国籍被告人没有委托辩护人的。

第十条 公共福利组织或政府公益项目需要法律帮助的，可以申请。

第十一条 经审查批准的法律援助申请人或符合法定条件、接受人民法院指定辩护的刑事被告人、嫌疑人为受援人。

第四章 法律援助的范围和形式

第十二条 法律援助的范围包括：

(一)一般的刑事案件；

(二)请求给付赡养费、抚育费、扶养费的法律事项；

(三)除责任事故外，因公受伤害请求赔偿的法律事项；

(四)盲、聋、哑人和其他残疾人、未成年人、老年人追索侵权赔偿的法律事项；

(五)请求国家赔偿的诉讼案件；

(六)请求发给抚恤金、救济金的法律事项；

(七)其他确需法律援助的法律事项。

第十三条　下列案件或事项,本中心不予提供法律援助:

(一)因申请人的过错责任侵犯他人合法权益而引起的民事或刑事案件;

(二)因申请人过错引起的行政诉讼案件;

(三)申请人提供不出任何证明材料的;

(四)申请人出具虚假证明骗取法律援助的;

(五)其他本中心对外声明不予受理的案件。

第十四条　法律援助主要采取以下形式:

(一)法律咨询,代拟法律文书;

(二)刑事辩护和刑事代理;

(三)民事、行政诉讼代理;

(四)非诉讼法律师事务代理;

(五)定期的法律义务宣传;

(六)定期的回复社会来信;

(七)其他形式的法律服务。

第五章　法律援助的程序

第十五条　申请人向本中心提出法律援助要求应填写《法律援助申请表》。

申请人应当在申请表上签名或盖章,如实填写。申请人填写确有困难的,可由接待人员代为填写。

第十六条　申请人应当提供下列材料:

(一)身份证明、户籍证明或暂住证;

(二)街道(乡镇)、劳动部门或有关单位出具的申请人及其直系亲属经济状况证明;

(三)与申请援助事项有关的案情材料;

(四)代理人代为申请的,应当提交授权委托书或其他有关代理资格的证明;

(五)本中心要求提供的其他材料。

第十七条 中心对法律援助申请应当进行审查。接待人员询问申请人或有关人员时,应当制作笔录。如认为申请人提供的材料不完备或有疑义的,应通知当事人作必要的补充和说明,也可以酌情派员进行实地调查。

第十八条 中心应当自受理之日起10日内作出是否予以法律援助的决定:

(一)对符合条件的法律援助申请事项,应作出同意提供法律援助的书面决定,并指定承办人员。由承办人员与本中心、受援人三方签订法律援助协议,明确规定各方权利义务;

(二)对不符合规定条件的法律援助申请,作出不予援助的书面决定,并通知申请人。申请人对本中心作出的不予援助的决定有异议的,可以要求援助中心复议一次。中心应当在收到复议之日起5日内作出复议决定并通知当事人。

第十九条 下列案件和情况经法律援助中心主任批准,可不经审查直接予以援助:

(一)人民法院指定辩护的刑事案件;

(二)追索赡养费、抚养费、抚育费、抚恤金、救济金的;

(三)不及时提供援助会造成社会混乱,在公众中造成不良影响的;

(四)不及时提供援助会加大当事人损失的;

(五)南京大学在校学生所涉及的纠纷。

第二十条 中心负责审查和批准援助申请的工作人员有下列情况之一的,应当回避:

(一)援助事项的申请人或申请人的亲属;

(二)与申请事项有直接利害关系。

第二十一条　法律援助事项办结后,法律援助承办人员应向中心提交结案报告。结案报告应附判决书、裁定书、调解书等法律文书和有关法律援助文书。由中心存档。

第二十二条　法律援助事项办结后,需由受益人补偿部分费用的,中心应按有关规定及时核定并向受益人提供相应单据。

第六章　法律援助中的义务和权利

第二十三条　南京大学法学院的教师、在校研究生、高年级本科生及南大其他院系的学生按照有关程序加入本中心后,必须承担法律援助义务,依法为受援人提供法律服务。

第二十四条　法律援助承办人员接受指派后,不得疏于应履行的职责,无正当理由不得拒绝、延迟或终止所承办的法律援助事项。

第二十五条　法律援助承办人员拒不履行法律援助义务,或者疏于履行法律援助职责致使受援人遭受重大损失的,法律援助中心可以建议南京大学法学院给予相应的处罚。

第二十六条　受援人不遵守法律规定以及不按法律援助协议的规定予以必要合作,经中心批准,承办人员可以拒绝或终止提供援助。

第二十七条　受援人以欺骗方式获得法律援助的,法律援助中心应当撤销其受援资格,并责令其支付已获得服务的全部费用。

第二十八条　受援人享有以下权利:

(一)可以了解为其所提供的法律援助活动的进展情况;

(二)有事实证明法律援助承办人员未适当履行职责的,可以要求更换承办人。

第二十九条　受援人除个别特殊情况外,应承担必要的车旅费、误餐费及通信费用。

第七章　法律援助基金

第三十条　本中心为更好地为社会提供法律服务,设立法律援助基金。

第三十一条　法律援助基金单独立账,专款专用,并接受有关主管机关、单位以及广大工作人员的监督检查。

第三十二条　法律援助基金主要用于以下开支:

(一)组建费用;

(二)承办法律援助案件费用;

(三)举办义务咨询、宣传;

(四)其他中心正常运用所需的费用。

第八章　附　　则

第三十三条　本中心全称为"南京大学法律援助中心"。

第三十四条　本中心成立于一九九八年十二月,以后每年的十二月为创建纪念日。

第三十五条　本章程自公布之日起实施。

第二十六条　本章程由南京大学法学院法律援助中心负责解释。

山东大学学生法律援助中心章程(草稿)

第一章　总　　则

第一条　本中心全称:山东大学学生法律援助中心。

第二条　本中心宗旨:以我所学,服务社会,让更多的人坚定对法律公正的信念。

第三条　山东大学学生法律援助中心(以下简称中心)是由山东大学法

学院在校研究生和高年级本科生自愿组成的为社会提供无偿法律援助的专业性、实务性、公益性的大学生社团,同时也是山东省法律援助中心在山东大学设立的工作站。

第四条　本中心在山东省司法厅法律援助中心、山东大学校团委和法学院支持下筹建成立,同时由文翰律师事务所提供业务指导。

第二章　法律援助中心的职责

第五条　贯彻执行国家有关法律援助制度的法律、法规,研究、制定本中心法律援助制度的具体规则和程序。

第六条　统一受理、承办本地区法律援助案件或事项,并指派中心有关法律服务人员提供法律援助。

第七条　进行法律援助制度的理论研究、资料收集和人员培训,组织法律援助的宣传及交流活动。

第八条　筹集、管理和使用法律援助基金。

第九条　承担与法律援助有关的其他工作。

第三章　组织结构

第十条　本中心的最高权力机构是中心会员代表大会,会员代表大会的职权是:

(一)确定本中心的宗旨、工作方针,制定和修改章程;

(二)选举和罢免理事;

(三)审议理事会的工作报告和财务报告;

(四)决定本中心年度工作计划及预算;

(五)决定理事会提请审议的其他重要事项。

第十一条　会员代表大会每一年召开一次,有三分之二以上的代表出席方能开会,其决议需经与会代表过半数表决通过方能生效。

第十二条 本中心设立理事会,理事会是法律援助中心会员代表大会的执行机构。在闭会期间领导中心开展日常工作,对会员代表大会负责。

第十三条 理事会的职权是:

(一)执行会员代表大会的决议;

(二)选举和罢免主任、副主任、秘书长;

(三)筹备召开会员代表大会;

(四)向会员代表大会报告工作和财务状况;

(五)决定会员的吸收或除名;

(六)决定内部结构的设立和撤销;

(七)领导本中心各机构开展工作;

(八)制定内部管理制度;

(九)决定其他重大事项。

第十四条 理事会每届任期二年,理事可连选连任。

第十五条 理事会每一个月召开一次,三分之二以上的理事出席方能开会,其决议须经半数以上的理事表决通过方能生效。

第四章 法律援助对象

第十六条 户籍地或经常居住地在山东省的中国公民,具备以下条件的可申请法律援助:

(一)有充分理由为保障自己合法权益需要法律帮助的。

(二)确因经济困难,不能支付或不能完全支付法律服务费用的。

第十七条 盲、聋、哑人或未成年人为刑事被告人或犯罪嫌疑人,没有委托辩护律师的,应当获得法律援助。

其他残疾人或老年人为刑事被告人或犯罪嫌疑人,没有经济能力聘请辩护律师的,可以获得法律援助。

可能被判处死刑的刑事被告人没有委托律师的,应当获得法律援助。

第十八条　刑事案件中的外国籍被告人没有委托辩护人,人民法院指定辩护的,可以获得法律援助。

第十九条　当事人虽然没有申请,但为了维护国家和社会公共利益,法律援助中心认为应当提供法律援助的,征得当事人同意后,可以提供法律援助。

第二十条　各级人民政府和司法行政机关认为确有必要提供法律援助的,法律援助中心应当提供法律援助。

第五章　法律援助的范围和形式

第二十一条　法律援助的范围包括:

(一)一般刑事案件;

(二)请求给付赡养费、抚育费、扶养费的法律事项;

(三)除责任事故外,因公受伤害请求赔偿的法律事项;

(四)盲、聋、哑人和其他残疾人、未成年人、老年人追索侵权赔偿的法律事项;

(五)请求国家赔偿的诉讼案件;

(六)请求发放抚恤金、救济金的法律事项;

(七)需要予以公证的与公民个人人身、财产密切相关的法律事实或法律关系;

(八)其他需要法律援助的事项。

第二十二条　法律援助主要采取以下形式:

(一)法律咨询,代拟法律文书;

(二)刑事辩护和刑事代理;

(三)民事、行政诉讼代理;

(四)非诉讼法律事务代理;

(五)公证证明;

(六)其他形式的法律服务。

第六章 法律援助的程序

第二十三条 申请人向本中心提出法律援助应填写《法律援助申请表》。申请人应当在申请表上如实填写,并签名或盖章。申请人填写确有困难的,可由接待人员代为填写。

第二十四条 申请人应当提供下列材料:

(一)身份证明、户籍证明或暂住证;

(二)街道(乡镇)、劳动部门或有关单位出具的申请人及其直系亲属经济状况证明;

(三)与申请援助事项有关的案情材料;

(四)代理人代为申请的,应当提交授权委托书或其他有关代理资格的证明;

(五)本中心要求提供的其他材料。

第二十五条 中心对法律援助申请应当进行审查。接待人员询问申请人或有关人员时,应当制作笔录。如认为申请人提供的材料不完备或有疑义时,应通知当事人作必要的补充和说明,也可以酌情派员进行实地调查。

第二十六条 中心应当自受理之日起10日内作出是否予以法律援助的决定:

(一)对符合条件的法律援助申请事项,应作出同意提供法律援助的书面决定,并指定承办人员。由承办人员与本中心、受援人三方签订法律援助协议,明确规定各方权利义务。

(二)对不符合规定条件的法律援助申请,作出不予援助的书面决定,并通知申请人。申请人对本中心作出的不予援助的决定有异议的,可以要求援助中心复议一次。中心应当在收到复议之日起5日内作出复议决定并通知当事人。

第二十七条　下列案件和情况经法律援助中心主任批准,可不经审查直接予以援助:

(一)人民法院指定辩护的刑事案件;

(二)追索赡养费、抚养费、抚育费、抚恤金、救济金的;

(三)不及时提供援助会造成社会混乱,在公众中造成不良影响的;

(四)不及时提供援助会加大当事人损失的;

(五)山东大学在校学生所涉及的纠纷。

第二十八条　负责受理法律援助申请的工作人员有下列情况之一的,应当自行回避,申请人也有权要求他们回避:

(一)是援助事项的申请人或申请人的近亲属;

(二)本人或者他的近亲属和援助事项有利害关系的;

(三)与申请人有其他关系,可能影响公正处理案件的。

第二十九条　法律援助事项办结后,法律援助承办人员应向中心提交结案报告。结案报告应附判决书、裁定书、调解书等法律文书和有关法律援助文书,由中心存档。

第三十条　法律援助事项办结后,需由受益人补偿部分费用的,中心应按有关规定及时核定并向受益人提供相应单据。

第七章　会员及法律援助中相关的权利和义务

第三十一条　山东大学法学院的研究生、高年级本科生及山东大学其他院系的学生按照有关程序加入本中心后,必须承担法律援助义务,依法为受援人提供法律服务。

第三十二条　会员享有下列权利:

(一)本中心的选举权、被选举权和表决权;

(二)参加本中心组织的有关活动;

(三)对本中心工作的批评、建议权和监督权;

(四)退出本中心的权利。

第三十三条 会员履行下列义务:

(一)遵守章程和本中心制定的规范及准则;

(二)执行本中心的决议;

(三)按要求参加本中心的活动;

(四)完成本中心交办的工作;

(五)按规定交纳会费。

第三十四条 法律援助承办人的权利:

(一)有权知晓受援人及需要援助的相关情况;

(二)有权要求受援人协助处理案件;

(三)除特殊情况外,有权要求受援人承担必要的车旅费误餐费及通信费用;

(四)在办理法律援助过程中,受援人不履行义务严重影响其办案的,承办人可以申请终止法律援助。

第三十五条 法律援助承办人的义务:

(一)法律援助承办人员接受统一指派后,无正当理由不得拒绝、延迟或终止所承办的法律援助事项。

(二)法律援助承办人员应遵循诚实守信的原则,依法为受援当事人的利益处理案件。

(三)在承办法律援助事务中,应当保守知悉的国家秘密和受援人的商业秘密,不得泄露当事人的隐私。

(四)在承办法律援助事务中,应当接受法律援助中心的监督。法律援助事项办结后,应按法律援助中心要求提供结案报告及与受援人签订的协议、代理词或辩护词、判决书(调解书、裁定书)、公证书等材料副本(复印件)。

第三十六条 受援人的权利:

(一)可以了解为其所提供的法律援助活动的进展情况;

(二)有事实证明法律援助承办人员未适当履行职责的,可以要求更换承办人。

第三十七条　受援人的义务:

(一)受援人应遵守法律援助协议的规定,如实提供受援事项的情况,配合法律援助中心或承办单位及其承办人员的工作;

(二)因援助案件或事项的解决而获得较大利益时,应当向承办本案的法律援助中心或其他承办单位支付服务费用。

第八章　法律援助基金

第三十八条　本中心为更好地为社会提供法律服务,设立法律援助基金。

第三十九条　基金的来源:

(一)山东省司法厅的拨款;

(二)山东大学团委的拨款;

(三)山东大学法学院的拨款;

(四)山东文翰律师事务所的赞助;

(五)社会各界捐助;

(六)其他合法来源。

第四十条　法律援助基金单独立账,专款专用,中心一切财务支出,必须由主任签字方能入账。

第四十一条　法律援助基金主要用于以下开支:

(一)中心正常运转所需房屋租赁费、交通费等正常办公费用;

(二)承办法律援助案件费用;

(三)举办义务咨询、宣传;

(四)表彰、奖励法律援助工作中成绩突出的个人;

(五)其他开展工作所需的正当费用。

第四十二条 中心换届之前,必须接受学校和法学院主管部门的财务审计。中心的资产归中心所有,任何单位、个人不得侵占、私分和挪用。

第九章 附 则

第四十三条 本章程的解释权、修改权由会员代表大会行使。

第四十四条 本章程自中心成立之日起生效。

厦门大学大学生法律援助中心章程

第一章 总 则

第一条 为提高我院大学生法律学习水平与法律实务能力,创建我院为高水平有特色的综合性大学法学院,支持和促进中国法律援助制度的建设和完善,根据有关法律法规和学院管理制度,特制定厦门大学大学生法律援助中心社团活动章程。

第二条 厦门大学大学生法律援助中心(以下简称法援),是由本校大学生志愿者组成的进行普法宣传和为社会弱势群体提供无偿法律援助的学生志愿者社团组织,在厦门大学法学院的领导下实行自主管理,并服从厦门大学团委和厦门大学社团联合会的管理。

第三条 厦门大学大学生法律援助中心的宗旨是关注社会,积极参与,以所学回报社会,让人人享有正义。目标是建立起一支正直热忱、求真务实、业务精专的高素质志愿者队伍,厉行法律援助,推动法制宣传和普及,切实维护社会弱势群体的权益,以实际行动为中国法律援助制度的完善尽薪柴之力。

第四条 厦门大学大学生法律援助中心服务项目:

(一)进行普法宣传,增强全校师生员工及社会公众的法律意识;

(二)开展法律咨询活动,向全校师生员工及社会公众特别是社会弱势群体提供法律咨询,代写法律文书等服务;

(三)向需要法律援助的对象无偿提供申诉、诉讼代理等法律援助。

第五条　法援成员必须遵守国家法律,恪守法律职业道德和校纪校规,以事实为依据,以法律为准绳,及时有效地为受援助者提供法律援助。

第二章　成　　员

第六条　厦门大学大学生法律援助中心成员一律平等,成员本着认真好学、严谨务实、团结协作的精神尽职尽责地工作。

第七条　加入厦门大学大学生法律援助中心,须具备以下条件:

(一)具有厦门大学正式学籍;

(二)认同厦门大学大学生法律援助中心章程;

(三)经考核合格后录取。

愿意了解和支持法援的厦门大学其他学生均可参加法援职能部门工作或以法援志愿者身份参加法援的部分活动。

第八条　法援成员基本权利:

(一)选举权与被选举权;

(二)参加成员大会并行使成员大会职权;

(三)对法援工作提出批评、建议和实行监督的权利;

(四)参加法律援助工作和法援内部各项培训及活动的权利;

(五)工作表现突出获得相应荣誉和奖励的权利;

(六)依法援章程及其他规章制度应享有的权利。

第九条　法援成员基本义务:

(一)自觉遵守法援的章程及各项管理制度;

(二)积极维护法援的形象和荣誉,不得作出任何损害法援利益的行为;

(三)努力提高自身素质,服从法援的工作安排,按时参加并尽己所能提供高质量的服务;

(四)依法援章程及其他规章制度应履行的义务。

第十条 退出法援情况:

(一)成员从厦门大学毕业后自然退会;

(二)成员行为严重违反法援的规章制度或给法援带来严重损害,或因其他原因使法援认为该成员严重不合格,不适合再留在法援的,经集体讨论同意后通知其退会;

(三)成员不得随意提出退会,实有特殊原因要求主动退会的应向组织部主管说明原因,经讨论同意后退出法援。

第三章 组织机构

第十一条 法援社员大会是中心最高决策机构,每学期召开一次,由法援主任主持,须法援所有成员三分之二以上出席。

第十二条 法援成员大会职权:

(一)制定和修改法援章程及其他规章制度;

(二)决定法援组织机构的设立,变更与终止;

(三)听取审议法援工作报告与学期工作计划;

(四)审议成员或主席团提出的议案;

(五)决定其他重大事宜。

第十三条 法援设主任一名,代表法援处理对外事务,签署内部各种文件,主持成员大会和主席团会议;设副主任两名,负责协助主任开展法援各项工作。

第十四条 法援委员会会议由法援主任、副主任、各部门部长参加,由主任团组织召开,实行民主集中制,各项工作接受全体成员监督。

第十五条 法援设立六个职能部门,每个部门一名部长,并设置若干名副部与干事。

第十六条　法援职能部门设置如下:

(一)办公室

1. 负责中心日常文档管理;

2. 负责中心财务审查和报销;

3. 负责定期中心工作总结。

(二)项目部

1. 负责组织中心年度活动;

2. 负责协调各部门,共同承办中心活动。

(三)宣传部

1. 负责法援及各部门活动的校内外宣传工作,配合学院完成上传下达工作;

2. 负责编辑中心内刊;

3. 负责制作海报、视频等宣传资料。

(四)外联部

1. 负责对外合作事务联系;

2. 努力争取与校外单位建立合作关系;

3. 为法援争取社会赞助。

(五)咨询部

1. 负责法援日常值班,接待法律咨询与法律诉讼援助请求;

2. 负责召集重大疑难案件研讨,研讨范围包括法援受理之案件,社会热点案件;

3. 负责召集新法律法规、法律解释之学习研讨;

4. 负责法律咨询案件法律诉讼援助案件的档案材料编撰,完成后交由办公室保管。

（六）志愿服务部

1. 负责法律援助中心自身志愿服务活动的开展（思明区法援、思明区仲裁院、法援）；

2. 负责法学院志愿服务活动的开启与工时录入；

3. 必要时协助其他部门开展活动。

第四章　受案管理

第十七条　受案登记规范如下：

（一）法援对属于受案范围的法律咨询、代拟法律文书、法律诉讼援助请求施行分类登记制度，由承办者分类填写，并在值班日志上予以记录。

（二）法律咨询类案件受案之后，由咨询部值班接待成员直接承办。

（三）代拟法律文书受案之后，由咨询部值班接待成员直接承办。

（四）法律诉讼援助请求先行接待登记，而后转呈值班人员审查，经批准承办的法律诉讼援助咨询部指派正式成员承办。

（五）对于代拟法律文书、法律诉讼援助两类案件在确定承办之后，承办人应当与援助请求人签订《法律援助协议》，该协议一式两份，同时承办人还应当认真填写受案分类登记表格，两份文件均应归档。

（六）确定正式受理案件之后，应当收取当事人的相关材料；法律咨询类案件能够及时答复的，应当场返还当事人材料，其余案件只能收取复印件，当事人交付原件的应当退回，告知其复印后再行提交。

（七）未经指派擅自处理法律诉讼援助请求者，由本人承担所有的责任。

在法律援助过程中，当事人可以了解援助活动的进展情况，当事人有事实证明承办人员未适当履行职责的，可以要求更换承办人。受援人不遵守法律规定以及不按法律援助协议的规定而予以必要的合作，经咨询部批准，承办人员可以拒绝或终止提供法律援助。

第十八条　承办日志：法律诉讼援助案件的承办者应当自承办之日起

制作案件承办日志,法律援助中止或终结之后应将承办日志归档。

第十九条　代拟法律文书类案件要充分考虑以下因素,慎重给予答复:

(一)代书对象以起诉书、答辩书、上诉书、再审申请书等法律规定的诉讼文书为主;

(二)申诉书、上访书等文书应当考虑案件的具体情况,代写以必要为度;

(三)文书内容必须以证据为基础,不能仅以当事人的口头陈述为根据,当事人没有证据材料,仅口头要求代写文书的,不予支持。

第五章　值班管理制度

第二十条　办公室日常值班同学分为两类:

(一)值班负责人,每天安排一名值班负责人;

(二)值班人员,每两小时安排一组值班人员,上午、下午各安排两组。

第二十一条　办公室日常值班秩序

(一)值班时应保证至少有两人在办公室。如需请假,必须提前告知当日值班负责人,说明理由,并配合值班负责人调班;如果确有要事、急事等客观原因迟到或早退,必须向当日值班负责人说明并经其同意。

(二)值班人员在办公室应保持安静和仪态,不得吸烟、吃零食、大声喧哗,不得进行娱乐活动。

第二十二条　值班负责人的主要工作和职责:

(一)当班日应于上午八点、下午两点三十分准时到达值班室开门。

(二)得知值班人员有特殊情况无法值班后,应及时联系相关人员调班,保证值班室有充足人员配置。

(三)不定期抽查值班人员的出勤及签到情况。

(四)严格保管好值班室钥匙,不得将钥匙交予值班负责人以外的任何人员。

（五）管理办公室的主要办公设备。

第二十三条 值班人员的主要工作和职责：

（一）及时签到并保持好值班室卫生。每班必到，到达办公室后及时在《值班登记表》上签到。

（二）处理未决事项。认真查看《值班登记表》，若有上一班的值班人员遗留下来的相关未决事项，应及时处理，避免耽误时间。

（三）提供咨询。积极处理来访者的咨询，慎言慎行、细致耐心，若有无法现场解决的疑难法律问题，可以记录在案事后向指导老师寻求帮助。

（四）做好值班记录，记录内容主要包括：

1.《咨询登记表》的内容及编号，并将咨询详情录入电脑备份；

2. 接待来访者的有关内容（可在《咨询登记表》后另附页）；

3. 与办公室值班工作有关的电话内容；

4. 值班期间尚未完成或者需交代下一班值班人员进行的工作；

5. 资料外借情况；

6. 其他需要记录的事项。

（五）做好归档工作。主要档案整理工作如下：

1. 将需要答复的信件、咨询材料带回的，应将案件基本情况和资料外带情况记录在《资料外带登记表》中；

2. 如有申请代理的案件，将印请代理案件的基本情况记录在《申请代理案件登记表》中；

3. 将《咨询登记表》按顺序及有关材料存放在指定位置；

4. 每一份《咨询登记表》都应对之进行编号，须注意编号要互相衔接，避免漏号重号。同时，还应在原始材料上（主要是指来信咨询的情形）注明编号，以方便文件的归档及查询。

（六）维护设备。维护办公室的主要办公设备，若当班时发现设备发生故障，应及时向法援办公室的工作人员报修。

(七)通知义务。若发生涉及不在场人员的事情,及时告知有关人员。

(八)其他应由值班人员承担的工作。

第二十四条　卫生安全制度:

(一)每一组的值班人员进入办公室后,应先搞好卫生工作,包括地面卫生及桌面卫生。

(二)上午和下午的最后一组值班人员在离开办公室前,应搞好安全预防工作:检查窗户是否已经锁好、电器设备的电源是否已经切断,最后确认大门是否锁好。如果离开时还有其他人员在办公,则必须交代专门人员做好此项工作。

第二十五条　注意事项:

(一)值班人员应遵纪守法,不得煽动来访者通过上访、闹事、游行示威等方式解决法律问题。

(二)值班人员应注意保护值班室相关登记材料,不得随意泄露来访者的个人信息及相关案情,切勿将《咨询登记表》交给来访者。

(三)值班人员应注意保护个人隐私,请勿随意泄露手机号码、QQ 号码、家庭住址等个人信息,对外一般只留办公室电话号码。

(四)值班人员以外的人员不得使用办公室电话和电脑。除非十分特殊的情况,应征求值班负责人及在场所有值班人同意后使用。

(五)所有值班人员应注意保管好自己的贵重物品,一旦丢失中心概不负责。如遇来访者过多的情况,可将值班人员的书包、笔记本电脑等财物集中放置于靠窗的柜子。

(六)来访者留下的资料不得留原件。如果来访者只有原件的,要求来访者自己复印。对于来访者所留下的材料,应登记并核对清楚。

(七)值班人员对办公室值班的运行有任何意见、建议或看法,均可在《留言簿》上留言,相关责任人员将定期予以答复并采纳合理意见,对办公室值班制度进行整改。

（八）若遇到需跟踪处理的案件，原则上由接待的志愿者1～3名负责跟踪解决。若志愿者独立解决有困难，可与当日值班负责人联系，说明案件情况，中心将视情况安排其他志愿者协助解决。需要寻求老师指导或其他专业人士指导的，鼓励志愿者自行联系老师指导，也可由中心帮助联系老师。

（九）对于经常来访人员，如果案件无法解决，接待人员可以倾听、安抚为主，不要煽动上访，找学院领导。

（十）办公室原则上不提供打印、复印服务，所有咨询材料需要当事人自己打印、复印。值班人员代写的文书，数量不大的（少于10张），可以由值班人员代为打印，对于大量的打印、复印要求一律予以拒绝。

第六章 考核制度

第二十六条 考核制度：

（一）法援咨询部每学期将按照《值班登记表》的情况为值班人员计算志愿者工时。

（二）以下表现突出的社员，法援将向院青协推荐参评“优秀志愿者”，“志愿服务工作积极分子”：

1. 持续跟踪案件，完整处理一个案件的；

2. 为对口来访者彻底解决法律问题的；

3. 在某项活动的策划、筹备以及开展中贡献十分突出的；

4. 在志愿服务工作方面有其他突出表现的。

第七章 财务管理制度

第二十七条 财务管理由办公室主任和分管副主任共同管理，实行主任责任制。

(1)法援内部必须有专门的财务负责人，财务负责人由两名成员组成。一人负责掌管账本，按时记账，管理发票；一人负责保管现金，具体属实地登记好每一笔现金的去向用途,作好现金记账。

(2)法援的出纳与汇总定期进行财务核对,如发现有问题,应及时处理。

(3)法援内部每学期至少向社团成员公布财务状况一次。并接受社团成员监督。

第二十八条　法援的收入包括:

(1)上级补助收入,即从主管部门和上级单位取得的日常行政经费、活动经费及专项资金;对法援参加或举办全校性的且具有一定水准和良好影响的科技、文化、体育、艺术等活动,学院及学校可酌情给予一定资金支持。所拨款项登记入账后归各社团作为社团活动经费。

(2)赞助收入,即从外界企事业单位取得的赞助经费;法援不得参与赞助商纯商业性的经营活动,赞助费只能用于被赞助的活动,如有剩余则转入本社团经费并登记入账。

(3)其他收入,即上述规定范围以外的各项收入,包括捐助收入、利息收入等。

第二十九条　收入管理:

(1)上级补助收入由法援办公室统一负责管理。

(2)赞助费用管理:赞助经费要上缴社团入账,该经费用于社团的专项活动。

第三十条　法援支出包括:

(1)法援的日常行政经费,办公用品费用等;

(2)社团的活动经费,包括宣传费用、场地设备费用、交通费用等;

(3)其他费用,包括公关费用等。

第三十一条　大型活动必须要有详细的经费预算和活动计划,费用较大需要预支的,需要获得院团委负责老师的批准。

第三十二条　社团报销原则:

1.范围必须是该社团的开支,私人票据不予报销;

2. 报销内容必须合理,所有报销项目必须有票据(正规发票凭证);尽量取用带有正规公章的全国统一发票,条件不允许时可用收据。发票填写必须全面真实无涂改。发票须要有经手人、证明人及财务负责人签字后才可入账。若确实遇到特殊情况无法开出发票或收据,则必须由活动负责人书面证明该款项的具体用途及无法开出发票的原因。

第三十三条 报销程序:

(1)按规定上交报销凭证和支出的具体项目,填写报销单、经办人和部门负责人签名;

(2)上交单据交由办公室主任负责审核,并予以入账和签字;

(3)办公室主任将签好字的账目交由分管账目的副主任,由他负责审核和发放现金。

第三十四条 财务监督是维护财经纪律的保证。社团必须接受上级有关部门的财务监督,并建立严密的内部监督制度。

第三十五条 社团的财务监督包括事前监督、事中监督和事后监督三种形式。可根据实际情况对不同的经济活动实行不同的监督方式。

第三十六条 社团建立和健全各级经济责任制是实施财务监督的主要内容。

第三十七条 在换届时应及时向院团委和社团联合会上报财务负责人的更换名单;交接账本时,应在账本上注明转交时间、原因,注明剩余现金的数量,转交时要有财务负责人签字。

第三十八条 出现假账、隐瞒账目及出现经费亏空的按照相关规定予以处罚。

第八章 换届选举制度

第三十九条 法援换届采取委员会负责制,通过民主选举方式组成委员会,共同负责社团大小事务,并承担青协工作。

第四十条　参选对象的条件：

(一)法学院在校学生；

(二)满足以下四项其中之一：

1. 在大学生法律援助中心任职一学期或者一学期以上，职务不限；

2. 在校学生会、院学生会任职一学期或者一学期以上，职务不限；

3. 担任班长、团支书或者党支书一学期或者一学期以上；

4. 厦门大学法学院在校研究生。

第四十一条　机构换届遵循民主原则，采用公开竞选方式，具体参照当年换届方案执行。

第九章　附　　则

第四十二条　本章程的修改，经委员会修订并经出席社员大会成员过半数通过，报学院团委备案。本章程的修改、变更、解释权属于厦门大学大学生法律援助中心。

上海政法学院大学生法律援助中心章程

第一章　总　　则

第一条　为提高我院大学生法律学习水平与法律实务能力，创建我院为高水平有特色的政法院校，支持和促进中国法律援助制度的建设和完善，根据有关法律法规和学院管理制度，成立上海政法学院大学生法律援助中心并制订本章程。

第二条　上海政法学院大学生法律援助中心(以下简称法援中心)是由本校大学生志愿者组成的进行普法宣传和为社会弱势群体提供无偿法律援助的学生志愿者组织，在共青团上海政法学院委员会的指导下实行自主管理。

第三条 上海政法学院大学生法律援助中心以“实践,专业,热情”为基本要求,以“弘法申城,维权尚正”为宗旨。

第四条 为更好地开展法律援助工作,上海政法学院大学生法律援助中心广泛参与社会合作与交流。

第二章 成 员

第五条 上海政法学院大学生法律援助中心成员一律平等,成员本着认真好学、严谨务实、团结协作的精神尽职尽责地工作。

第六条 加入上海政法学院大学生法律援助中心,须具备以下条件:

(一)具有上海政法学院正式学籍;

(二)认同上海政法学院大学生法律援助中心章程;

(三)上海政法学院法学专业大二年级及以上学生,另有规定除外;

(四)经考核合格后录取。

愿意了解和支持法援中心的上海政法学院其他学生均可参加法援中心职能部门工作或以法援志愿者身份参加法援中心的部分活动。

第七条 法援中心成员基本权利:

(一)选举权与被选举权;

(二)参加成员大会并行使成员大会职权;

(三)对法援中心工作提出批评、建议和实行监督的权利;

(四)参加法律援助工作和法援内部各项培训及活动的权利;

(五)工作表现突出获得相应荣誉和奖励的权利;

(六)依法援中心章程及其他规章制度应享有的权利。

第八条 法援中心成员基本义务:

(一)自觉遵守法援中心的章程及各项管理制度;

(二)积极维护法援的形象和荣誉,不得作出任何损害法援利益的行为;

(三)努力提高自身素质,服从法援中心的工作安排,按时参加并尽己所能提供高质量的服务;

(四)依法援中心章程及其他规章制度应履行的义务。

第九条　退出法援情况:

(一)成员从上海政法学院毕业后自然退会;

(二)成员行为严重违反法援的规章制度或给法援带来严重损害,或因其他原因使法援中心认为该成员严重不合格,不适合再留在法援的,经集体讨论同意后通知其退会;

(三)成员不得随意提出退会,实有特殊原因要求主动退会的应向组织部主管说明原因,经讨论同意后退出法援。

第三章　组织机构

第十条　法援中心成员大会是中心最高权力机构,每学期召开一次,由法援中心主任主持,须法援中心所有成员三分之二以上出席。

第十一条　法援中心成员大会职权:

(一)制定和修改法援中心章程及其他规章制度;

(二)决定法援中心组织机构的设立、变更与终止;

(三)听取审议法援中心工作报告与学期工作计划;

(四)审议成员或常委会提出的议案;

(五)决定其他重大事宜。

第十二条　法援中心设主任一名,代表法援中心处理对外事务,签署内部各种文件,主持成员大会和常委会会议;设副主任一名,负责协助主任开展法援各项工作。

第十三条　法援中心部长会议由法援中心主任、副主任、各部门部长参加。法援中心常委会会议每两周召开一次,实行民主集中制,各项工作接受全体成员监督。

第十四条 法援中心设立职能部门与业务部门。

第十五条 法援中心职能部门设置如下：

(一)组织部

1. 负责成员的招新、考核以及法援中心工作中档案的管理。

2. 负责法援中心活动的策划、组织及后勤保障工作。

3. 负责法援中心会务活动召集,组织,考勤,记录。

(二)网络宣传部

1. 负责法援中心及各部门活动的校内外宣传工作。

2. 负责法援中心网络维护。

(三)外联部

1. 统一负责法援中心及各部门对外业务交流与联系。

2. 努力争取与校外单位建立合作关系。

3. 负责开拓和维持与校内外各媒体的联系。

4. 为法援中心争取社会资助。

以上各部门设负责人一名,由法援中心主任在全体成员中择优任命,其工作接受全体成员的监督。

第十六条 法援中心业务部门设置如下：

(一)老年人维权部

(二)残疾人维权部

(三)青少年维权部

(四)普法宣传部

以上各部门负责人由法援中心部长在全体成员中择优任命,工作接受全体成员监督。各部门负责人组织协调本部门成员开展日常工作,独立财务核算。

业务部门建立新的共建关系时,根据业务需要可提出增设部门或者内部小组的申请,报法援中心部长会议讨论并提交成员大会审议。

第四章　附　　则

第十七条　本章程经法援中心成员大会表决通过后生效。

第十八条　本章程解释权归属法援中心部长会议。

贵州省法律援助中心贵州大学工作部章程

第一章　总　　则

第一条　为维护学生权益,增强学生的法制观念,根据《法律援助条例》《贵州省法律援助条例》的有关规定,依托于贵州大学学生处法学院的师资力量设立本工作部。

第二条　本工作部所提供的法律援助活动是指在学校的领导下,在贵州省司法厅、贵州大学学生工作处的直接指导下,为在校大学生提供免费法律帮助,以保障其合法权益得以实现。

第三条　本工作部及其法律援助人员,必须遵守国家的法律,恪守职业道德和有关纪律,以事实为依据,以法律为准绳,及时有效地为本校学生提供法律援助。

第二章　法律援助工作部的职责

第四条　在贵州省司法厅、贵州省法律援助中心的指导、监督和统一协调下,按照学校要求在贵州大学学生工作处的直接指导下,贯彻执行国家有关法律援助制度的法律、法规和规定,研究和制定有关我校学生法律援助制度的发展规划和模式。

第五条　为贵州大学在校学生提供法律援助。

第六条　在条件允许的情况下进行法律援助制度的理论研究、资料收集和人员培训，组织法律援助的宣传及交流活动。

第七条 筹集、管理和使用法律援助基金。

第八条 承担与法律援助有关的其他工作。

第三章 法律援助对象

第九条 下列人员可以申请法律援助：

（一）贵州大学在校学生合法权益受到侵犯者。

（二）贵州大学在校学生其他可以接受法律援助的情形。

第四章 义务法律援助的形式

第十条 法律援助主要采取以下形式：

（一）解答法律咨询，代拟法律文书。

（二）定期向在校学生开展法律宣传。

（三）对发生在学生中的民事、非诉讼案件（事项）免费提供律师服务。

（四）其他形式的法律服务。

第五章 法律援助的义务和权利

第十一条 贵州大学法学院的教师、在校研究生、高年级本科生和其他受聘于法律援助工作部的人员必须承担法律援助义务，依法为获得法律援助的受援人提供法律服务。

第十二条 法律援助承办人员接受指派后，必须履行工作部安排的法律援助事项。

第十三条 受援人不遵守法律规定以及不按法律援助协议规定予以必要合作的，经工作部批准，承办人员可以拒绝或终止提供援助。

第十四条 受援人享有以下权利：

（一）可以了解为其所提供的法律援助活动的进展情况；

(二)有事实证明法律援助承办人员未适当履行职责的,可以要求更换承办人,是否准许,由该工作部日常工作机构决定。

第六章　工作部经费来源

第十五条　经费的来源:

(一)贵州大学学生处的拨款;

(二)接受社会各界捐助;

(三)其他合法来源。

第十六条　贵州大学法律援助工作部的经费单独立账,专款专用,并接受有关主管机关、单位以及广大工作人员的监督检查。

第十七条　贵州大学工作部经费主要用于以下开支:

(一)组建费用。

(二)承办法律援助案件费用。

(三)举办义务咨询、宣传。

(四)其他中心正常运用所需的费用。

第七章　纪　　律

第十八条　工作部工作人员违反中心纪律、章程、制度,情节严重者,按《法律援助条例》《贵州省法律援助条例》、教育部的规定必须作相应处理。

第十九条　本工作部成员接受指派后,无正当理由不得拒绝、延迟或中止所指定的法律援助事项。因受援人原因造成援助无法进行必要配合,经工作部同意,援助的工作人员可以终止中国高校法律援助制度研究援助。

第二十条　本工作部工作人员在承办法律援助事项过程中应当保守国家秘密,不得泄露受援人的隐私,不得私自向受援人索取和收受钱物以及其他不当利益。

第二十一条　本工作部成员必须服从统一安排,如有意见和建议可向负责人反映,或直接向主管老师反映。

第二十二条 本工作部成员除做好自己部门分派的工作以外,在其他部门需要帮助时,应积极参与。

第八章 附 则

第二十三条 本工作部全称为“贵州省法律援助中心贵州大学工作部”,办公室设在贵州大学学生处。

第二十四条 本工作部自批准之日起立。

第二十五条 本章程自公布之日起施行。

第二十六条 本章程由贵州省法律援助中心贵州大学工作部负责解释。

江苏师范大学法律援助中心章程

第一章 总 则

第一条 江苏师范大学法律援助中心是经江苏省司法厅注册,徐州市司法局批准并备案的社会性公益组织。

第二条 中心尊重江苏师范大学法政学院党委的领导,接受法政学院法律系与院团委合理的工作指导。

第三条 中心目的是:保护弱者权益,伸张社会正义。

第四条 中心宗旨为:以最优秀的法律专业人才,为最需要法律帮助的人,依法提供最优质的法律服务。

第五条 中心实行例会制度。

第六条 中心实行秘书考勤制度。

第七条 中心实行新闻制度。

第八条　中心实行财务审批与公示制度。

第九条　中心实行案件的援助与代理制度。

第十条　中心实行奖惩制度。

第十一条　中心工作实行主任、部长分管负责制度。

第二章　成　　员

第十二条　具有江苏师范大学正式学籍的,承认本中心的章程的在校生均可申请加入本中心成为会员。凡加入本中心者,须经本人申请,通过面试程序,经各机构部门推荐并提交中心主任团审批后,方可成为正式成员。正式成员须交一寸免冠照片两张,填写成员申请表一份。

第十三条　成员必须履行下列义务:

(一)自觉遵守国家的法律法规、学校的各项规章制度和本中心的章程及各项规章制度;

(二)认真履行会员的职责,努力完成自己的任务,积极参与中心开展的各项活动;

(三)自觉维护本中心的利益与声誉。

第十四条　成员享有下列权利:

(一)参加中心的有关会议和开展的各类活动;

(二)在中心中有推荐权、被推荐权,部长级以上成员有选举权、被选举权、表决权;

(三)对中心及其主要负责人的工作提出意见和建议并进行监督;

(四)获得中心补助与奖励。

第十五条　成员有入团和退团的自由。

第十六条　成员入团或退团,须通过规定程序进行,并办理相关手续。

第十七条　中心部长级以下成员实行如下人事制度:

(一)对于一学期内没有请假无故四次缺席例会的,予以警告;无故六次缺席例会或活动的,将作自动退团予以开除。

(二)成员主动要求退团的,必须向所在部门提出书面申请并说明理由,部门部长将申请提交主任团审批,由主任团作出是否除名的决定。

(三)各部门根据实际需要,可以补招吸收新成员。补招的新成员需填写申请表,由主任团会同各部门组织专业面试与笔试,成绩合格的,经主任团考察,作出是否批准的决定。

第十八条 中心机构领导成员按如下办法产生:

(一)中心人事安排遵循"自愿申请,部长推荐,主任团酝酿,指导老师考察"制度。

(二)中心人事安排听取并参考法政学院团委意见。

(三)中心机构的各个职务任期为一年,届时改选。

(四)新一届中心主任由主任团提出候选人;副主任由各部门推荐候选人,再提交中心部长级会议进行酝酿;主任团最终成员由上届主任团决定。

(五)中心各部门负责人以本部门决定为原则。遵循正副部长提名、主任团考察、部长级会议商议的用人程序。

第十九条 机构的各部门的职务可以连任,但不得超过两年;也可以兼任,但不得超过两个职位。

第二十条 中心实行年度换届制度,换届结束后,上一届领导机构成员自动退出中心。

第三章 组织机构

第二十一条 本中心将设立以下机构:

部长级会议:正副主任与各部正副部长

主任团:正主任一名,副主任一名至两名

执行部:正部长一名,副部长一名至三名

行政诉讼部:正部长一名,副部长一名至二名

民商部:正部长一名,副部长一名至二名

妇女权益保障部:正部长一名,副部长一名至三名

辩论部:正部长一名,副部长一名至三名

第二十二条　部长级会议是中心最高权力机构。

第二十三条　部长级会议对重大事务实行表决制,并听取尊重主任团的意见。

第二十四条　主任团是部长级会议的常设机构,负责中心各项事务的领导与执行。

第二十五条　中心各部根据本部实际情况,吸纳成员若干名。

第二十六条　执行部下设秘书组、宣传组、协调联络组,各组由执行部副部长分管。

第二十七条　执行部设部门秘书、新闻通讯员、联络员若干名。

第四章　部门职责

第二十八条　主任团履行以下职责:

(一)对外代表法援,对内领导协调各部门工作;

(二)负责审核、接收、分配法律援助案件;

(三)负责审批中心流动资金使用,承担公共财产责任;

(四)负责维护中心办公室与各法院、社区援助站点运营;

(五)负责制订中心工作计划,监督各项工作制度的执行;

(六)主任团内部实行分管领导制,副主任协助主任处理全中心事务;

(七)主任团对全体成员负责,并承担中心重大事故责任。

第二十九条　执行部履行以下职责:

(一)总职责

1.执行部实行部长分管领导制;

2.执行部下设三组,三组各司其职,紧密配合,承担中心行政性事务

工作；

3. 执行部实行部员配备制度，向各职能部门配备执行员，执行员同时纳入所在职能部门编制与考勤范围；

4. 执行部实行双周例会制度。

（二）秘书组

1. 积极配合主任工作，处理全社工作计划、申报材料等事务；

2. 负责各职能部门会议人员出席情况的考勤；

3. “法援”历史资料的保存，平时做好会议记录；

4. 参加各部门例会，积极参与讨论，做好记录；

5. 负责法援中心资金保管与物资采购。

（三）宣传组

1. 负责“法援”的全部形象设计以及各类活动的宣传。

2. 法律援助中心活动海报的制作。校内宣传海报如社团招新海报，校外宣传海报如校外法制宣传海报等法律援助中心宣传材料的制作。

3. 负责各类活动的拍照，新闻写稿与发布工作。

4. 负责法政学院法律系网站的运营，负责法援中心邮箱和其他法援信息发布平台的管理。

5. 同校内外的广播媒体、电视媒体、报纸杂志媒体以及网络媒体等媒体开展合作。

（四）协调联络组

1. 负责中心各部门联络，管理中心联络平台，发布通知，组织中心内部联谊活动；

2. 协调其他各个部门活动；

3. 协助主任团的对外工作；

4. 负责各类会议通知召集工作；

5. 负责中心事项的通知。

第三十条　行政诉讼部履行以下职责:

(一)以行政诉讼援助为中心,附带其他诉讼援助;

(二)代为进行行政案件诉讼,代为书写法律文书,进行法律咨询解答,诉讼指导等;

(三)协同其他部门,定期进社区进行普法宣传、法律援助及其他形式的社会活动;

(四)实行周例会制度,进行行政、刑事专业知识的学习和案件的探讨;

(五)协同其他部门,召开专业学习会议;

(六)完成主任团交代的其他工作。

第三十一条　民商部履行以下职责:

(一)以劳工、残疾人诉讼援助为中心,附带其他援助;

(二)代为进行除涉及妇女权益外的民事案件诉讼,代为书写法律文书,进行法律咨询解答、诉讼指导等;

(三)协同其他部门,定期进社区进行普法宣传、法律援助及各种形式的社会活动;

(四)实行例会制度,组织成员对焦点或疑难问题进行讨论,加强成员对民商法领域的学习和研究,特别是要促进成员对办案的具体法律问题及相关技巧的积累;

(五)加强与其他各部的交流,轮流参与其他各部的例会进行学习,并邀请他们参与本部的例会;

(六)完成主任团交代的其他工作。

第三十二条　妇女权益保障部履行以下职责:

(一)以有关妇女权益保障的诉讼援助活动为中心,附带其他援助。

(二)代为进行涉及婚姻、家庭、继承、子女抚养、财产纠纷等方面案件的诉讼。

(三)协同其他部门,定期进行妇女权益维护和保障的法律宣传,参加涉及妇女权益保障的各种社会活动。

(四)实行周例会制度。以学习婚姻家庭继承法等相关方面法律为特色。

(五)加强与其他各部的交流,轮流参与其他各部的例会进行学习,并邀请他们参与本部的例会。

(六)完成主任团交代的其他工作。

第三十三条 辩论部履行以下职责:

(一)协同其他部门,承办中心关于校内校外的辩论演讲类活动;

(二)组织中心内部各部门成员专业辩论赛;

(三)实行周例会制度,内容与形式根据具体情况安排;

(四)制定长期的学习机制,对于辩论相关的知识制定切实可行的学习计划;

(五)加强与其他各部的交流,轮流参与其他各部的例会学习,并邀请他部参与本部例会;

(六)协同其他部门进行社区普法,参加各种形式的社会活动;

(七)完成主任团交代的其他工作。

第五章 工作制度与纪律

第三十四条 中心实行以下例会制度:

(一)主任团不定期召开主任团会议,讨论中心重大问题;

(二)主任团每月末主持召开部长级会议,总结本月工作制订下月工作计划;

(三)各部根据部门职责,实行周或双周例会制度。

第三十五条 中心实行以下秘书制度:

(一)部长级以上会议秘书制度

1.中心部长级以上正式会议,须至少有秘书部派一名秘书到场,并形成会议记录。会议结束后,会议记录及时上交执行部分管部长,由分管部长负责整理保存,并存档。

2. 会议记录秘书在会议召开前由执行部分管部长指定并通知。如因特殊情况无记录秘书到会,会议记录由秘书组分管副部长负责。

(二)各部部门例会秘书制度

1. 法援主任团,各职能部,每部配备秘书一名,负责该秘书所在部门的会议记录,部门会议结束前,会议记录需交相应部门正副部长签字。

2. 各职能部门秘书配备,由执行部各部长商定。

3. 如因特殊情况无记录秘书到会,会议记录由部门部长指定本部一人负责记录。

4. 会议记录由记录秘书保存整理,每月月末上交秘书组分管副部长,由部长保存整理,并存档。每两月上交分管主任一次。

(三)活动秘书制度

1. 中心各种活动,必须至少有一名秘书到场,负责记录活动人员出勤。

2. 秘书由执行部部长指定。

3. 会议记录由记录秘书活动结束后,上交秘书组分管部长,由部长保存整理,并存档。每月月末上交分管主任一次。

第三十六条　中心全体成员实行以下考勤制度:

(一)秘书组负责中心人员会议及活动考勤;

(二)职能部门会议前,由部门秘书负责点名考勤,记录出席人数与缺席人数,并记录缺席理由;

(三)秘书组分管部长定期整理各类会议的会议记录,并将考勤结果上报分管主任;

(四)考勤结果作为中心年终成绩考核指标。

第三十七条　中心实行以下新闻制度:

(一)新闻通讯员制度

1. 法援主任团,各职能部门,每部配备新闻通讯员一名,新闻通讯员负责所在各部一切活动的新闻报道、写稿、拍照工作。

2. 部门外出活动须有至少一名新闻通讯员到场报道。部门活动前,由部门部长负责通知本部门新闻通讯员。

3. 跨部门活动,院级、校级活动,外出社会活动,须至少一名跟随前往并负责写稿、拍照,通讯员由带队负责人与宣传组分管副部长协商指定。

4. 各部门新闻通讯员纳入所在部门例会考核范围,参加该部门例会旁听。

(二)新闻审稿与发布制度

1. 所有新闻报道,新闻通讯员须36小时内完成,并上报宣传组分管副部长审核。重要活动新闻,层报主任团审核。

2. 审核内容包括政治方向、活动内容、领导职称以及一切文字技术性事项。

3. 审核通过的新闻,由宣传组分管副部长负责在院法律系网站、人人网主页以及其他媒体上发布。活动新闻,须自活动结束起48小时内发送至江苏师范大学法律援助中心。

4. 新闻实行执行部部长负责制,出现重大新闻事故,由执行部部长、宣传部分管副部长承担责任。

第三十八条 中心实行以下财务制度:

(一)中心财务分为固定资金与流动资金,财务来自江苏省法援基金会赞助与奖励、地方法院赞助、律师事务所赞助、法政学院学生活动经费。

(二)中心鼓励成员和部门积极向社会为中心申请活动赞助经费。

(三)中心为各部门配备部门活动基本经费,用于部门基本活动。

(四)各部门机构基于活动需要,有权向主任团申请固定资金,提起申请的,主任团审核后报指导老师或团委老师审批。

(五)中心流动资金活动经费审批权归主任团所有。

(六)中心一切收支实行记账制度和审批制度。

(七)中心实行财务收支定期公示制度。

第三十九条　除第十六条第一款外,中心实行以下的惩处制度:

(一)中心成员在职期间违反国家法律法规或严重违反中心章程的,免除一切评优资格或予以开除。

(二)成员未经规定程序无故退团的,由主任团在全中心内予以通报批评,并除名。

(三)中心领导机构成员未按规定程序无故退团的,或擅自离职的,由主任团在全中心内予以通报批评,并除名,收回中心所发聘书。

(四)中心领导机构成员作出严重违反中心利益或声誉的行为,经主任团提议,部长级会议讨论表决,可以作出罢免决定。

第四十条　除名程序是指,被除名人在中心全体大会、部长级会议与部门例会上被点名批评并宣布开除,销毁档案材料,经中心信息发布平台在全中心内予以通报。

第四十一条　中心实行以下奖励制度:

(一)中心成员或部门为中心申请得到活动赞助经费的,百分之七十作为中心经费,百分之三十作为个人或部门奖励;

(二)对在各类活动中表现积极或取得优秀成绩的志愿者或部门,中心予以一定物品奖励;

(三)中心各部门每学期评出两名法律援助志愿服务标兵,并予以证书及物品奖励;

(四)中心每学年评出五名法律援助服务优秀志愿者,并予以证书及现金奖励。

第四十二条　中心的纪律由主任团负责执行。

第六章　案件的援助与代理

第四十三条　案件的援助与代理实行主任团审核分流制度。

第四十四条　案件的承办工作由各部门机构负责。

第四十五条　成员以中心名义对外承接案件,接受来访咨询的,先自行记录留档,后向所在部门部长汇报,部门部长向分管主任汇报。并同时通知部门秘书登记备案。

第四十六条　中心成员擅自接案代理,未实行汇报制度或出现严重事故的,中心追究成员个人责任。

第四十七条　案件的援助与代理实施具体办法,遵照《江苏师范大学泉山法院援助站工作守则》《江苏师范大学泉山法院援助站工作实施细则》《江苏师范大学法律援助工作制度》执行。

第七章　附　　则

第四十八条　本章程的修改权和最终解释权属于江苏师范大学法律援助中心部长级会议。

第四十九条　章程修改,需经部长级会议成员三分之二以上通过。

第五十条　本章程经2012届中心部长级全体会议批准后生效,自公布之日起实施。

湘潭大学社会权益法律救助中心工作章程

一、值班制度

1. 法律救助中心成员必须严格遵守纪律,依法为受援人提供优质、高效的法律服务。

2. 法律援助中心人员要认真、耐心听取受援人陈述,依法解答有关法律问题,落实“首问责任制”(第一个接待当事人的人对其接待的当事人及处理的案件负责)。

3. 在接待中遇到重大紧急事项,要详细记录,并及时汇报。

4. 法律援助中心人员要按时值班,严格执行请假制度,不得无故迟到早退。

二、登记制度

1. 法律援助中心收接案件要认真做好记录,必须做到规范严整。

2. 建立咨询来访登记本,对来访咨询者进行登记。

3. 登记主要内容:

(1)当事人的基本信息、即联系方式和姓名;

(2)当事人的案件事情经过;

(3)援助请求。

4. 法律援助中心人员要保护当事人的个人隐私。

三、案件处理制度

1. 法律援助案件由法律援助中心统一受理、统一指派、统一审查、统一监督。

2. 法律援助案件的指派工作,严格遵守法律援助条例,由专人负责,经指导员审批。

3. 法律援助中心人员不得向受援人收取费用、报酬、财物或可能产生的其他利益。

4. 法律援助案件应时刻接受学校部门和社会监督。

四、档案管理制度

1. 结案后应及时整理理装卷,统一在法律援助中心存档。

2. 存档内容：

(1)处理案件过程中所形成的工作内容；

(2)登记中申请法律援助的申请人情况；

(3)承办法律援助业务时所形成的有关材料。

湖南省法律援助中心湖南科技大学工作处章程

第一章　总　　则

第一条　湖南省法律援助中心湖南科技大学工作处(以下简称工作处)是湖南科技大学法学与公共管理学院直接领导下的为全校师生员工以及社会公众特别是妇女、儿童、老年人、残疾人、农民工等社会弱势群体提供法律援助的团体。

第二条　工作处地址：本工作处地址为湖南湘潭市湖南科技大学法学与公共管理学院内。

第三条　本工作处的宗旨是：立足校园、面向社会、运用所学的法律知识向需要帮助的全校师生员工以及社会公众特别是社会弱者提供法律援助；通过开展法律援助活动，增强学生的法律意识，提高法律专业学生的综合素质及业务能力。

第四条　本工作处的主要职责是：

1. 开展法律援助宣传工作；

2. 开展法律咨询、代拟法律文书、提供法律意见；

3. 负责受理法律援助申请；

4. 安排本组织人员办理法律援助案件或向政府法律援助机构转交法律援助申请；

5. 负责收集并向政府法律援助机构报送困难群众法律援助需求的信息

资料；

6. 负责做好本工作处法律援助信息统计及报送工作。

第五条　具备以下条件的自然人,可向中心申请法律援助：

1. 有充分理由证明为保障自己的合法权益需要帮助；

2. 确因经济困难,无能力或无完全能力制服法律服务费用；

第六条　法律援助的范围：

1. 残疾人、未成年人、老年人、妇女、农民工等弱势群体所涉及的法律事项；

2. 其他经济困难的人群需法律援助的法律事项。

第七条　法律援助的主要形式：

1. 法律咨询、代拟法律文书；

2. 民事、行政、刑事诉讼代理；

3. 其他形式法律服务。

第二章　组织机构及成员

第八条　本工作处以湖南科技大学法学与公共管理学院法学专业老师及本科生、研究生组成,在法学与公共管理学院的领导下开展工作。

第九条　工作处设主任一名,负责中心的决策工作,任期三年;副主任二名,协助主任工作,任期三年。工作处主任及副主任皆由学院报学校批准后任命。

第十条　工作处由三个部门组成,分别是办公室、宣传部、业务部,各部分设部长或组长。

第十一条　凡本校师生承认本工作处章程,由本人提出申请,经工作处批准后,即成为工作处成员。

第十二条　成员的权利

1. 有参加工作处一切活动的权利；

2. 对本工作处的工作有建议和批评的权利；

3. 有退出工作处的自由；

4. 法律规定的其他权利。

第十三条 成员的义务

1. 工作处成员必须遵守国家法律、法规，必须坚持以事实为根据，以法律为准绳的原则，恪守法律援助人员的职业道德和纪律规范；

2. 遵守工作处章程及其他规章制度，执行工作处决议，努力完成工作处交付的各种任务；

3. 工作处成员接受指派后，不得疏于应履行的职责，无正当理由不得拒绝、延迟或停止所承办的法律援助事项；

4. 法律、法规规定的其他义务。

第十四条 对于违反成员义务，拒不履行法律援助义务或疏于履行法律援助职责的成员，经工作处主任决定后，可以取消其成员资格；对于违反工作处的工作纪律，泄露与援助有关的信息或收取收费项目以外的费用，或收受援助对象的馈赠物品的中心成员将给以适当的处分。

第三章 工作制度

第十五条 本工作处的服务对象主要是经济困难、无力支付法律服务费的农民工、残疾人、老人、儿童、妇女及其他需要法律帮助的弱势群体，但不限于以上群体。

第十六条 工作处对申请人提交的申请作必要的审查，审查内容包括：

1. 本章程规定是否应当由本工作处受理；

2. 是否符合本章程规定的受援条件。工作处认为申请人提供的材料不完备或有疑义的，应当通知申请人作必要的补充或向有关单位、个人索取有关的证明材料，并可以进行调查。

第十七条 工作处自收到申请材料后进行审查，作出是否予以法律援

助的决定:

1. 符合条件者,应作出同意提供法律援助的书面决定,并指定具体的承办人员,由受案管理员通知具体承办人员,并将同意提供法律援助的决定书及承办人员通知受援人。由工作处与受援人双方签订法律援助协议,明确规定各方权利义务。

2. 不符合条件的,作出不予援助的决定,并通知申请人。

第十八条　援助案件的处理必须经工作处主任及业务部成员讨论后决定;援助事项必须由主任指派后成员或其他事务所律师具体承办。未经指派擅自处理援助事项者,由本人承担所有的责任。

第十九条　在法律援助过程中,受援人有权了解援助活动的进展情况,受援人有事实证明承办人员未适当履行职责的,可以要求更换承办人。

第二十条　受援人不遵守法律规定以及不按法律援助协议的规定而予以必要的合作,经工作处主任批准,承办人员可以拒绝或终止提供法律援助。受援人以欺骗方式获得法律援助的,工作处可以撤销其受援资格,并责令其支付已获服务的全部费用。

第二十一条　工作处提供法律援助,在年度经费不够的情况下,可以收取必要的通信费、交通费、资料费、管理费等成本费用,具体收费方法由工作处另行制定。受援人因所需援助案件或事项的解决而获得较大利益时,应当向工作处酌情支付服务费。

第二十二条　法律援助承办人员在援助事项终结时,应向工作处提交结案报告,工作处对终结的援助案件进行归档保存。

第四章　经费来源

第二十三条　经费来源:学校每年提供不低于5万元的业务经费;企业赞助或其他形式社会赞助。

第二十四条　由专人管理经费,登记收支具体内容;经费实行审批制,由主任负责;工作处所有经费收支活动接受监督。

第二十五条 每学期向全体成员报告经费收支情况,并接受学校财务部门的监督。

第五章 附 则

第二十六条 本章程的修改权归湖南省法律援助中心湖南科技大学工作处。章程的修改由主任提出,经全体成员人数一半以上赞同即获得通过,然后上报指导单位审核批准。

第二十七条 本章程的一切解释权归湖南省法律援助中心湖南科技大学工作处。各部门可自行制定适合本部门的业务规章,但须以章程为依据,相抵触者自始无效,一经发现立即废除或另行修订。

第二十八条 本章程自湖南省法律援助中心湖南科技大学工作处经批准成立后实行。

衡阳师范学院法律援助工作处章程

第一章 组织性质

第一条 为规范衡阳师范学院法律援助工作处(以下简称工作处)工作,根据《中华人民共和国律师法》和《法律援助条例》等法律法规的规定,制定本章程。

第二条 工作处是面向衡阳市,为合法权益受到严重侵害的困难群众提供法律服务的社会团体,以维护社会弱势群体合法权益为根本目标。

第二章 组织成员和工作机构

第三条 工作处由法学院兼职执业律师组成。

工作处设办公室,负责日常事务工作。

工作处设主任一名、副主任一名、办公室主任一名。

第四条 担任工作处成员应当具备以下条件:

(一)拥护中国共产党的领导,模范遵守宪法和法律;

(二)具有良好的职业道德;

(三)热心为群众提供公益法律服务。

第五条 工作处设办公室履行下列职责:

(一)负责通知工作处成员参加有关会议、开展普法活动、办理法律援助案件及其他法律事务;

(二)负责组织工作处会议,收集、汇总工作处工作情况;

(三)负责其他需要联络、协调的事项。

第六条 工作处主任是工作处工作的组织者,负责联络、协调、处理职工作处的各方面工作,其主要职责是:

(一)与市司法局及市法律援助中心保持密切联系,受市司法局和市法律援助中心的委托,向工作处有关成员交付任务;

(二)召开并主持职工作处会议,听取工作处成员工作情况汇报,向工作处成员通报情况,定期向省市司法行政部门汇报工作处的工作情况。

第七条 副主任协助主任工作,并可以受主任委托,处理工作处的有关工作。

第三章 工作职责

第八条 工作处在省司法厅和市司法局的指导下开展工作,完成各类法律事务。

第九条 工作处主要为困难群众提供以下法律服务:

(一)接受法律咨询;

(二)为符合法律援助条件的群众提供法律援助;

(三)配合市司法局开展各种形式的普法宣传;

(四)其他有关法律事务。

第十条 工作处成员享有以下权利:

(一)参与各类法律咨询活动;

(二)接受指派办理的援助案件,按有关规定获得相应的政府补助;

(三)加入工作处的兼职律师第一年按3000元/人补助执业注册费用;自第二年起按1000元/人补助执业注册费用,另每承办一起法律援助案件,由工作处再额外补助300元。

第十一条 工作处成员应当履行以下义务:

(一)遵守宪法和法律;遵守律师职业道德和职业纪律;

(二)忠于职守,积极完成指派的法律事务;

(三)应当履行的其他法定义务。

第四章 附 则

第十二条 本章程由衡阳师范学院法学院解释。

第十三条 本章程自颁布之日起实施。

湖南省社会团体和高等法律院校法律援助工作管理办法

(2012年9月4日 湘司发〔2012〕68号)

第一条 为加强和规范社会团体和高等法律院校参与法律援助工作,根据国务院《法律援助条例》、《湖南省法律援助条例》、《关于进一步加强和改进法律援助工作的意见》(湘办〔2010〕10号)等有关规定,结合我省法律援助工作实际,制定本办法。

第二条　本办法所称社会团体是指各级工会、共青团委员会、妇联、残联、消费者协会、各民主党派委员会、老龄委；高等法律院校是指经国家教育行政管理部门批准设立的从事学历教育的法律院校和综合性院校的法学院(法律系)。

第三条　各社会团体和高等法律院校可依自愿和充分利用其自身资源的原则,经司法行政部门批准,设立法律援助机构,无偿参与法律援助工作。

第四条　各社会团体和高等法律院校设立的法律援助机构参与法律援助工作,依法应当接受司法行政部门的指导和监督。

第五条　各社会团体和高等法律院校设立的法律援助机构应具备下列条件:

(一)有固定的办公和接待场所；

(二)有3名以上从事过2年以上法律或相关工作的专兼职工作人员；

(三)每年有5万元以上的业务经费。

第六条　省属或中央驻湘社会团体、高等法律院校设立法律援助机构由该团体、高校提交书面申请报省司法厅审核批准,市州、县(市、区)属社会团体设立法律援助机构由该团体提交书面申请报市州司法局审核批准,并报省司法厅备案。

第七条　各社会团体和高等法律院校申请设立法律援助机构应提交下列文件:

(一)设立申请书；

(二)工作人员名单、简历、身份证明、相关资质证明；

(三)场地和资金证明；

(四)法律援助机构的名称和章程。

法律援助机构章程应当载明下列事项:

1. 机构名称和住所；

2. 设立机构的宗旨和从事法律援助的职责范围；

3. 机构的经费来源;

4. 机构的组织形式、负责人;

5. 其他事项。

第八条 省属或中央驻湘社会团体、法律院校设立的法律援助机构,统称为"湖南省法律援助中心×××工作处",市州或县区属社会团体设立的法律援助机构统称为"××市州或县区法律援助中心×××工作站"。

第九条 各社会团体和高等法律院校设立的法律援助机构有下列情形之一的,可报请批准机关核准注销。

(一)社会团体和高等法律院校因工作需要,决定终止其设立的法律援助机构工作的;

(二)因社会团体和高等法律院校内设机构变动、院系撤并调整,难以继续开展工作的。

第十条 社会团体和高等法律院校设立的法律援助机构主要职责:

(一)根据自身特点,开展法律援助宣传工作;

(二)开展法律咨询、代拟法律文书、提供法律意见;

(三)负责受理法律援助申请;

(四)安排本组织人员办理法律援助案件或向政府法律援助机构转交法律援助申请;

(五)负责收集并向政府法律援助机构报送困难群众法律援助需求的信息资料;

(六)负责做好本组织法律援助信息统计及报送工作。

第十一条 各社会团体和高等法律院校设立的法律援助机构和人员的原行政隶属关系不变,并由该团体、高校承担管理责任。

第十二条 社会团体和高等法律院校设立的法律援助机构的日常经费由其主管团体、院校拨付,或依法在本系统内筹集。所筹集的资金必须全部用于法律援助工作,不可挪作他用。

第十三条　社会团体和高等法律院校设立的法律援助机构要建立健全受理登记、审查指派、监督管理、补贴发放、统计分析、案卷档案等制度。

第十四条　社会团体和高等法律院校设立的法律援助机构应向批准设立的司法行政部门及其法律援助机构报告办理案件、接待咨询、接受社会捐赠等情况,并依照司法行政部门的统一规定实行援务公开,定期向社会公开援助服务和管理的有关信息。

第十五条　社会团体和高等法律院校设立的法律援助机构法律援助人员在办理法律援助案件过程中,应当及时向受援人通报案件办理情况,答复受援人询问,并制作通报情况记录。遇有下列情形之一的,应及时向本机构主要负责人报告。同时,由所在机构向批准其设立的司法行政部门的法律援助机构报告:

(一)应当终止法律援助的;

(二)主要证据认定与适用法律等方面有重大疑义的;

(三)涉及群体性事件的;

(四)有重大社会影响的。

第十六条　社会团体和高等法律院校设立的法律援助机构受理的法律援助事项范围和经济困难标准应当严格按照国务院《法律援助条例》和《湖南省法律援助条例》的规定执行,严禁以法律援助机构的名义受理、指派和办理法律援助事项范围以外的法律事务。

第十七条　社会团体和高等法律院校设立的法律援助机构接受当事人法律援助申请时,应当告知其填写法律援助申请表,并提交下列证明材料,但法律咨询除外:

(一)身份证或者其他有效的身份证明,代理申请人还应当提交有代理权的证明;

(二)经济困难的证明;

(三)与所申请法律援助事项相关的证据材料和其他材料。

申请人为无民事行为能力人、限制民事行为能力人的，应由其监护人代为申请。

第十八条 社会团体和高等法律院校设立的法律援助机构受理法律援助申请后，应当向申请人出具收到申请材料的书面凭证，载明收到申请材料的名称、数量、日期。

第十九条 社会团体和高等法律院校设立的法律援助机构对申请人提交的相关证明材料，应当按规定审查，并作出给予法律援助或不予法律援助的决定。给予法律援助的，及时指派符合资质的法律援助人员承办。

第二十条 社会团体和高等法律院校设立的法律援助机构受理的法律援助申请，经初步审查符合法律援助条件的，也可将其转交政府法律援助机构审查决定和指派人员办理。

政府法律援助机构可以根据需要指派社会团体和高等法律院校设立的法律援助机构人员办理法律援助案件。

第二十一条 社会团体和高等法律院校设立的法律援助机构不得从事有偿法律服务，承办援助咨询和援助案件的人员不得向受援人收取财物或谋取其他不正当利益。

第二十二条 司法行政部门应加强社会团体和高等法律院校设立的法律援助机构和法律援助人员的管理和指导，将其开展的法律援助工作统一纳入监督、统计和援务公开的范围。

第二十三条 各社会团体和高等法律院校设立的法律援助机构有下列情形之一的，由批准其设立的司法行政部门依法责令整改或注销。

（一）内部管理混乱，难以正常履行工作职责的；

（二）设立过程中弄虚作假或不再具备设立条件的；

（三）拒不接受司法行政部门依法依规进行指导和监督的；

（四）违反法律和本办法规定，并造成一定后果和影响的。

社会团体和高等法律院校设立的法律援助机构有违法所得的，依照相关法律规定处理。

第二十四条　各社会团体和高等法律院校设立的法律援助机构中的法律援助志愿者纳入全省法律援助志愿者统一注册登记。

第二十五条　社会团体和高等法律院校设立的法律援助机构所属法律援助人员违反有关规定的,其所在机构应当责令整改;情节严重的,由司法行政部门依法进行行政处罚,持有法律援助志愿者工作证的,由省法律援助中心注销其法律援助志愿者工作证;有违法所得的,依照相关法律规定处理。

第二十六条　司法行政部门要定期调查研究社会团体和高等法律院校法律援助工作,对成绩突出的单位和个人给予表彰。

第二十七条　本办法自发布之日起施行。2000年实施的《湖南省司法厅关于社会团体和法律院校设立法律援助机构、开展法律援助工作的规定》同时废止。

黑龙江省司法厅关于黑龙江省法律援助中心各分支机构组织实施法律援助工作意见

(黑司通〔1999〕41号)

各法律援助工作部:

为保证全省法律援助工作广泛、深入、有序、规范地开展,根据有关法律、法规和规章的要求,现对省法律援助中心各分支机构在组织实施法律援助工作中的有关事项提出以下意见:

一、法律援助要坚持贯彻“依法治国”和“公民在法律面前一律平等”的原则,坚持法律援助的对象享受平等公正的法律保护,坚持完善社会保障体制、健全人权保障制度的宗旨,严格依照刑事诉讼法、律师法、老年人权益保障法等法律规定，按照司法部和省司法厅关于开展法律援助工作的通知的精神，对这项工作予以高度重视，加速组织实施步伐，推动全省法律援助工作健康发展。

二、省法律援助中心是在省司法厅领导下负责管理、指导、监督并组织实施全省法律援助工作的职能部门。各分支机构的建立应向省司法厅申请，由省司法厅审核批准，对外统称为“黑龙江省法律援助中心×××工作部”，各分支机构或未经省司法厅批准组建的其他部门，一律不得以“法律援助中心”的名义履行职责。

三、省法律援助中心的各分支机构在各自主管机关（团体）院校和省中心的领导下，协调并组织实施本系统本行业的法律援助工作，各分支机构的工作人员由其主管机关（团体、院校）自行调配，由省司法厅进行资格认定并经省法律援助中心按公职律师统一注册登记，享有法律援助人员的权利和义务。省法律援助中心必要时，可派出法律援助人员到各分支机构，协助处理法律援助事项。

四、各分支机构办理法律援助事项的对象、范围和程序，应当遵循《司法部关于开展法律援助工作的通知》的要求，严格审核，热心接待，认真办理。

目前已经建立的分支机构应按各自行业特点划分受理案件管理管辖范围；

省中心职工工作部主要管理省总工会维权组织所管辖范围内涉及工会会员合法权益受侵害案件；

省中心残疾人工作部主要受理省残联维权组织所管辖范围内涉及残疾人合法权益受侵害的案件；

省中心妇女工作部主要受理妇联维权组织所管辖范围内涉及妇女合法权益受侵害的案件；

省中心青少年工作部主要受理团省委维权组织所管辖范围内涉及未成年人合法权益受侵害的案件。

其他分支机构的援助对象和受理范围由省司法厅在批复中明确指定。

受援对象同时符合几个分支机构受理范围管辖的,由最先受理的分支机构主办;主办单位可以请求其他有管辖权的分支机构协办,或请示省法律援助中心决定。

所有刑事辩护援助案件,一律由省中心统一受理和指定,各分支机构不得自行受理。

各分支机构主要办理本行业的非诉讼案件、代书和咨询;诉讼案件由具有律师资格的人员办理或经由省法律援助中心统一指派。

五、各分支机构对各自系统、行业和下级部门进行协调并组织实施法律援助工作,具体业务应由其下级所在地同级司法行政机关审批、指定并监督实行。

六、各分支机构的法律援助资金主要由其行政主管机关负责,也可从减轻当事人业务收费中提取一定比例,有条件的可以从合法的社会捐赠中解决。在国家没有明确之前不得接受国外、境外捐赠。

各分支机构不能办理有偿案件,如发现借援助名义办理有偿案件,撤销机构,并对责任人予以处罚。

省中心指派的法律援助案件,按照省财政核定的案件补贴标准,由省援助中心定期拨给承办单位。

七、各分支机构要积极主动地理顺与主管机关和省中心的工作关系,加强信息反馈。注意发现典型,研究解决实际工作中的法律、政策问题,为全省的法制建设作出贡献。

一九九九年四月三十日

附录二　哈尔滨商业大学法律援助学生工作部规章制度

（黑龙江省司法厅　黑司函〔2001〕100号）

黑龙江省司法厅关于成立黑龙江省法律援助中心哈尔滨商业大学学生工作部的批复

哈尔滨商业大学：

你校团委、法律系2001年6月4日《关于申请黑龙江省法律援助中心哈尔滨商业大学学生工作部的报告》收悉，经研究同意成立省法律援助中心哈尔滨商业大学学生工作部，该部设在哈尔滨商业大学团委，按照司法部的有关要求和《黑龙江省法律援助办法》的规定行使法律援助职责，其业务对省法律援助中心负责并报告工作，其工作人员由该校选调，经费自筹，由法律援助中心统一进行登记注册，

同意白云龙同志为该部负责人。

此复。

二〇〇一年七月十六日

主题词：机构　批复

抄送：省教委，省法援中心

黑龙江省司法厅办公室　　2001年7月16日印发

共印10份

关于同意黑龙江省法律援助中心哈尔滨商业大学学生工作部变更事项及修改《工作部章程》的批复

共青团哈尔滨商业大学委员会、哈尔滨商业大学学生工作部：

你校团委、法律援助学生工作部2015年4月28日《关于对黑龙江省法律援助中心哈尔滨商业大学工作部校内主管单位及负责人,〈工作部章程〉进行变更及修改的申请》收悉。经研究,同意你校法律援助学生工作校内主管单位变更为校团委及法学院共同主管,以法学院为主。同意对《黑龙江省法律援助中心哈尔滨商业大学学生工作部章程》进行全面修改,并报黑龙江省法律援助中心备案。

同意工作部负责人由白云龙同志变更为石贤平同志。

此复。

黑龙江省法律援助中心

2015年5月4日

中国法律援助基金会函件

哈尔滨商业大学：

中央专项彩票公益金法律援助项目，于2009年经国务院批准，财政部从中央集中彩票公益金中安排法律援助项目，用于资助开展针对农民工、残疾人、老年人、妇女权益保障和未成年人的法律援助。根据财政部、司法部颁布的《中央专项彩票公益金法律援助项目项目实施与管理办法》(财行〔2014〕1号)，由中国法律援助基金会负责项目实施的管理工作。

黑龙江省法律援助中心哈尔滨商业大学学生工作部是中央专项彩票公益金法律援助项目的实施单位。其申报的项目资金，经中央项目管理办公室审核通过后，由中国法律援助基金会将其拨付至贵校。该项目资金系案件承办人办理法律援助案件的办案补贴，需及时足额发放，望贵校予以支持。

中国法律援助基金会

二〇一五年十一月十六日

黑龙江省法律援助中心哈尔滨商业大学学生工作部章程

（2015 年 5 月 30 日工作部全体会议通过修改后重新颁布实施）

第一章　总　　则

第一条　黑龙江省法律援助中心哈尔滨商业大学学生工作部（以下简称工作部）是黑龙江省司法厅批准设立的高校法律援助机构（黑司函〔2001〕100 号），是政府依法批准成立的法律援助机构，承担政府法律援助职责，具有社会公益性，其业务接受黑龙江省司法厅、黑龙江省法律援助中心的领导，向其报告工作，在司法行政机关的监督和指导下开展各项工作；在校内接受校团委和法学院的双重领导。

第二条　工作部本着无私奉献、走向社会的宗旨，积极开展法律援助工作，维护法律尊严，保障公民平等、公正地享有法律保护。

第三条　工作部成员对内应当团结友爱、互助合作，保持敬业的团队精神；对外应当和善热情、积极主动。

第四条　工作部各成员应当努力提高专业水平，及时交流学习经验及工作心得。

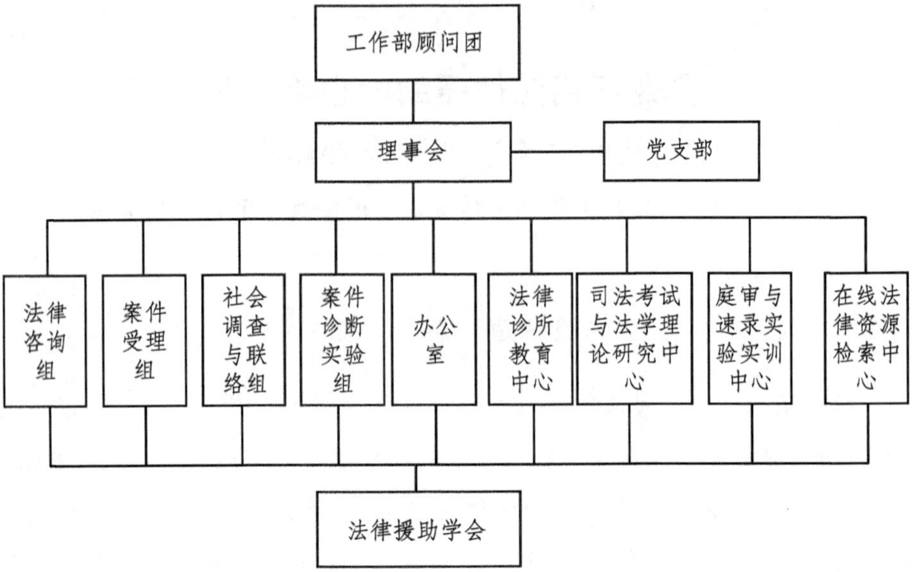

第二章　组织机构

第五条　工作部建立顾问团制度。顾问团是工作部的领导机构,由工作部政府主管部门(黑龙江省司法厅)、校内主管部门(校团委、法学院)推荐的人员组成。顾问团可以直接领导工作部工作,也可以选派指导教师对学生开展的工作进行工作指导,推荐人员可以是校内教师,也可以是包括法官、检察官、律师和其他高校教师在内的社会知名法律、法学工作者。

顾问团和指导教师对工作部中长期发展规划、重大政策调整和重大法律援助案件提供专家论证、决策论证和咨询顾问。

第六条　工作部建立理事会制度。理事会由常务理事和理事组成,一般不超过20人,是工作部的决策和执行机构,具体执行和实施工作部的重大方针、政策。

常务理事由校团委和法学院按照一定的比例指派的指导教师担任,每届任期为3年,可以连任。校团委和法学院指派的指导教师、工作部支部书记、工作部部长是工作部的当然常务理事,工作部支部副书记、执行部部长应当由常务理事担任。

经民主选举和业绩考核，工作部从学生理事中选任若干学生骨干担任常务理事，任期为1年，可以连选连任，每年一般不超过5人。工作部、执行部部长从学生常务理事中民主选举产生，每届选举1～2人，在工作部部长和指导教师的帮助下，领导和发动学生开展法律援助业务和学术研究。

理事由在工作部有一年以上服务经验的学生骨干中选任，每年一改选，可以连选连任。理事每届一般不超过15人。

学生理事的产生办法、学生骨干担任常务理事、工作部、执行部部长的具体选举和考核办法将另行制定具体程序。

第七条　工作部成立党支部。党支部是党在工作部的基层组织。党支部负责工作部学生的思想工作和宣传工作，对工作部预备党员、正式党员进行培养、教育和管理，使其更好地发挥党员先锋模范和带头作用。负责向上级党组织推荐工作部优秀骨干成员为党员。

党支部设书记和副书记各一名，书记由校团委选任，副书记由工作部党支部的党员大会选举，一般从常务理事中产生。书记任期与工作部部长任期一致，可以连选连任。

学生担任副书记，任期与执行部部长任期一致，任期一般不超过2年，不能连选连任。

第八条　工作部在顾问团和理事会的领导下，实行部长负责制。

工作部部长由法学院推荐，经黑龙江省法律援助中心批准后任命产生，代表工作部行使本章程授予的职能，具体职责有：

1. 拟订工作部发展规划，报顾问团和理事会批准后实施；

2. 拟订工作部的人员选举、考核和人事管理等制度，管理并决定工作部财务、人事、业务等事项；

3. 依据《黑龙江省法律援助办法》等法律法规和文件，批准法律援助事项的实施；

4. 依据本章程和学校教学大纲,配合开展法律诊所教育;

5. 就工作部各项工作实施情况向上级主管部门和顾问团、理事会报告;

6. 协调工作部各部门开展本章程确定的其他工作。

执行部部长经部长推荐,理事会考核,从常务理事中民主选举产生。执行部部长协助部长履行职责,接受部长的委托或部长不能正常履行职责时,代行部长履行上述职责。

第九条 法律咨询组、案件受理组、社会调查与联络组、办公室、法律诊所教育中心、司法考试与法学理论研究中心、庭审与速录实验实训中心、在线法律资源检索中心、法学会(法律援助学会)是工作部的组成部门。各组、各中心、办公室和学会实行组长、主任、会长负责制,接受理事会的领导并向其报告工作。

工作部各组组长、办公室主任和法学会会长由工作部部长或执行部长推荐,在学生常务理事和理事中任命产生,任期为1年,不能连选连任。

工作部各中心主任原则上应由教师或研究生担任,由工作部部长从常务理事中推荐产生。教师担任中心主任时任期为3年,可以连选连任。研究生或本科学生担任各中心主任时任期为一年,不能连选连任。

法学会(法律援助学会)是经工作部批准、校团委备案设立的校级学生社团,是工作部的后备力量和重要组成部分。法学会会长、执行会会长是工作部成员,由工作部理事会理事担任。法学会每年秋季开学时面向全校本科生纳新,经笔试、面试等考核通过后正式成为会员,并组织为志愿工作满一年的会员颁发会员证。

第十条 工作部学生成员应当符合以下条件:

1. 哈尔滨商业大学在校本科生和研究生;

2. 有强烈的社会责任感和公益心;

3. 有提供法律服务的技能;

4. 本科生必须经工作部包括笔试、面试等考核通过后方可正式成为工作部学生成员；研究生经面试考核通过后成为正式成员，每年人数控制在10人左右。

第十一条　工作部学生成员任职和服务期满后，工作部应该为学生成员颁发荣誉证书和出具工作证明，载明学生成员法律志愿服务起止日期，法律志愿服务年限，法律志愿服务内容等信息。

第三章　申请法律援助的对象条件

第十二条　具备以下条件的公民可申请本工作部的法律援助：

1. 为保障自身合法权益确实需要法律援助；

2. 因经济困难，确无能力或无完全能力支付法律服务费用的（经济困难标准参照政府有关部门的规定执行）；

3. 符合《黑龙江省法律援助办法》规定条件应当受理的其他案件。

第十三条　工作部受理案件实行统一收案制度，案件经咨询登记后，由案件受理部门撰写收案情况，向执行部部长和部长汇报，经报批后实施。

第十四条　工作部学生代理民事、行政案件进行诉讼的，须由工作部出具推荐函或证明材料，按《法律援助条例》《黑龙江省法律援助办法》等法律法规要求的程序办理。

第十五条　工作部应当积极与政府有关部门沟通，为学生办理法律援助案件提供必要的办案条件和经费条件，并为学生办理法律援助案件出具必要的证明文件。

第四章　工作部的工作范围

第十六条　工作部的工作事项和工作内容：

（一）指导和帮助学生办理法律援助案件；

（二）指导和帮助学生开展社会公益活动；

（三）参与完成法学院法律诊所教育课程；

(四)进行包括模拟法庭和速录,法律资源检索等在内的法学教学改革与实验;

(五)指导和帮助学生通过法律职业资格考试;

(六)与有关司法部门和律师事务所开展合作,帮助学生提高法律实务能力;

(七)组织实施政府法律援助机构批准实施的公益法律项目;

(八)组织实施中央专项彩票公益金法律援助项目;

(九)进行与法学实践相关的其他教学或科研活动。

第五章　附　　则

第十七条　工作部经费来源:

1. 校团委和法学院按社团管理和学生实习实训经费等额拨付;

2. 学校按专项经费拨付;

3. 工作部自筹,自筹途径:

(1)申请法律援助政府补贴;

(2)申请国内外法律援助项目或科研经费;

(3)设立哈商大法援校友基金,由毕业的工作部校友捐赠。

第十八条　本章程的修改须经全体工作部成员三分之二以上通过方为有效。

第十九条　本章程自二〇〇一年八月二十日通过后实施,二〇一五年五月三十日工作部全体会议通过修改后重新颁布实施。

第二十条　工作部地址:哈尔滨市松北区学海街1号B03楼1202室。

办公电话:0451－84603230　　邮编:150028

黑龙江省法律援助中心

哈尔滨商业大学学生工作部

二〇〇一年八月二十日

黑龙江省法律援助中心哈尔滨商业大学学生工作部法学会（法律援助学会）章程

第一章 总 则

第一条 黑龙江省法律援助中心哈尔滨商业大学学生工作部法学会(原法律援助学会)(以下简称学会)是黑龙江省法律援助中心哈尔滨商业大学学生工作部的下属分支机构,接受黑龙江省法律援助中心哈尔滨商业大学学生工作部的领导,学工处、团委、法学院教师参与指导。

第二条 学会本着无私奉献、走向社会的宗旨,积极开展法律援助工作,维护法律尊严、保障公民享有平等、公正的法律保护。

第三条 学会成员应当团结友爱、互助合作,创造并保持敬业的团队精神,对外应当和善热情、积极主动。

第四条 学会各成员应当努力提高专业水平,及时交流学习经验及工作心得。

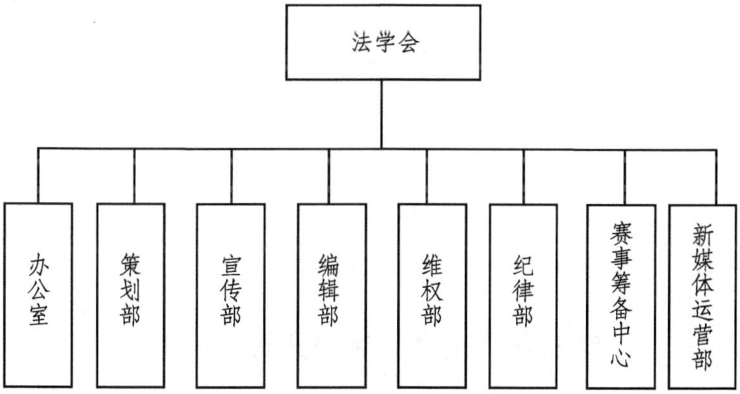

第二章　组 织 机 构

第五条　学会实行委员会集体领导下的会长负责制。委员会由会长、副会长、各部部长组成,是学会的权力机构,决定学会的重大方针、政策。

会长、副会长由工作部任命产生,但应该经全体理事成员半数以上投票通过。

部长由民主选举产生,特殊情况下也可直接由工作部任命产生。

本学会成员是志愿参加,应当自觉遵守学会规章制度,并且应当符合以下条件:

1. 哈尔滨商业大学在校学生,会长、副会长由大三学生担任,部长由大二学生担任,部员为大一新生;

2. 有提供法律服务的技能;

3. 必须经学会考核通过后方可正式成为学会成员。具体考核办法另行规定(大一年级学生中特别优秀,经推荐、严格考核后也可担任部长)。

第六条　会长、副会长代表学会行使本章程授予的各项职能,是学会的组织领导者,具体工作有:

1. 制订学会发展规划;

2. 制定学会的规章制度,管理并决定学会财务、人事、业务等方面的重大事项;

3. 开展普法宣传等与法律援助相关的活动;

4. 就本学会各项工作实施情况向上级部门提出相应意见并报告工作。

第七条　法学会各部门设置及其职能将另行制定。

第三章　法学会活动的具体范围

第八条　本学会的主要工作事项:

(一)开展与法律援助相关的校外活动

1. 成立专门的法律服务队，定期在哈尔滨市固定居民小区开展义务法律咨询活动；

2. 成立普法宣传队，定期到哈尔滨市定点中小学开展义务普法活动；

3. 成立普法宣传队，定期到部队军营开展义务普法活动；

4. 在学会办公场所，接受公民的法律咨询。

（二）开展与法律援助相关的校内活动

1. 开展模拟法庭审判、法律业务培训等活动；

2. 开展大学生辩论赛、法律前沿探讨、法律知识竞赛等活动。

（三）回复法律援助信件

（四）代写法律文书

第四章　附　　则

第九条　学会经费来源：自筹经费为主。

第十条　学会地址：哈尔滨市松北区学海街1号B03－1202。

联系电话：(0451)84603230　　　　邮编：150028

第十一条　法律援助专用信箱：hashangfayuan@126.com

法援工作部法学会

二〇一六年九月十日

黑龙江省法律援助中心哈尔滨商业大学学生工作部各部门职能

法律咨询组

1. 负责在办公室安排和接待法律咨询工作。

2. 负责组织定点法律服务队,开展校内外义务法律咨询。

3. 负责组织新法律、法规的普及活动。

4. 负责组织组员担任社区、企业常年法律顾问。

5. 完成工作部交办的其他工作。

案件受理组

1. 负责接受审核工作部接受的案件是否属于工作部法律援助的范围并提请工作部部长批准。

2. 负责接受审查组员代写法律文书工作。

3. 负责组织部员对受理案件进行模拟法庭。

4. 负责组织受理案件的出庭及旁听人员工作。

5. 完成工作部交办的其他工作。

社会调查与联络组

1. 负责工作部对外的联络工作。

2. 负责开展法律援助工作的调查研究,编写法律援助工作信息和业务资料。

3. 负责组织工作部成员下乡普法活动。

4. 工作中做到礼貌待人,主动热情,遇重大紧急的申请事项或意外情况应及时请示汇报。

5. 完成工作部交办的其他工作。

办公室

1. 负责收集整理其他部门的活动资料,记录在案。

2. 负责为工作部各项工作提供后勤保障。

3. 负责财务记录、会务布置、会务记录、文印、文件档案管理。

4. 负责对工作部成员的加分、减分、奖惩情况进行记录,对值班情况进行考勤、记录。

5. 负责接受、保管上级部门和校内主管部门的文件,工作信息、函件。

6. 完成工作部交办的其他工作。

案件诊断实验组

1. 负责对案件受理组转交的案件进行资料的收集整理。

2. 负责对案件进行深入了解和综合分析。

3. 负责和当事人深度接触,探究案件事实真相。

4. 完成工作部交办的其他工作。

法律诊所教育中心

1. 负责对工作部承办的案件进行模拟课堂教学。

2. 负责对工作部承办的案件进行案件代理的模拟法庭。

3. 负责积极与校内外老师或律师联系,争取得到专业指导。

4. 完成工作部交办的其他工作。

司法考试与法学理论研究中心

1. 负责收集整理并分析近年来司法考试的规律及考点。

2. 负责研究寻找应对司法考试的方法。

3. 负责工作部部员以及法律援助学会成员的专业培训工作。

4. 负责组织学习新出台的法律、法规。

5. 负责研究各派法学理论观点。

6. 各成员努力增强自身专业知识。

7. 完成工作部交办的其他工作。

庭审与速录实验实训中心

1. 对庭审前的准备,宣布法庭纪律及庭审速录进行培训。

2. 提高自身速打能力和语言文字综合处理能力。

3. 在模拟法庭的训练中锻炼自己,达到能够认真、完整、准确、客观、真实的记录开庭笔录。

4. 培养部员的自身责任意识,服务意识,纪律意识。

5. 完成工作部交办的其他工作。

在线法律资源检索中心

1. 负责建立和运作工作部的法律资源检索网站。

2. 负责对法律资源进行分类整合便于读者查找与阅读。

3. 负责保障网站的信誉和服务质量。

4. 完成工作部交办的其他工作。

法学会(法律援助学会)部门设置及其职责

1. 办公室

(1)管理法学会的财务经费,法学会的所有开销支出都需要在办公室备案。

(2)整理、保管法学会各部上交的所有活动的资料(包括文字、照片、音视频)和登记、核查成员信息。

(3)申请活动需要的教室。

(4)收集校内与法援有关的项目信息并进行汇报,做好项目申请工作。

2. 宣传部

(1)制作法学会所有宣传活动的展板、海报,室内活动还要布置黑板,不仅是手绘的还应该有电脑绘制的宣传品。

(2)对法学会每次的活动进行拍照、摄影,并将每次的活动资料交由办公室整理、保存,宣传部保留备份。

(3)法学会所有线下宣传任务

3. 编辑部

(1)负责法学会所有的新闻通讯、宣传资料等文字编写工作。

(2)负责举办一年一度的征文大赛。

(3)搜集整理汇编案例等相关信息。

(4)其他文字工作。

4. 新媒体运营部

(1)负责法学会以及工作部微信、微博等所有的网络媒体的经营和维护。

(2)负责音视频的制作。

5. 策划部

(1)负责起草法援所有活动的策划案包括纳新、面试、见面大会、各种晚会集体活动、模拟法庭、周年庆等,并将最终的策划案交由办公室备案。

(2)负责创新更多的活动,提高法援活动的质量,强化创意中枢的位置。

6. 维权部

(1)负责组织校内普法活动。

(2)负责学生维权工作。

(3)负责给全体成员进行普法能力和技巧方面的培训。

7. 赛事筹备中心

(1) 组织新星辩论赛,培养辩论人才以及其他与辩论相关的工作。

(2) 选拔培训模拟法庭的选手。

(3) 负责承办和组织法援其他活动和赛事。

8. 纪律部

(1) 监督检查各部门活动的开展情况和完成情况,并做定期的总结汇报。

(2) 负责考勤,维持纪律。

(3) 负责整理,保存,归类保管法学会的档案。

(4) 在办公室工作较多较繁杂时,承担部分办公室职能。

黑龙江省法律援助中心哈尔滨商业大学学生工作部法学会人事录用制度

第一章 总 则

第一条 为加强工作部法学会(以下简称学会)内部管理,规范学会人事录用工作,充分利用人力资源,发挥会员积极性,根据《黑龙江省法律援助中心哈尔滨商业大学学生工作部章程》、《黑龙江省法律援助中心哈尔滨商业大学学生工作部法学会章程》、学会有关规章制度,结合实际情况,制定本制度。

第二条 学会人事制度是指学会人事录用和会员工作调动的制度。

任何有关学会人事方面的工作都应当遵守本制度,一切违反本制度的人事录用行为均为无效。

第三条 学会每学期进行人事录用工作,人事录用包括笔试、面试、考察、录用和调动。

第四条 每学期人事录用时,应当成立人事录用委员会(以下简称委员会),负责笔试、面试、考察、录用和调动工作。

委员会主任由会长担任,委员会委员由学会各部部长担任或会长指定的人担任。

第五条 学会人事录用和工作调动应本着公平、公正、公开、及时、自愿的原则,坚持实事求是的科学态度。

第二章 人 事 录 用

第一节 笔试、面试

第六条 报名参加学会的同学,应当参加笔试和面试,研究生直接参见面试。

第七条 笔试试题由委员会采取随机方式在题库中调取。笔试试题属学会机密，除工作部部长和会长之外任何人不得提前参阅。

第八条 笔试成绩合格者获得参加面试资格，委员会应当公示通过笔试人员名单。

第九条 参加面试者应当准时到指定地点参加面试。除特殊情况外，逾期未参加面试者，取消面试资格。

第十条 面试实行十分制，由委员会全体成员单独打分，平均分数为面试成绩。面试成绩有半数以上委员打六分以下的，面试未通过，不能予以录用。

第十一条 面试成绩合格者，成为学会试用人员，学会应当公示面试通过成员名单。

第十二条 考试期间有下列情形之一的，取消考试资格：

（一）没有按时参加笔试或无正当理由没有按时参加面试的；

（二）笔试作弊或严重违反考试纪律的；

（三）笔试期间曾通过各种手段获得考试题目的；

（四）委员会认为应当取消考试资格的其他情形。

第二节 考察、录用

第十三条 学会应对试用人员进行考察，考察期限为一个月。考察以培训、工作检查等方式进行，期满后由人事录用委员会统一公布正式录用名单。

第十四条 考察期间应对试用人员进行培训，培训合格者方可录用。

第十五条 培训应由会长安排，由学会维权部具体执行。培训一般不得少于10课时。

第十六条 培训内容以法律基础知识、法律援助知识和工作部历史、规章制度为主要内容,其他内容由会长根据实际情况安排。

第十七条　参加培训的学员不得缺课,不得迟到或早退,不得在课堂上打闹;会员要认真学习培训知识,了解工作部规章制度,熟悉法律援助运作程序,以适应未来工作要求。

第十八条　每次培训结束后由学会对合格学员颁发培训合格证书;对优秀学员可以给予奖励,并在学会重要职位录用时作为录用依据。

第十九条　培训结束后,由授课人员对学员进行考评,评定方式由授课人员参照本制度决定。

第二十条　培训时有下列情形之一的不能成为合格学员:

(一)缺课累计两次以上或旷课一次以上的;

(二)迟到或早退累计两次以上的;

(三)侮辱、打骂授课人员的;

(四)其他严重影响培训的情形。

第二十一条　考察期间有下列情形之一的,取消录用资格:

(一)值班无故不到或迟到、早退2次以上的;

(二)学会会议无故不出席或迟到、早退2次以上的;

(三)经批评教育后对学会活动仍无故不参加的;

(四)工作不积极、散漫,严重影响学会正常工作的;

(五)违反《学会考核制度》,受到警告、通报批评处分的;

(六)其他应当取消录用资格的情形。

第二十二条　考察期满后,由委员会参照培训时授课人员考评意见和试用人员工作表现确定正式录用人员名单,由会长签字,采用公示方式予以公布,并由办公室进行备案。

第三章　工作调动

第二十三条　本制度所指工作调动是学会各部成员之间因工作需要或

个人发展需要而提出申请或由会长决定而对其工作岗位的重新安排。

第二十四条 工作调动分申请工作调动和决定工作调动，申请工作调动是指因个人的发展需要而由自身向会长提出申请的工作调动。决定工作调动是指因学会工作需要而由会长决定对学会成员的工作调动。

第二十五条 申请工作调动的，应当向会长提出工作调动申请书，申请书包括姓名、原部别、希望调往的部别、调动理由等内容。

第二十六条 会长决定工作调动的，除紧急情况或重大工作需要外，应先征得被调动人的同意。

第二十七条 申请工作调动的应当通过一定形式的考核，合格者方可调动，考核方法由学会委员会决定。

第二十八条 决定工作调动的，应由会长或学会委员会两名以上委员提名；决定工作调动的表决，应由学会委员会全体成员采用不记名投票的方式进行，过半数以上委员同意方可工作调动，但被调动工作的是学会委员会委员的不在投票人数之内。

第二十九条 有以下情形之一的，不能工作调动：

（一）本学期受到学会两次以上警告的了；

（二）所在部门有1/2以上会员表示反对其工作调动的；

（三）被调往的部别人数编制已满而申请工作调动的；

（四）其他认为不能工作调动的情形。

第三十条 有下列情形之一的，暂不能申请工作调动：

（一）个人正在进行某项工作而未完成的；

（二）通过人事录用考试正在考察期限内的；

（三）所在部正在进行人事录用而未完成的；

（四）学会正在进行重大活动而未完成的；

（五）其他暂不能申请工作调动的情形。

第三十一条 一学期同一人工作调动不得超过2次。

第三十二条　工作调动后，应该向办公室要求更改个人档案。

第四章　附　　则

第三十三条　法学会各部部长由学会中成绩突出者担任，部长应参与学会的每周例会。

第三十四条　法学会各部部长工作调动的，适用本制度。

第三十五条　本制度自2003年3月15日生效。

黑龙江省法律援助中心哈尔滨商业大学学生工作部办公场所管理制度

一、值班制度

1. 值班人员应按时到工作部值班,值班时必须本人在签到簿上签到,不得无故迟到,早退。

2. 值班人员应着装整齐,文明礼貌。

3. 值班人员应热情接待来访人员,耐心听取咨询,做好详细记录。

4. 值班人员应该维护安静的环境,不得大声喧哗,闲聊。

5. 值班人员应保护工作部的财产安全,爱护工作部的书籍资料。

6. 每次值班时在组长的带领下讨论案例,将讨论的结果记录在各组的本子上。

7. 禁止在办公室里用取暖和加热等设备,值班人员应保持工作部的卫生。

8. 值班结束后应打扫办公室。

二、档案资料借阅制度

1. 工作部所有的档案资料实行借阅当天归还的制度。

2. 工作部所有的档案资料限工作部成员借阅。

3. 任何人未经当日值班组组长批准,不得将任何档案资料带离办公室。

4. 借阅人应爱护档案资料,不得污损。

5. 当天值班人员的负责人应负责借阅和收回档案资料,并向第二天值班人员及办公室负责人交代借阅情况。

6. 每周由办公室负责人清点档案资料。

黑龙江省法律援助中心哈尔滨商业大学学生工作部常务理事、理事考核及选任办法

（2015年8月25日第16届工作部第十次理事会议通过）

第一条　为保证黑龙江省法律援助中心哈尔滨商业大学学生工作部（以下简称工作部）（常务）理事会议的顺利举行，提高工作效率，保障工作部各项工作的有效开展，根据《工作部章程》的规定，制定本考核和选任办法。

第二条　本办法适用对象为工作部所有任职常务理事和理事。

第三条　常务理事会议或理事会议应当由工作部部长或执行部部长召集，全体常务理事或理事半数以上出席方可举行，通过的决议方为有效。一学期理事会议一般不超过十次。

第四条　常务理事无故缺席常务理事会议或理事会议三次以上（含三次）视为其放弃常务理事资格，降为理事。

第五条　常务理事因故缺席常务理事会议或理事会议四次以上（含四次）视为放弃常务理事资格，降为理事；确有特殊情况的，经核实后由工作部部长视情况进行处理。

第六条　常务理事无故没有完成工作部交代的或（常务）理事会会议决议的工作任务三次以上（含三次）失去常务理事资格，降为理事。

第七条　常务理事因故没有完成工作部交代的或（常务）理事会会议决议的工作任务四次以上（含四次）失去常务理事资格，降为理事；确有特殊情况的，经核实后由工作部部长视情况进行处理。

第八条　理事无故缺席理事会议三次以上（含三次）视为其放弃理事资格，降为工作部部员。

第九条　理事因故缺席理事会议四次以上（含四次）视为放弃理事资

格,降为工作部部员;确有特殊情况的,经核实后由工作部、执行部部长视情况进行处理。

第十条 理事无故没有完成工作部交代的或理事会会议决议的工作三次以上(含三次)失去理事资格,降为工作部部员。

第十一条 理事因故没有完成工作部交代的或理事会会议决议的工作四次以上(含四次)失去理事资格,降为工作部部员;确有特殊情况的,经核实后由工作部执行部部长视情况进行处理。

第十二条 常务理事会或理事会上,如有过半数常务理事或理事认为某常务理事或理事不能胜任常务理事或理事一职,则进行常务理事会议或理事会议投票表决,表决结果如过半数则其失去常务理事或理事资格,降为理事或工作部部员。

第十三条 每学期出勤情况良好及工作完成情况良好的常务理事或理事,由工作部部长或执行部部长提名人选,在工作部全体大会上进行表彰,并颁发荣誉证书。

第十四条 每学期表现优秀的常务理事或理事,由工作部部长或执行部部长提名,经全体大会选举出若干常务理事或理事,报送省司法厅法律援助中心授予省级法律援助优秀工作者称号。

第十五条 常务理事不足工作部章程规定的数额时,由理事会议决定从全体理事中补选产生;理事人数不足时,由工作部部长或执行部部长推荐人选,全体大会表决通过产生。

第十六条 本办法由工作部办公室具体执行并负责记录所有考核内容,于公布之日起生效。

黑龙江省法律援助中心
哈尔滨商业大学学生工作部考核制度

为加强工作部作风建设,调动工作部成员的积极性,树立全体成员的组织纪律观念,增强集体荣誉感,努力把工作部建设成为团结、务实、创新、高效的社会服务机构,特制定如下制度:

一、加分制度

1. 调查取证一起援助案件的加1~2分。
2. 代理书写诉讼文书一次的加1~2分。
3. 代理出庭一起援助案件的加3~5分。
4. 完成法律咨询一次的加0.5~1分。
5. 受聘担任社会法律顾问在一学期以上的加2~4分。
6. 联系一项赞助的加1~5分。
7. 联系一项社会联络活动并成功举办的加1~2分。
8. 完成一项社会调查的加0.5~2分。
9. 完成一项调查工作报告的加1~3分。
10. 完成一项社会法律宣传的加0.5~1分。
11. 完成一项校内宣传的加0.5~1分。
12. 完成一次工作简报质量较好的加1分。
13. 在工作部简报或会刊上发表一篇非法律论文的加1分。
14. 在工作部内部发表一篇法律论文的加1~3分。
15. 递交一次案件讨论总结报告,质量较好的加1~3分。
16. 在工作部简报或会刊上担任编辑、校对、副主编、版面设计等一次的加2~4分。

17. 受到学校或法学院的表扬及政府部门的表彰,并在法律援助工作中表现突出的加1~3分。

18. 较好的组织一次模拟法庭的加1~3分。

19. 在相关法律杂志上发表一篇法律援助论文的加2~5分。

20. 完成一次板报宣传,质量较好的加1分。

在同一项活动中,凡参加者均可按上述标准加分。

其他认为应当加分的情况应由各部门负责人提请执行部部长或部长批准,可酌情加分。

二、减分制度:

1. 值班时无故一次不到减1分,无故迟到或早退一次减0.5分。

2. 例会无故一次不到减2分,无故迟到或早退一次减0.5分。

3. 在工作部组织的各种校内外活动中,无故一次不到减1分,无故迟到或早退一次减0.5分。

4. 未经批准同意,在法律援助工作期间擅自处理非本职工作,致使工作部工作不能正常运行或名誉受到损害的减1分。

5. 在工作部中受到一次警告处分的减2分,受到一次通报批评的减3分,其他认为应该减分的情况,应由各部门负责人提请执行部部长或部长批准,方可酌情减分。

黑龙江省法律援助中心

哈尔滨商业大学学生工作部

二〇〇二年十一月十日

黑龙江省法律援助中心哈尔滨商业大学学生工作部奖惩制度

奖 励 制 度

工作部每学期期末进行一次评优活动。

一、评选的基本条件

1. 遵守国家法律,尊重社会公德,坚持四项基本原则;
2. 团结同学、会员,爱岗敬业,任劳任怨;
3. 积极努力,勤劳工作,志愿投身于法律援助工作。

二、评选办法

评选实行累积分和投票相结合的制度,具体办法为:

1. 优秀工作者的产生:从全体部员和组长中选出累积分占前 1/3 者为候选人,其中 3/4 的候选人可被评为优秀工作者,评选由委员会投票进行。

2. 法学会优秀部长(含副部长)的产生:期末所在部总评均分最高部的部长(副部长)并经全体成员半数以上投票通过的可被评为优秀部长。

3. 有下列情形之一的,不能评为优秀工作者或优秀部长:

(1)受到工作部行政处分的;

(2)一学期无故不值班累计 2 次以上或值班时无故迟到、早退累计 3 次以上的;

(3)一学期例会无故不到 1 次以上或迟到、早退累计 2 次以上的;

(4)在工作部组织的各种校内外活动中无故不到 1 次以上或迟到、早退累计2次以上的；

(5)不团结同学，在各院系学习成绩综合测评中后5名的；

(6)不团结同学，有半数以上学会成员认为不应当被评为优秀工作者和优秀部长的；

(7)其他认为不能评选优秀工作者和优秀部长的情况。

惩罚制度

一、工作部成员有下列情况之一的给予警告处分：

1. 工作散漫不积极，严重影响学会正常工作；
2. 一学期无故不值班累计2次或值班时无故迟到、早退累计3次的；
3. 一学期例会无故不到累计达2次或无故迟到、早退累计达3次的；
4. 在工作部组织的各种校内外活动中无故不到累计达2次或迟到、早退累计达3次；
5. 其他认为应当给予警告处分的情形。

二、工作部成员有以下情形之一的，给予通报批评：

1. 受到2次警告处分的；
2. 违反学校、系纪律，受到校、系警告以上处分的；
3. 在期末考试中有1门不及格的；
4. 在工作部期末考核中积分在后3名的；
5. 其他认为应当给予通报批评的情形。

三、工作部成员有以下情形之一的，勒令退部(会)：

1. 受到工作部或法学会2次通报批评的；
2. 在期末考试中有2门以上不及格的；
3. 违反国家法律、法规，受到有关部门处罚的；

4. 其他认为应当勒令退部(会)的情形。

黑龙江省法律援助中心

哈尔滨商业大学学生工作部

二〇〇二年十一月十日

黑龙江省法律援助中心
哈尔滨商业大学学生工作部例会制度

第一条 为促进工作部的健康发展,保证工作部日常工作,以及决定工作部的重大事宜,根据《工作部章程》《工作部考核制度》《工作部奖惩制度》等有关规定,制定本制度。

第二条 本制度所称的例会指的是在固定的时间、地点,由指定的人员参加的工作部内部会议。

第三条 通常情况下,例会由工作部、执行部部长或部长主持。特殊情况下由部长指定的部门负责人主持。

第四条 例会的召开时间为每周三下午4:30。每个学期的第一周开始,至每个学期的最后一周结束。特殊情况下,例会时间可进行调串,但例会时间应相对固定。

第五条 例会的召开地点一般为法援办公室。

第六条 例会的参加人员为工作部部长、执行部部长、各部门负责人以及有关人员。

第七条 办公室在每次例会之前应指派一人负责与会人员的考勤,以及会议内容的记录。对于与会人员的无故缺席、迟到、早退、事假等情况,按照《工作部考核制度》《工作部奖惩制度》给予相应的处理。

第八条 例会的与会人员在会议的进行过程中,应该关掉手机、传呼等通信工具,保持会议庄严肃穆的进行。

第九条 例会上,通过决议的方式为举手表决。半数以上同意为通过。如果未达到半数,则为不通过。

第十条 如因特殊原因,例会的召开时间、地点、人员需要变更的,由办公室负责通知。

第十一条　本制度的具体条款如有需要变更、添加的,需由工作部专门会议通过。

黑龙江省法律援助中心

哈尔滨商业大学学生工作部

附录三　中国高校开展诊所法律教育数据统计

中国诊所法律教育网在其会员学校一览显示共计205个会员学校，其中华中地区24个，华北地区62个，华东地区45个，华南地区24个，西北地区18个，东北地区21个，西南地区11个。北京市涵盖会员学校最多，为35个，广东省名列第二有19个会员学校。山西省和青海省分别为一个会员学校。西藏自治区、我国香港特别行政区、我国澳门特别行政区、我国台湾地区均无会员学校。

华中地区(24个)		
湖北省(12个)	河南省(8个)	湖南省(4个)
湖北大学政法与公共管理学院	南阳理工学院	湖南大学
武汉大学法学院	新乡学院政法系	湖南科技学院法律系
中南财经政法大学	郑州大学法学院	长沙学院
湖北工程学院政治与法律学院	河南警察学院	中南大学法学院
华中科技大学法学院	河南师范大学	
江汉大学	河南科技学院法学院	
湖北民族学院	安阳师范学院法学院	
华中师范大学	南阳师范学院法学院	

续表

华中地区(24 个)		
湖北省(12 个)	河南省(8 个)	湖南省(4 个)
武汉理工大学		
湖北大学		
华中师范大学法学院		
湖北民族学院法学院		

华北地区(62 个)				
山西省(1 个)	河北省(17 个)	北京市(35 个)	天津市(5 个)	内蒙古自治区(4 个)
山西大学法学院	廊坊师范学院	北京大学法学院	河北工业大学城市学院	内蒙古财经学院
	河北沧州师范专科学校	北京交通大学	天津师范大学法学院	赤峰学院
	河北北方学院法政学院	北京林业大学社科学院	天津商业大学	内蒙古大学
	河北工程大学	北京农学院	南开大学法学院	内蒙古民族大学法学院
	河北工业大学廊坊分校	北京人民警察学院法律系	天津大学法学院	
	河北联合大学	北京师范大学法学院		
	河北政法职业学院	北京物资学院		
	河北科技大学文法学院	北京邮电大学		
	河北司法警官职业学院	国际关系学院		

续表

华北地区(62个)				
山西省(1个)	河北省(17个)	北京市(35个)	天津市(5个)	内蒙古自治区(4个)
	河北师范大学	清华大学		
	燕山大学	中国人民大学		
	河北科技师范学院	首都经济贸易大学		
	石家庄铁道大学四方学院	外交学院		
	河北工业大学城市学院	中国传媒大学法律系		
	河北经贸大学法学院	中国农业大学		
	廊坊师范学院	中国青年政治学院		
	河北科技大学文法学院	中国社会科学院		
		中国政法大学		
		中华女子学院		
		中央财经大学法学院		
		中央民族大学法学院		

续表

华北地区(62个)				
山西省(1个)	河北省(17个)	北京市(35个)	天津市(5个)	内蒙古自治区(4个)
		华北电力大学人文学院(北京校区)		
		北京建筑工程学院		
		北京工商大学		
		北京航空航天大学		
		北京理工大学		
		首都师范大学		
		北京科技大学		
		北京工业大学		
		中国劳动关系学院法学		
		北京政法职业学院		
		北方民族大学		
		北京师范大学珠海分校		

续表

华北地区(62个)				
山西省(1个)	河北省(17个)	北京市(35个)	天津市(5个)	内蒙古自治区(4个)
		中国计量学院法学院		
		中国石油大学(华东)法学院		

华东地区(45个)							
浙江省(10个)	安徽省(4个)	上海市(6个)	江西省(3个)	山东省(7个)	江苏省(10个)	福建省(5个)	我国台湾地区(0个)
杭州师范大学法学院	中国科技大学	复旦大学	江西理工大学应用科学	山东财经大学法学院	南京审计学院法学院	福州大学阳光学院	
浙江大学	安徽大学法学院	华东政法劳动法诊所	江西师范大学	山东师范大学	南京大学法学院	集美大学政法学院	
浙江工商大学法学院	安徽财经大学法学院	上海财经大学法学院	南昌大学	烟台大学法学院	扬州大学法学院	厦门大学法学院	
浙江师范大学行知学院	巢湖学院	上海政法学院		临沂师范学院法学院	江苏警官学院	福建工程学院法学院	
中国计量学院法学院		上海交通大学		山东政法学院	中国矿业大学	福建师范大学法学院	

续表

华东地区(45 个)							
浙江省(10 个)	安徽省(4 个)	上海市(6 个)	江西省(3 个)	山东省(7 个)	江苏省(10 个)	福建省(5 个)	我国台湾地区(0 个)
浙江财经学院东方学院法学系		上海大学		山东理工大学	南京工业大学法学院		
浙江林学院天目学院				中国海洋大学	常州大学法律系		
温州大学法政学院					江苏师范大学		
浙江农林大学					东南大学		
浙江师范大学行知学院法学分院					南京信息工程大学公共管理学院法律系		

华南地区(24 个)				
广西壮族自治区(2 个)	广东省(19 个)	海南省(3 个)	我国香港特别行政区(0 个)	我国澳门特别行政区(0 个)
广西大学法学院	肇庆学院政法学院	三亚学院法学院		
桂林电子科技大学	广东嘉应学院	海南大学法学院		

续表

华南地区(24个)				
广西壮族自治区(2个)	广东省(19个)	海南省(3个)	我国香港特别行政区(0个)	我国澳门特别行政区(0个)
	广东商学院	海南政法职业学院		
	华南理工大学			
	华南师范法学法学院			
	汕头大学法学院			
	深圳大学法学院			
	五邑大学			
	中山大学法学院			
	北京师范大学珠海分校			
	广东外语外贸大学			
	私立华联学院			
	肇庆学院政法学院			
	华南农业大学			
	广东嘉应学院			
	北京理工大学珠海学院文法学院			
	惠州学院政法系			
	河源职业技术学院			
	广州大学法学院			

西北地区(18个)				
青海省(1个)	宁夏回族自治区(2个)	陕西省(4个)	甘肃省(5个)	新疆维吾尔自治区(6个)
青海民族大学法学院	宁夏司法警官职业学院	西安培华学院	兰州商学院	新疆师范学院
	北方民族大学	西北政法大学	甘肃政法学院	新疆喀什师范学院
		陕西警官职业学院	兰州大学	新疆大学法学院
		西北大学法学院	兰州理工大学	伊犁师范学院
			陇东学院政法学院	新疆警官高等专科学校
				石河子大学政法学院

东北地区(21个)		
吉林省(4个)	黑龙江省(10个)	辽宁省(7个)
长春理工大学	大庆师范学院法学院	大连海事大学法学院
吉林财经大学法学院	哈尔滨学院	辽宁公安司法管理干部学院
吉林大学法学院	哈尔滨医科大学	辽宁师范大学法学院
长春师范学院政法学院	东北农业大学	大连大学
	哈尔滨工程大学法律系	渤海大学
	哈尔滨工业大学法学院	大连理工大学
	哈尔滨商业大学	沈阳师范大学
	黑龙江省政法管理干部学院	
	黑龙江大学法学院	
	哈尔滨理工大学	

西南地区(11 个)				
贵州省(2 个)	云南省(2 个)	重庆市(2 个)	四川省(5 个)	西藏自治区(0 个)
贵州民族学院	云南大学法学院	重庆文理学院	四川大学法学院	
贵州大学法学院	玉溪师范学院	重庆三峡学院	四川师范大学	
			成都理工大学文法学院法学系	
			西南财经大学	
			西南政法大学	

附录四　中国大学生法律援助情况调查表

中央专项彩票公益金法律援助项目实施状况调查问卷

各位高校法律援助同人,大家好,感谢您参与本次问卷调查!为了解中央专项彩票公益金法律援助项目在高校的实施状况,准确发现实施过程中存在的问题和困难,为项目实施提供决策参考,帮助高校有效实施该项目,提高高校法律援助服务质量,我们进行本次调查。希望您根据本校实际如实填写,请在对应选项前的框中打钩或填写,感谢您的配合!

中央专项彩票公益金高校法律援助项目实施状况调查组
哈尔滨商业大学法律援助学生工作部理论研究中心

1. 您所在高校法律援助机构设立时间段:

□1990~1995 年　□1996~2000 年　□2001~2005 年

□2006~2010 年　□2011~2015 年　□2016~2019 年

2. 您所在高校法律援助机构人员数量：

(1)教师团队人数

□1～3人 □4～5人 □5～10人 □10人以上

(2)学生团队人数

□10人以内 □11～20人 □21～30人 □30人以上

3. 您所在高校法律援助机构教师团队负责人情况：

□专职工作人员(辅导员或政工干部)

□兼职教师

□专职教师

□返聘教师或社会聘请的工作人员

□其他

4. 您所在高校法律援助机构学生团队负责人情况：

□法学研究生

□法学高年级(大三以上)本科生

□学生管理干部

□其他

5. 您所在高校法律援助机构性质和定位是：

□政府批准设立的政府法律援助分支机构

□由高校法学院系设立并管理的高校法律援助机构

□由高校团委或学工部等设立的高校法律援助社团组织

□由高校科研机构设立的法律援助研究机构

□学生自行组织的宣传型法律社团组织

□其他

6. 您所在高校提供法律援助的方式：(可多选)

□普法宣讲 □案件代理 □法律咨询

□代拟写法律文书 □公证、鉴定法律援助

□其他形式的法律服务

7. 您所在高校法律援助机构资金来源:(可多选)

□司法行政机关、法律援助中心以案件补贴等形式提供支持

□学校按年或学期直接固定拨款支持

□学校视活动开展情况专项报销支持

□教师课题经费支持

□“中彩金”法律援助项目案件补贴支持

□其他基金会资金支持

□校友捐款支持

8. 您所在高校法律援助机构案件主要来源:(可多选)

□法律援助中心指派的法律援助案件

□公安、检察院、法院、劳动仲裁等机构转交的法律援助案件

□工会、共青团、妇联、残联、消协等社会团体转交的案件

□自行受理的案件

9. 您所在学校办理法律援助案件的人员主要是:(可多选)

□在校研究生

□在校本科生

□兼职律师

□专职律师

□未取得法律执业资格的教师

□其他志愿者

10. 您所在学校的法律援助机构学生志愿者法学(律)专业的比例为:

□100%　□80% ~100%　□60% ~79%　□60%以下

11. 您所在高校参与法律援助工作的学生志愿者工作周期:(以学期年度)

□一年以下　□一年至二年　□二年至三年　□三年以上

12. 您所在高校法律援助机构大学生志愿者能否以独立身份代理案件？

□能　　　　□不能

13. 如果您所在高校法律援助机构大学生志愿者能够以独立身份办案，是以什么身份出庭代理案件？

□以所在高校法律援助机构推荐的形式

□以当事人所在社区推荐的形式

□其他

14. 如果您所在高校法律援助机构大学生志愿者不能以独立身份办案，大学生志愿者是以什么身份参与案件？

□与兼职律师一起参与案件办理流程

□与专职律师一起参与案件办理流程

□仅代写法律文书和法律咨询，不代理出庭诉讼

□其他

15. 您所在高校法律援助机构代理案件种类：(可多选)

□民事案件　□行政案件　□刑事案件　□非诉案件

16. 您所在高校法律援助机构年办案数量：

□0～10　□11～20　□20～30　□30以上　□其他

17. 您所在高校法律援助机构受援人群主要是：(可多选)

□普通经济困难群众

□盲、聋、哑人群体

□残疾人群体

□未成年人

□老年人(60周岁以上)

□妇女

□农民工

□其他

18. 您认为高校法律援助发展中面临的主要问题有:(可多选)

□高校人才培养理念没有得到及时更新,法律援助难以得到学校政策扶持

□高校法律援助的运行机制不顺畅

□高校法律援助的经费渠道过窄,筹集困难

□高校法律援助合格指导教师缺乏

□高校法律援助志愿者专业性不够、办案经验缺乏

□其他

19. 您所在高校法律援助机构存在以下情况:(可多选)

□指导老师身兼多职,教学科研压力大,无法顾及案件指导和疏于日常管理

□法律援助志愿者承担大量工作,缺乏专业人员指导

□法律援助志愿者流动性强,案件无法衔接,影响法律援助案件质量

□常年没有案件代理,仅能做一些案件办理辅助性工作

□没有以上情况

20. 您认为高校法律援助的运行不顺畅的原因是:

□没有专职人员(教师)负责机构日常管理

□高校法律援助运行没有经费保障

□司法机关(法院)对高校学生代理案件的身份存在质疑,法院不认可

□办理的案件质量难以保证,社会不认可

□得不到高校资金和政策支持,志愿者积极性不高

□其他

21. 您了解到你们学校法律援助志愿者毕业后的就业单位是:

□有部分志愿者毕业后去政府法律援助机构,继续从事法律援助工作

□有部分志愿者毕业后去律师事务所等法律服务机构工作

□有部分志愿者毕业后去党政机关工作

□有部分志愿者毕业后去企业(包括国企、民营企业)工作

□从事其他工作

22. 您认为社会对高校法律援助认可程度是:

□非常认可　□认可　□不认可　□非常不认可

后　　记

2020年一场突如其来的疫情，打乱了人们的生活和工作节奏，在“封闭”的日子里，我得以从繁忙的工作中抽出大块时间来梳理和撰写本书，大大加快了写作进度，经过一年多的努力，本书终于付梓。

首先要感谢我的母校哈尔滨商业大学，她见证了我人生中最美好的青葱岁月，目睹了我年少时的豪情满怀，正是她温暖的怀抱和无限的宽容，让我的理想照亮了现实，使我青春无悔。母校永远是我们人生旅途上的喝彩人和人生成功的期待者。你能走多远，母校的牵挂就有多长；你飞得多高，母校对你的情怀就有多深。

感谢哈尔滨商业大学党委书记孙先民教授于百忙之中拨冗为本书作序，并提出了很多宝贵意见，感谢校长郑秋鹏教授的大力支持，感谢学校杨铭铎、杨殿军副书记、白云龙部长长期对工作部的大力支持，白云龙老师担任工作部部长长达14年。感谢校宣传部贾妮燕部长、校团委王鹤腾书记和许蕾、任婵媛副书记，她们信任工作部，为工作部创造各种机会和条件，是工作部成长的重要助力，校团委和校宣传部还有很多老师长期对工作部给予大力支持和帮助。感谢法学院院长我的恩师石晶玉教授，让我重回母校，没有她的支持，本书不能成稿。感谢法学院副院长高勇博士、李萍副书记、徐铁岩副院长、刘国华教授、张伟东、蒙启红、金长征等众多法学院的老师、同事和战友们，正是他们的关心与支持，才使工作部走过近二十年的风雨路，让我能够对大学生法律援助进行持续深入研究。

其次要感谢黑龙江省司法厅朱文学副厅长、潘志学巡视员、法律援助工作处王展处长,黑龙江省法律援助中心刘智勇主任、陈从军和杨宝剑处长以及张海燕和王瑞副主任,感谢赵吉山和赵守岭两位兄长,感谢哈尔滨市法律援助中心的历届领导和同人,正是他们长期以来对我本人及工作部提供诸多便利,给予业务指导、帮助与支持,为其发展提供了强有力的保障。

感谢中国法律援助基金会理事会张建华秘书长、张羽主任、范丽娟、卞莹和卢梦楠对哈尔滨商业大学给予的法律援助项目支持和为本书调研提供的帮助。感谢中国法律援助基金会“中彩金”法律援助项目实施高校的各位同人,在我们进行调研时给予了大力协助。尤为感谢司法部原副部长、中国法律援助基金会理事长张彦珍在百忙之中为本书拨冗作序,倍感振奋。

感谢我的妻子王艳副教授和儿子石子秋,她们因我而失去很多享受天伦之乐的机会。感谢我众多的兄弟姐妹,从来哈尔滨求学到工作已有二十余载,我们聚少离多,每每回到家乡,总能感受到大家庭带来的温暖,找寻到平静的港湾。

最后要特别感谢我的硕士生郭昱杉和刘悦,她们为本书查阅相关资料,进行网络调研,付出了很多辛劳,发挥了学生团队组织协调作用,贡献了自己的智慧。还要感谢我的在校硕士生李蕊、刘志杰、赵静、崔雪莹、穆琳琳、夏春雨、王馨唯、王明媚、姜思源、韩萌、王晨和魏建鸿,已经毕业的硕士何三军、李玉霞、任振涯、安飞,以及在校本科生李伟、孙志荣、孙志鹏、张力之、陶宜鹏、王赫曈、张文卓、刘金兰、徐楠楠等,他们不仅是工作部骨干成员,也是法律援助案件的主要承办者,正是他们的奉献和传承,商大法援才薪火相传,走过了近 20 年。他们中的很多人为本书提供素材,分析数据,才能让我顺利完成书稿的撰写。

感谢一批又一批已经离开工作部的法援人,他们在这里挥洒过青春,从这里启航,他们或筚路蓝缕,以启法援之山林;或为匡扶正义,倾囊相助留余香。近二十年来，在工作部这方舞台上，走出了“不畏权势、不徇私情”的最高人民法院法官刘永存（第二届法援人，1999 级本科生）；走出了“国家形象、友好来往”外交部外交官冯德衡（第三届法援人，2000 级本科生）；走出了上海公安系统的优秀干警沈卿（第四届法援人，2001 级本科生）；走出了江苏纪委系统的优秀干部罗方（第五届法援人，2003 级本科生）；走出了“雄辩一方、才思敏捷，代理王老吉和加多宝系列知识产权案”的国内知名律师曾赟（第八届法援人，2005 级）；走出了“全国检察机关未成年人检察业务十大标兵”的戴敏佳检察官（第十届法援人，2007 级学生）……他们是工作部法援人在各行业的优秀代表，一届一届工作部法援人的精神是我前行的不竭动力。

本书的撰写是一种尝试，不足之处在所难免。敬请各位并肩为法学教育奋斗的同行以及对大学生法律援助、法学教育、诊所法律教育感兴趣的同人，广大的大学生法律援助志愿者不吝指教，我将继续深入研究，为中国的法治人才培养尽自己微薄之力。

图书在版编目(CIP)数据

大学生法律援助立德树人培养机制研究 / 石贤平著
. -- 北京 : 法律出版社, 2020
ISBN 978 - 7 - 5197 - 4730 - 5

Ⅰ. ①大… Ⅱ. ①石… Ⅲ. ①大学生 - 法律援助 - 研究 - 中国 Ⅳ. ①D926.54

中国版本图书馆 CIP 数据核字(2020)第 117166 号

大学生法律援助立德树人培养机制研究
DAXUESHENG FALÜ YUANZHU LIDE SHUREN PEIYANG JIZHI YANJIU

石贤平 著

策划编辑 邢艳萍
责任编辑 邢艳萍
装帧设计 鲁 娟

出版 法律出版社
总发行 中国法律图书有限公司
经销 新华书店
印刷 北京建宏印刷有限公司
责任校对 晁明慧
责任印制 吕亚莉

编辑统筹 法律应用出版分社
开本 710 毫米 × 1000 毫米 1/16
印张 24
字数 420 千
版本 2020 年 7 月第 1 版
印次 2020 年 7 月第 1 次印刷

法律出版社/北京市丰台区莲花池西里 7 号(100073)
网址/www. lawpress. com. cn
投稿邮箱/info@ lawpress. com. cn
举报维权邮箱/jbwq@ lawpress. com. cn
销售热线/400 - 660 - 8393
咨询电话/010 - 63939796

中国法律图书有限公司/北京市丰台区莲花池西里 7 号(100073)
全国各地中法图分、子公司销售电话:
统一销售客服/400 - 660 - 8393/6393
第一法律书店/010 - 83938432/8433
西安分公司/029 - 85330678
重庆分公司/023 - 67453036
上海分公司/021 - 62071639/1636
深圳分公司/0755 - 83072995

书号:ISBN 978 - 7 - 5197 - 4730 - 5
定价:89.00 元